# 近世日本邪正論

江戸時代の秩序維持とキリシタン・隠れ／隠し念仏

大橋幸泰＝著

勉誠社

# はしがき
## ――本書の問題意識と構成

いつの世も、人類は何らかの矛盾や問題を抱えてきたと思われるが、いまもっとも向き合わなければならない深刻な事実の一つは、人びとの共存関係が崩壊しかけているということである。これは世界中で巻き起こっている、テロリズム、宗教対立、移民拒否、ヘイトスピーチ、自国第一主義、分断政策、戦争、などを念頭に置いた感懐である。異なる属性を持つ人びとの対立・確執は避けられないのか。

本書はこうした問題意識をもって、潜伏キリシタンや隠れ念仏・隠し念仏など、近世日本の潜伏宗教をめぐる動向を検討しようとするものである。筆者はこれまで研究論文集として、『キリシタン民衆史の研究』（東京堂出版、二〇〇一年）、『近世潜伏宗教論――キリシタンと隠し念仏』（校倉書房、二〇一七年）を刊行し、筆者の研究を世に問うてきた。それらは一貫して、近世日本のキリシタン禁制をめぐって展開した治者・被治者の動向を検討するものであったが、『キリシタン民衆史の研究』が禁教政策の矛盾の解明に重点を置いたものだったのに対し、『近世潜伏宗教論』はキリシタンばかりでなく潜伏して活動した隠し念仏も分析の対象に、それらの実践者の活動を横断的に捉え、筆者が異端的宗教活動とカテゴライズした潜伏宗教が存在したことの意味について考えようとした。

これらの成果をふまえて、本書では近世日本の諸属性が共存していたことにより注目したいと考える。共存といっても、もちろん異なる諸属性が何も矛盾なく存立していたとは思わない。そこには多くの矛盾や確執があったことも間違いないが、神道に優位性が付与された近代と比較して、前近代ではさまざまな宗教活動が並列的に存在したと断言できる。

そうした筆者の視座の起点は、安丸良夫著『神々の明治維新』（岩波書店、一九七九年）である。安丸は明治政府によって強行された神仏分離政策が、それ以後の日本列島に暮らす人びとの宗教感覚を決定づけたと指摘する。結果として明治政府が目論んだ神道国教化は失敗したが、神仏分離と神道優位の宗教感覚は、現代の列島社会の人びとに刻印されている。

明治維新を境に日本列島の人びとの宗教感覚が変化したという事実は、前近代では神仏習合のもとに多様な宗教活動が存在したことを示すものである。実際、高埜利彦著『近世日本の国家権力と宗教』（東京大学出版会、一九八九年）を嚆矢として、一九九〇年代以降、隆盛した近世宗教史研究の展開のなかで、豊かな宗教活動の存在が描き出されている。筆者の研究も、そうした研究潮流のなかで、もまれてきたものといえる。そもそも存在してはならないはずのキリシタンさえ生き延びたという事実に注目し、どのようにして近世日本の諸属性が共存していたのか、そのもとで人びとはいかなる秩序意識を持っていたのか、という課題を考えたいというのが本書のねらいとするところである。

また、本書の研究方法は、この間に一般向け図書として書き下ろした『検証　島原天草一揆』（吉川弘文館、二〇〇八年）と『潜伏キリシタン　江戸時代の禁教政策と民衆』（講談社、二〇一四年、のち二〇一九年に講談社学術文庫として再刊）を執筆するなかで徐々に自覚されてきたものを援用している。この過程のなかで、当初はあまり輪郭がはっきりしていなかった著者の研究方法の特徴がはっきりしてきたように思える。それは『潜伏キリシタン』の序章で明快に述べている。第一は呼称に注目すること、第二は異端的宗教活動という枠組みを設定して考えること、第三は属性論という方法を用いること、である。本書でも、特に属性論をふんだんに活用していることを明言しておきたい。

属性論は二〇一〇年代以降、筆者が自覚的に押し出してきた筆者の研究方法というのにとどまらず、なぜ歴史を学ぶのかという根源的な問いへの応答にも有効であると考えており、今後も大事にしたい研究視角である。その意味は、現代を含めて人間社会に存在する、尊卑上下の意識をともなう身分を、どうしたらフラットな属性に転換することができるかを意識するためである。あらゆる事象に対して属性論を意識することが、よりよい未来を展望するためには必要ではないかと夢想する。この点については、本書第三部「民衆史と属性論という方法」で詳しく扱っている。また、牧原成征編『日本史の現在4 近世』（山川出版社、二〇二四年）に寄稿した「民衆思想と民衆運動」の「おわりに――民衆とは誰か」においても筆者の見解を展開しているので、そちらも参照していただければ幸いである。

―・―・―・―・―・―・―・―・―・―・―・

近世日本において絶対的邪であった「切支丹」（現実のキリシタンとは乖離した観念的な虚像）に注目し、当該期の邪正観を基軸とした秩序の矛盾を考察しようとする本書は、『近世日本邪正論――江戸時代の秩序維持とキリシタン・隠れ／隠し念仏』と題する。本書は、近世日本の宗教的多様性が維持された条件を探る序章「近世日本の異端的宗教活動と秩序意識」を、「序　近世的邪正の構造」として配置した上で、序章・終章を含めた一四本の論考と三本の補論により以下、三部で構成する。

第一部「キリシタン禁制と治者・被治者」では、江戸幕府によるキリシタン禁制とそれを維持するための諸政策や動向を、治者の姿勢のみならず被治者がそれらをどのように受け止めたのかを含めて検討する。

まず第一章と第二章は、キリシタン禁制の初期段階の特徴と、禁教を補完した近世人の「切支丹」観の根底にある近世人の島原天草一揆の記憶について考察する。第一章「江戸幕府のキリシタン禁制」は、幕府による禁教政策の過程とその特徴について考えている。一般に最初の幕府の禁教令は慶長一七年(一六一二)に発出されたとされ、高等学校の教科書にもそのように記載されている場合が多い。しかし、それ以前からキリシタンへの弾圧は始まっており、幕府の禁教姿勢は既定路線だったとみてよい。とりわけ本章は、キリシタン禁制の要因について、中世以来の日本の列島社会における多様な神仏信仰の形態と、宣教師が説く唯一神デウスとの矛盾に注目する。第二章「諸藩による島原天草一揆の記録と記憶」は、近世人の「切支丹」イメージに大きな影響を与えた島原天草一揆の記録と記憶がどのように継承されたかを考察している。岡山藩・秋月藩・佐賀藩の事例から、さまざまな方法で島原天草一揆が記録され、その記憶が近世を通じて人びとに受け継がれていったことが確認できる。この事実を紹介する本章は、島原天草一揆が近世人にとって一過性の過去の事件ではなく、近世日本の秩序意識を下支えした重要な要素であったことを示すものである。

第三章と第四章は、禁教政策を支える類族改について扱う。第三章「豊後崩れと類族改制度」は、キリシタン禁制を維持するための制度として、一七世紀末に成立した類族改制度と、それに先だって起こった豊後崩れとの関係を検討している。豊後崩れから類族改制度成立までの過程を通じて、元信徒の親族を治者がどのように把握しようとしたのかを考えている。第四章「類族改制度と村社会」は、類族を取り巻く村社会について考察している。類族が治者により厳しく管理されていたことは間違いないが、類族・非類族が混在する村社会ではそれら共通の日常生活が存在したことにも注目するべきではないか、とする意図が本章にはある。

一七世紀末、類族改制度が成立したことをうけて、キリシタン禁制史における一八世紀初めという時期を位置づけようとするのが第五章「邪正観の分岐」である。本章は、宝永五年（一七〇八）に屋久島に単身で潜入した、イタリア人宣教師ジョヴァンニ・バティスタ・シドッチの遺骨が発見された状況から、近世人のキリシタン認識を検討する。新井白石がシドッチを尋問した経験が、それ以後に禁教政策にまったく反映されなかったことの意味を考えようとしている。

続く第二部「近世的共存関係とその解体」では、キリシタン禁制が貫徹する近世日本にあってなお、諸属性が共存していた内実について検討する。それには矛盾が内包されていたからこそ、近世秩序の解消とともに異質な諸属性の共存状態も解体する。その過程についても併せて跡づける。第二部の総論にあたる第六章「近世日本の異端的宗教活動と宗教的属性」では、潜伏キリシタンのほか浄土真宗の異端的宗教活動も視野に入れ、諸属性の共存とその矛盾について考えている。

潜伏して活動した宗教活動として知られている鹿児島藩領の隠れ念仏と対馬藩田代領の隠し念仏を対象に、近世中後期、潜伏宗教活動がほかの諸属性とともに共存していた状態の揺らぎとその変容過程を考えようとするのが、第七章「近世秩序における「邪」の揺らぎ」と第八章「近世的共存関係の変容」である。第七章ではその共存状態が一八世紀に揺らいでくる様子を、第八章では一九世紀におけるその変容状況について検討している。

潜伏キリシタンが存在した村社会における、諸属性の重層的共存状態とその変容を考察するのが第九章と第一〇章である。第九章「属性論で読み解く潜伏キリシタンと村社会」は、潜伏キリシタンの村が多様な属性の人びとにより構成されているのみならず、一人の村民にも多様な属性が備わっていることに注目する。第一〇章「潜伏キリシタンの明治維新」は、キリシタンの信仰表明により諸藩に配流された幕末維新期の浦上村山里の村民が、配流先の役人の説諭により改心（キリシタンを棄教）した事実をどのように理解するかについて考えようと、信徒以外の属性にも目配せして検討している。

また、補論一「近世人の宗教世界」は、治者・被治者双方において秩序維持のためにさまざまな宗教が重要な役割を果たしていたことを指摘し、補論二「潜伏キリシタンに学ぶ」は、第二部で検討してきた議論を総括的にまとめたものである。

続いて第三部「民衆史と属性論という方法」では、筆者がキリシタンなど潜伏宗教を扱って邪正論を展開する際に、基軸とする方法論について考える。一九七〇年代に登場した民衆史研究とそれを土台に二〇一〇年代に筆者が提起した属性論が、検討対象である。

日本の歴史学の研究史上、民衆史研究の拠点の一つが早稲田大学にあったことは、周知の通りである。それをふまえて、第一一章「「民衆」を考える」は、民衆史研究が何を議論してきたのかを、主として早稲田大学関係者の議論をもとに整理している。そして、第一二章「近世日本の民衆史研究」は、日本近世史の分野における民衆史研究と、筆者の属性論の方法について改めて解説し、その有効性を主張する。加えて、補論三「深谷克己著『百姓成立』に学ぶ」は、属性論を導き出すのに特に筆者が影響を受けた深谷克己の議論について整理している。

最後に、「結 近世的邪正の行方」として配置した終章「近世日本の邪正観」は、以上の本書の邪正をめぐる動向の議論をまとめるものとして、近世期全体を俯瞰する。ポスト・トゥルース時代に入ったいま、虚実入り交じった情報をめぐる問題について過去の人びとはどのように対応したのかを議論した、歴史学研究会二〇二二年度大会の全体会で報告した内容を基にしている。

なお、各論考の初出は以下の通りである。各章の注記に記した先行研究は、発表時に参照した出典を示しており、その後、その先行研究が書籍にまとめられている場合でも明記せず、原則、そのままにしている。

【序 近世的邪正の構造】

序章 近世日本の異端的宗教活動と秩序意識（原題同：『人民の歴史学』二一三、二〇一七年）

【第一部 キリシタン禁制と治者・被治者】

第一章 江戸幕府のキリシタン禁制（原題「家康・秀忠とキリスト教」：五野井隆史監修『キリシタン大名――布教・政策・信仰の実相――』宮帯出版社、二〇一七年）

第二章 諸藩による島原天草一揆の記録と記憶（原題同：國學院大学博物館・西南学院大学博物館編『長崎と天草地方の潜伏キリシタン関連遺産世界文化遺産登録記念 特別展 キリシタン――日本とキリスト教の469年――』六一書房、二〇一八年）

第三章 豊後崩れと類族改制度（原題同：大友一雄・太田尚宏編『バチカン図書館所蔵マリオ・マレガ資料の

総合的研究』マレガ・プロジェクト、二〇二二年）

第四章　類族改制度と村社会（原題「キリシタン類族改制度と村社会――臼杵藩の場合――」：国文学研究資料館編『国文学研究資料館紀要 アーカイブズ研究篇』一四（通巻四九）、二〇一八年、大友一雄・太田尚宏編『バチカン図書館所蔵マリオ・マレガ資料の総合的研究』に再録）

第五章　邪正観の分岐（原題「「切支丹屋敷」跡で発見された人骨から考える近世人のキリシタン／「切支丹」観」：テイケイトレード株式会社埋蔵文化財事業部編『東京都文京区 切支丹屋敷跡――文京区小日向一丁目東遺跡・集合住宅建設に伴う埋蔵文化財発掘調査報告書――［遺構・遺物・自然科学分析（1）・考察編］』三菱地所レジデンス株式会社、二〇一六年）

【第二部　近世的共存関係とその解体】

第六章　近世日本の異端的宗教活動と宗教的属性（原題「近世日本の異端的宗教活動と宗教的属性――潜伏キリシタンと隠れ／隠し念仏」：『歴史学研究』九四一、二〇一六年）

第七章　近世秩序における「邪」の揺らぎ（原題「近世秩序における「邪」の揺らぎ――宝暦期の対馬藩田代領と鹿児島藩出水郷を事例として――」：島薗進・高埜利彦・林淳・若尾政希編『シリーズ日本人と宗教――近世から近代へ6 他者と境界』春秋社、二〇一五年）

第八章　近世的共存関係の変容（原題「近世的共存関係の変容――鹿児島藩領の隠れ念仏を事例に――」：『早稲田大学大学院教育学研究科紀要』二九、二〇一九年）

第九章　属性論で読み解く潜伏キリシタンと村社会（原題同：川村信三編『キリシタン歴史探求の現在と

未来』教文館、二〇二一年）

第一〇章　潜伏キリシタンの明治維新（原題同：大橋幸泰編『近世日本のキリシタンと異文化交流』勉誠社、二〇二三年）

補論一　近世人の宗教世界（原題同：『歴史地理教育』七一六、二〇〇七年）

補論二　潜伏キリシタンに学ぶ（原題「潜伏キリシタンに学ぶ――共生社会実現のためのヒント」：早稲田大学ＨＰ　https://www.waseda.jp/top/news/96962、二〇一八年）

【第三部　民衆史と属性論という方法】

第一一章　「民衆」を考える（原題「「民衆」を考える――早稲田大学関係者による日本史研究を中心に考える民衆史研究の軌跡と展望――」：『早稲田大学　教育・総合科学学術院　学術研究（人文科学・社会科学編）』六八、二〇二〇年）

第一二章　近世日本の民衆史研究（原題「近世日本の民衆史研究――民衆運動・政治思想・身分認識をめぐる議論から属性論の射程を展望する――」：『民衆史研究』一〇二、二〇二二年）

補論三　深谷克己著『百姓成立』に学ぶ（原題「深谷克己著『百姓成立』」：歴史学研究会編『歴史学と、出会う――41人の読書経験から』青木書店、二〇一五年）

【結　近世的邪正の行方】

終章　近世日本の邪正観（原題同：『歴史学研究』一〇二八、二〇二二年）

目次

## 第二部　近世的共存関係とその解体



## 第三部　民衆史と属性論という方法

# 序　近世的邪正の構造

# 序章　近世日本の異端的宗教活動と秩序意識

## はじめに

どうしたら共生社会を構築できるか。筆者はこのような現代の課題を念頭に置きつつ、これまで近世日本の異端的宗教活動をめぐる問題を追究してきた。検討対象の中心はキリシタンであったが、そのほかにも隠れ念仏・隠し念仏のような、異端性を帯びた宗教活動との比較も視野に入れながら、近世的な「邪正」とは何かを解明しようとしてきたつもりである。その結果、おおよそ次のような構想を得るに至った(1)。

近世日本の「邪正」観は、キリシタン禁制という宗教政策のもと、対照的な「邪」と「正」の枠組みに規定されていた。すなわち、「切支丹」という明快な「邪」と、神仏習合を前提とした多様な神仏という曖昧な「正」というのがそれである。排除されるべき「切支丹」という「邪」が明快であるのに対して、秩序の中心に据えられるべき「正」が曖昧である故に、近世日本に生きた人びとは多様な宗教活動が可能であった。実際、民間信仰・流行神がいくつもあったことは知られているし、檀那寺・鎮守以外の寺社参詣も活発であった。

そうした多様な宗教活動は、既存秩序を維持しようとする治者に対して、しだいに警戒感を促すようになっていく。一八世紀に入ると、それらの一部は「異宗」「異法」などとして問題視されるようになった。ただし、それらは怪しげだとされても、処罰対象としてはグレーゾーンのなかにあった。筆者がカテゴライズした異端的宗教活動とは、このような経緯で近世日本社会に登場した被治者の宗教活動である。これらは、多くの場合、俗人による宗教活動であるが、プロの宗教者が関わることもあった。異端的宗教活動は警戒対象とされても「切支丹」と認定されない限り、近世秩序の枠内に収まるものと見なされた。だからこそ、幕末まで存続できたといえる。その典型例として筆者が注目してきたのが、潜伏キリシタン・隠れ念仏・隠し念仏である。右に触れた近世の宗教「邪正」観を前提に、これら禁制宗教を含めて近世の諸宗教は共存していたといえる。

こうした筆者の研究は、近年、一家一寺制度や離檀禁止が必ずしも近世初期から自明のものではなかったことを明らかにした、朴澤直秀の研究(2)と共鳴している。近世日本が単純な厳しい宗教統制の時代であったとはいえない。

序章は、これらの研究をふまえつつ、近世日本の異端的宗教活動の実践者と彼らを取り巻く人びとや状況に注目する。そして、異なる宗教的属性を持つ人びとがどのように存立していたかという点について、異端的宗教活動を取り巻く秩序意識とその変容に留意しながら考察しよう。その際、筆者が採用する分析方法が属性論という視座である。これは個人でも集団でも、すべて単一の属性では完結しないことを意識する考察方法である。重層的な属性を意識するということは、内在的・外在的な宗教的属性のほか、世俗的属性も視野に入れなければならない。

## 一　異端的宗教活動と諸属性の重層

### (1) 異端的宗教活動の信仰

異端的宗教活動の信仰内容とはどのようなものであったのか。網羅的に検討することはできないが、特徴的な内容について押さえておこう。

潜伏キリシタンについては、安政四年（一八五七）、浦上三番崩れの際、浦上村山里におけるキリシタンの指導者の一人であった吉蔵の証言に、次のようにある。

現世にて田畑作物出来方宜敷、其外諸事仕合能、諸願成就、福徳延命、来世は親妻子兄弟一同ハライソ江再生いたし、無限歓楽を得候旨承伝(3)

これによれば、キリシタンの信仰の目的は、現世において作物がよくできること、諸事うまくいくこと、諸願成就・福徳延命が実現すること、来世においては親妻子兄弟一同「ハライソ」（パライゾ＝天国）へ再生し、無限の喜びを得ることを願うためであるという。

隠れ念仏については、幕末、琉球で活動していた了覚が取次寺を通じて西本願寺に問い合わせたことに対する、嘉永四年（一八五一）三月一一日付の本山からの返答の一部に、次のようにある。

四度南無阿弥陀仏〱と唱江、四度拝礼致候義、右は当流御式に決て無之事に候、……称名の多唱候を決定往生の証拠と申事、是心得違に候(4)

これによれば、四度「南無阿弥陀仏」と唱えて四度拝礼するのは、浄土真宗本願寺派の方法ではなく、「称名」を多く唱えることによる極楽往生の確信を得るのは心得違いであるという。逆に言えば、隠れ念仏の実践者は極楽往生への願望を強く持ち、右のような方法でその確信を得ようとしていたことがわかる。

隠し念仏の場合はどうか。対馬藩から派遣された間者からの藩への報告書中にある、宝暦一二年（一七六二）一〇月付「御尋問御答覚」には、次のようにある。

たすけ給〳〵を数返唱候処ち心味々与罷成、自然与眼之中ニ光り相顕レ候由、……浄土ニ参り又ハ仏を拝し、或ハ月を拝ミ候而、是を弥陀如来之御慈悲ニ逢候迚、甚悦ヒ尊ミ申事ニ候由(5)

これによれば、隠し念仏の実践者は、「たすけ給へ」を何度も唱えて徐々に正気でなくなり、目のなかに光が現れるのだとされる。そうして、浄土に参って「弥陀如来」の慈悲に逢ったことを悦ぶのだという。「たすけ給へ」の連呼によって、極楽往生を確信することがこの宗教活動の目的だということになる。

これら異端的宗教活動の共通点は、強い来世救済願望を持っていたということである。ただし、現世の世俗世界を無視していたのではない。潜伏キリシタンの吉蔵が証言しているように、現世利益の願望も持っていたし、治者の側から警戒された異端的宗教活動には、病気治しや経済的富貴の実現を目指すものもあった。たとえ現世利益を表向き願わなかったとしても、彼らが世俗世界を生きる生活者でもあったのは言うまでもない。

### (2) 重層する諸属性と属性の顕在化

異端的宗教活動の実践者に限ることではないが、人はみな複数の属性を重層的に保持している。集団においても同様に、異端的宗教活動の実践者が存在した地域には複数の属性の者が重層的に存在していた。試みに、潜伏キリシタンの村として知られる、浦上村山里（幕府領）の場合を検討してみよう。

ここでは宗教的属性と世俗的属性について取り上げる。前者はキリシタンと非キリシタン、後者は百姓と「えた」のことである。もちろん、宗教・身分ともこれ以外にも存在し、これらが重層的に存立していた。

浦上村山里は、家野郷・本原郷・中野郷・里郷・馬込郷の五つの郷によって構成されていた。このうち、馬込郷内に皮屋町（「えた」身分の集落）が存在したことが注目される。皮屋町は、二度の移転命令（慶安元年［一六四八］長崎市中の大音寺・皓台寺境内前から長崎・浦上村山里の境界の西坂・瀬崎へ、享保三年［一七一八］浦上村山里内馬込郷へ）を経て、幕末まで存在した。皮屋町が馬込郷に移転する以前から、同郷には百姓身分の者が存在していたはずだから、皮屋町移転以後、馬込郷は一般の百姓身分の者と「えた」身分の者が混在していたことになる(6)。

身分の点で従来の研究において強調されてきたことの一つは、潜伏キリシタンは馬込郷を除く地域に存在し、馬込郷の「えた」身分の者が浦上村山里の潜伏キリシタンを監視する役目を負っていた、ということである。キリシタンである一般の百姓と、「えた」身分の者とが分断統治されていたというのである。

実際に、浦上村山里は長崎代官支配、皮屋町は長崎奉行支配であった。たとえば踏絵は、浦上村山里の百姓に対しては、庄屋高谷氏の管理のもとにその屋敷地（現、浦上天主堂の敷地）で行われたが、皮屋町の「えた」身分の者に対しては、長崎奉行の管理のもとに長崎各町の踏絵の一環として行われていたことが、長崎の年中行事を記した「長崎歳時記(7)」に見える。宗教的属性の点でも、檀那寺については、浦上村山里の百姓は村内の聖徳寺であったが、皮屋町の「えた」身分の者は一七世紀前期移転前から二度の移転後も一貫して長崎市中の大光寺であった。

しかし、馬込郷には一般の百姓も存在した。彼らは他郷の百姓と同じように庄屋高谷氏の屋敷地で踏絵を踏んでいたはずである。したがって、馬込郷は「えた」身分の者が生活する空間で、他郷は一般百姓が生活する空間である、というように明快に分けることはできない。また、「えた」身分の者も当初はキリシタンだった可能性が高い。いつから完全にキリシタンを棄教したのかは定かでないが、そもそもキリシタン監視のために馬込郷に移転を命じられたというのは根拠が希薄である。(8) 浦上村山里のキリシタンにしても、信仰への思い入れは濃淡があったはずで、こちらも一律に塗りつぶすことはできない。浦上村山里村内には聖徳寺のほか、鎮守の山王神社もあり、そこに生活する者たちの諸属性は折り重なっていた。

秩序が安定しているときは、こうした重層的な諸属性は併存状態が保たれ、特にどれか特定のものが目立つということはない。しかし、そのなかの特定の属性が顕在化するときがある。秩序が動揺するときである。

たとえば、前稿で紹介したことがある、出島のオランダ人の食用肉提供をめぐる対応がそうである。(9) 天保一四年（一八四三）三月付で長崎代官高木作右衛門宛に提出された、浦上村山里百姓惣代・乙名・散使・庄屋など村役人連名の伺書には、村の風儀を直し、村民に農業専一を促すため、村内で屠畜して食用肉を売り捌く商売に制限を加えてほしい旨の訴えが記されている。馬込郷の乙名も署名していることから、馬込郷には確かに一般の百姓が生活していたことを認めることができる。同じ趣旨の伺書が慶応元年（一八六五）閏五月付で同じく長崎代官宛に提出されているから、天保の伺書ではあまり効果がなかったらしい。(10) 先に指摘したように、村民のキリシタン信仰には濃淡があったと思われる上、庄屋高谷氏とその一族はキリシタンでなかったことは明らかである。そのことを前提に考えると、この伺書は浦上村山里の百姓が、差異や濃淡のある宗教的属性とは別の、彼らが共通に保持する属性に基づいて行動したことを示しているといえる。その共通の属性とは、浦上村山里の村民という世俗的属性である。村内風儀に関わることでは、こちらの世俗的属性を優先する場合があったということである。

一方、浦上四番崩れにおいては、キリシタンの百姓と、捕縛を命じられた「えた」身分との反目が表面化した。このときの様子について、浦川和三郎『浦上切支丹史』には、キリシタンの村民と捕吏としての被差別民との対立が描かれた後、次のようにある。

今度は部落民が憤慨した。切支丹に叩かれて黙つて居れるかと云ふ腹で、新築中の家を一棟解き崩して、竹槍棍棒等を作り、浦上襲撃の準備に取掛つた。それを耳にした浦上信徒も見す見す犬死はされぬと言ふので、婦女子は山中に隠し、男子は総て中野の辻、下の川、土井、宿の坂、坂本等の要所々々に陣取つた。……代官（高木作右衛門）は暮方馬を飛ばして浦上に駈付けた。「御前等は俺の子供ぢや。部落民風情と喧嘩をして割に合ふと思ふか。今日は随分疲れて居る様だから、早く帰つて休め」と懇ろに利害を説いて村民を宥め賺した。(11)

この様子について当該期の詳細な文字史料はなく、これらは経験者による聞き伝えかと思われる。しかし、それを思わせる史料がないわけではない。浦上村山里に隣接する佐賀藩諫早領家中の報告では、次のようにある。

今朝（慶応三年六月一四日朝）老若男女ども凡五六拾人斗被捕、先以入牢相成儀御座候、然処異宗今々相挙様々手向候ものも有之、十分之捕方出来兼候由之処、其内ニハ捕方手向之内、穢多弐人歟ハ異宗どもゟ被取籠、既ニ危有之候趣御座候(12)

これによれば、五、六〇人の村民が召し捕られ、入牢を命じられたという。その際、手向かいする「異宗」の者もおり、全員を逮捕できなかった。捕縛方に反抗した者のなかで、「えた」二人が「異宗」の者に取り籠められて危害を加えられたとされる。

「えた」身分の者が、行刑役や警察に関する諸役を担わされていたことは知られている。皮屋町の「えた」身分の者が、このとき罪人として扱われた「異宗」の者を捕縛したり、キリシタンの百姓との間で敵対関係となり、双方が感情的に罵り合ったりするといった状況になったのは不思議なことではない。これは、世俗的属性の矛盾が表面化したものといえよう。

しかし、こうした対立関係が三番崩れ以前にもあったかどうかは不明である。従来の研究では、右の四番崩れの事実をもって近世期を通じて両者は分断状況にあり、厳しく対立していたと漠然と考えられてきたが、これには史料的根拠はない。先にも触れたように皮屋町は浦上村山里の馬込郷に初めから存在していたのではなく、その居住者である「えた」身分の者も、ある時期までキリシタンであったものと思われる。表面上、幕末まで「切支丹」は存在しないことになっており、内面的な対立関係はあっても外面的な確執は封印されていたと考えて差し支えない。また、皮屋町では皮革産業が行われていたが、基本は長崎貿易で取り引きされる輸入革を材料としていたから[13]、浦上村山里内の死牛馬の革を馬込郷の皮屋町が日常的に貰い受けるという関係にはなく、経済的にも直接の対立関係は希薄であった。

以上のように、宗教的属性・世俗的属性を問わず、諸属性は重層的に存立しており、その秩序が安定しているときは、その重層的な状態が保たれたまま維持された。しかし、秩序の変化（その兆しを含む）が起こった際、重層的な属性のうちのどれかが顕在化する場合があった。どの属性を優先するかは、そのときの秩序の動揺の内容によって異なっていたのはいうまでもない。いずれにしても、近世期、諸属性の重層性が保たれていたことと、そのなかの属性のどれかが顕在化するのは秩序が動揺したときであったことを確認したい。

## 二　近世的共存関係の条件

### （1）排除対象の共有

次に、諸属性の重層性が保たれていた条件について考えたい。第一に指摘したいのは、同時代に生きた人びとが共通して持っていた歴史意識に基づいて、共通の排除対象が存在していたことである。もちろん、その共通の歴史意識とは史実を反映したものとは限らない。

近世日本の場合、その共通の排除対象とは「切支丹」である。近世後期、その「切支丹」の範疇は広がって、それに類似すると見なされた怪しげな宗教活動は「切支丹の余類」とされた。一九世紀前期に成立したと考えられる排耶書「蛮宗制禁録」には、「兎角隠し秘する物何事ニ寄らす能事はなきものなり」とあり、その前提には、島原天草一揆の強烈な記憶があった。同書には次のようにある。

昔は貴賤共に宗旨の御吟味ゆるやか也と言へり。寛永の嶌原已後、東叡山南光坊天海僧上の言上によつて、上下共に自分々々の旦那寺を定、家々に持仏を安置し、宗旨の本尊を立信する事になりしとかや。(14)

これによれば、寛永期以前、身分の上下に拘らず、だれがどんな宗旨を持っているかという吟味は緩やかであったが、寛永一四年に起こった島原天草一揆の後、徳川家康に仕えた僧侶天海の提言にしたがって、すべての者の檀那寺を定めることになったとされる。家々にて持仏を安置し、それぞれがどんな宗旨を尊崇しているかを調べるのが確立したのはこうした経緯であったという。

一八世紀中期、江戸で摘発された隠し念仏について、そのときの事情を記録した史料「庫裡法門記」にも次のようにある。

大勢徒党を結び、夫妻の間にも深く隠して、しかもこり堅りて国法をも恐れざる程なる事は、あるべき事とも存候はず。……寛永のいにしへ、肥州島原に於て、十万人に余り刑に行はれ候よし、愚民の習まどひ甚しく、死をもかへりみず候。いづれ此度の宗旨是にたがひ候や。(15)

これによれば、隠し念仏の実践者が大勢で徒党を結び、夫婦の間でも隠して信仰活動を行っていることは、国法を恐れない信じられないことであるとされる。寛永の昔、肥前国島原において一〇万人余も犠牲になった一揆勢が、愚民の習いとはいえ死をも顧みない行為を行ったと聞いているが、このたびの隠し念仏もこれとどれほどの違いがあるだろうか、という。

一六世紀末から一七世紀前期の時期、キリシタンが豊臣秀吉・徳川家康によって警戒された理由の一つは、一向宗・一向一揆の姿とダブったからである。その一向一揆の記憶が、島原天草一揆によって上書きされ、以後、近世を通じて島原天草一揆の記憶が長く「切支丹」のイメージを決定づけた。それはたとえば、慶長一八年五月付で家康から発布されたことになっている「宗門檀那請合之掟」の第一条で、次のようにあることに象徴されている。

切支丹之法、死を不顧、火に入ても不焼、水に入ても不溺、身より血を出して死をなすを成仏と建る故、天下之法度厳密也、実に邪宗なり、依之死を軽する者可遂吟味事(16)

この偽法令は、一八世紀中期に寺院関係者によって創作されたものといわれる。これによれば、「切支丹」を信仰する者は、火に入っても焼け死なず、水に入っても溺れ死なず、身体から血を流すことを成仏すると信じているとされる。したがって、命を重んじない者は厳しく吟味する必要があるという。このような死を厭わない姿が「切支丹」イメージとして定着し、警戒された。

そのイメージは、近世中後期、それに類似の宗教活動に拡大した。たとえば、一八世紀中期に江戸で摘発された隠し念仏について問題視されたのは、「法のため命を捨る事、願ふてもなき果報」[17]であるとされたことである。つまり、信仰のために命を捨てることは願ってもない報いであるという教えが、治者にとってもっとも警戒されるべきことであったことがわかる。もちろん、過度に強調されている荒唐無稽なイメージを伴うものであったが、来世救済を願うキリシタンや隠し念仏の教義と対応関係にあった。

このように、共通の排除対象の存在は、多様な諸属性を保持しつつ、既存秩序を維持することを望む人びとをまとめる役割を果たした。これが諸属性共存のための条件となっていたといえよう。

## (2) 外在的属性の重視

諸属性の重層性が保たれていた条件の第二は、その諸属性のなかで外在的属性が重視されたことである。潜伏キリシタンの例として、浦上村山里（幕府領）・外海（大村藩領・佐賀藩領）の場合はこうである。浦上三番崩れの際、安政四年（一八五七）閏五月付で長崎奉行所の地役人が奉行所に宛てて提出した手紙には、次のようにある。

> 昔年南蛮人渡来異法相伝之候ゟ、既ニ弐百八十ケ年余、連綿之悪癖近郷所々ニ染込居、年月を経候ニ随ひ枝葉漫り、容易ニ根絶仕候儀与も愚考不仕、当時ニ至り浦上村ハ可也ニ見渡しも附居候得共、私領向其外近郷所々案外之隔所ニ滋漫仕居、何れを限り与申候儀も難取定……何卒同役之中ゟ可然老練思慮之者御人撰、右御用掛交代被仰付[18]

これによれば、「南蛮人」渡来により「異法」が伝わってすでに二八〇年余、連綿とその「悪癖」が長崎近郷に蔓延っているとされる。だから、それは容易に根絶できるとは思えない。それは浦上村ばかりでなく、近隣諸地域にも居着いており、どこまで浸透しているか把握することすら困難であるという。こうした状態では、自分にはそれを取り締まる任務は荷が重く、この役にはもっと老練で思慮深い者がふさわしい。そこで、この御用係を交代させてほしいと訴えている。地役人は大勢の信徒が存在していたことを前々から知っており、自分が責任を問われることを恐れたということになろう。

実際、このときの浦上村山里におけるキリシタン指導者の一人であった吉蔵の証言に、「切子《ママ》丹宗門之義、現世思事相叶、後世ハライソヘ生ル、と言事、親代ゟ承ル」(19)という文言がある。三番崩れでは「切支丹」は存在しないという結論であったが、これらの史料から、長崎奉行所においてキリシタンの存在が把握されていたことは明らかである。にも拘らず、キリシタンという彼らの内在的属性は問題視されなかった。彼らには聖徳寺という浄土宗寺院の檀那寺があり、毎年「切支丹」でないことを証明してもらっていたから、宗門改で証明される檀那寺という外在的属性が重視され、内在的属性には踏み込まれなかったということになる。

鹿児島藩領の隠れ念仏の場合も、潜伏キリシタンの扱われ方に類似している。(20)一八世紀中期、領内出水郷で隠れ念仏が発覚した際の現地役人（曖役）の税所家の記録には、次のようにある。

一向宗の儀は御当家第一御大禁の儀兼て被仰渡置事に候得は、御法様の通屹と御咎目被仰付筈に候得共、御憐愍を以自身より御断於申出には御咎目の儀被遊御用捨……自身より申出候に付、其段役々参上仕帳面を以申上候、然処当春（宝暦三年）宗門御改衆被為差越無相違胸替被仰付(21)

これによれば、「一向宗」は島津家がもっとも厳しく禁止する宗教活動であって、もし発覚すれば厳重に処罰が加えられることになっているが、藩主の慈悲をもって自分から申し出た者についてはその罪を許すことにしたとされる。そこで、このたびそのように自訴した者たちが、藩の宗門改役から改心することを命じられ、決着したという。つまり、表向き改心することを前提に自訴する者を容赦していたということになる。これは一八世紀中期に限られることではない。享保一〇年八月付で、鹿児島城代島津将監から領内へ発せられた触書には、次のようにある。

自身申出之儀、宝永五年十二月委曲書附を以申渡、同六年七月再篇申渡、其以後自身ゟ申出候者ハ誓詞申付、一往者相減候(22)

これによれば、宝永五年(一七〇八)一二月と同六年七月に自分より申し出た者について改心の誓いを命じてから、いったんはその人数が減少したという。少なくとも一八世紀初めから、隠れ念仏の実践者が発覚したときに、そうした手続きが取られていたことを確認できる。この場合も、藩によって隠れ念仏の存在が把握されつつも、「胸替」によって改心した宗派の外在的属性が重視され、彼らの内在的属性には踏み込まれなかったということになる。

対馬藩田代領の隠し念仏の場合も、外在的属性が「切支丹」ではないことが重視された(23)。宝暦一一年(一七六一)八月六日付で田代領代官に宛てた国許重臣の書状には、次のようにある。

抑耶蘇宗門之儀ハ　天下之大禁にて、既ニ於江府御暇之度毎、御老中様ゟ御直達有之程之御事ニ候へハ、少しにても、其機と相見候而ハ、重大ニ不被取行候而不叶段、勿論之儀ニ候……弥邪法之萌しニ候哉、又者真宗之意味ニ違、異様之行等仕紛ハしきと申迄ニ候哉之所も、いまた決着無之事と相聞候(24)

これによれば、そもそも「耶蘇宗門」は「天下之大禁」であり、それを徹底することは、江戸において大名が参勤交代で江戸を離れるたびごとに、老中からぬかりなくやるよう念を押されるほどの重大事であるとされる。

その上で、このたび領内で問題視された宗教活動について、「邪法」の萌しがあるのか、あるいは浄土真宗の異安心なのか、いまだ決着がつかないと述べられている。冒頭でキリシタン禁制がいかに重要な政策なのかが強調されている文脈から考えて、この場合の「邪」とは「切支丹」であることは明らかである。このときの藩の最大の関心は、問題視された宗教活動が「切支丹」であると見なされるかどうかであった。つまり、そうでないことの確証が得られれば、内在的属性がどうであろうと藩の体面は保たれると考えていたということである。

以上のように、治者は外在的属性が許容範囲ならば、人びとの内在的属性にまで踏み込むことなく放置していたといえる。こうした状態が治者の基本的な態度であったが、一九世紀に入ると被治者に対する教諭の強調へシフトしていった。たとえば、浦上四番崩れと呼ばれるキリシタン弾圧事件はその典型である。慶応四年（一八六八）に始まる諸藩への配流で、三〇〇〇人余のキリシタンが維新政府のもと棄教するよう求められた。拷問を伴う厳しい吟味は少なくない棄教者と殉教者を出したが、それでもなお最後まで信仰を貫いた者も多かった。最終的にはすべてが棄教することにはならず、明治六年（一八七三）、彼らは帰村が許されたが、政府は内在的属性に踏み込んで教諭の上、改心させようとしたというのは、近世期の基本的な治者の態度とは異なる。

対馬藩田代領の隠し念仏の場合も、幕末での事件の際は、被治者への教諭が重要である旨、強調されている。田代領副代官の佐藤恒右衛門が書いた安政二年（一八五五）三月二七日付の日記には、次のようにある。

（檀那寺に対して）毎年宗門人別帳証拠印形もいたしなから斯異安心之者令超過、手入相生候迄安閑と罷在、畢竟寺僧共心立柔弱成所ゟ之儀と相見宗門預之主意令忘却、檀家之本務取失候段不届之至……（村役人・町役人に対して）自然如此節宗意心得違之者於有之ハ、其掛之者共越度ニ可申付候(25)

これは、隠し念仏を実践していた者が多数発覚した事件の判決に伴って、彼らの檀那寺や彼らが帰属していた村・町の役人に対して叱責の申し渡しがあったことを示すものである。檀那寺に対しては、毎年宗門改を行いながらこのような異安心が蔓延っているのを放置していたのは不届きであるとされ、村役人・町役人に対しても、今後、このようなことが起これればその世俗組織の役人も処罰される旨、明言されている。治者による教諭がいっそう強調されるようになった。

## 三　村社会における共存関係の変容と崩壊

### (1)浦上・外海の潜伏キリシタンの場合

重層的に存在した諸属性が共存関係を保っていた状態は、人びとが意識して共生しようという志向性を持たなかった故に、やがて変容し崩壊していったと考えられる。浦上村山里の潜伏キリシタンが集団として最初に問題視された一八世紀末の事件（一番崩れ）では、「異宗」者を摘発しようとした前庄屋（事件発覚時は庄屋）の高谷永左衛門は、寛政四年（一七九二）一二月二日付の長崎奉行所宛の報告書のなかで、次のように述べている。

家野郷乙名相勤居候幸右衛門与申者、七太郎同道ニ而私方江罷出、蜜々申聞候者、私儀是迄心得違仕異法信仰仕候……是迄之罪科御赦免被為成下、且又私儀名面他江不相洩様被為仰付被下候ハヽ、村方異宗之者共追々転ヒ出候様相働、御忠節ニ奉備度段申出候(26)

これによれば、家野郷の乙名を務める幸右衛門という者が、七太郎（「異宗」「異法」の証拠探しに協力した庄屋の手先）同道で高谷永左衛門宅に来て、密かに言うには、自分はこれまで心得違いをしていて「異法」を信仰してきたが、その罪を赦してくれるのであれば、自分の名前を漏らさないことを条件に、村方の「異宗」の者たちが棄教するよう働きかけてもよいという。そもそもこの事件は、非信徒の庄屋と信徒の富裕層村民との間の確執が発端であったが、[27]右の史料は庄屋に協力しようとする信徒が存在したことを示している。

また、安政三年（一八五六）に起こった三番崩れの際に、長崎奉行所宛に提出されたと考えられる、村内探索の報告書（作成者は不明だが、長崎奉行所関係者であろう）には、次のようにある。

浦上村濱口関左衛門方ら、茶講いたし候ニ付罷出候様、龍平方江申参候得共、今般御吟味厳敷相恐難罷出旨相断候処、右関左衛門義殊之外立腹いたし、最早龍平方茂犬ニ相成候哉与、法外之悪口いたし候趣ニ御座候[28]

これによれば、浦上村（山里）濱口の関左衛門から「茶講」を名目に会合を持つ旨、村内の龍平方へ連絡したところ、近頃は吟味が厳しく、そうした会合に参加するのは恐れ多いことなので、今回は不参加の旨、龍平が伝えてきたとされる。これに対して、関左衛門はことのほか立腹し、龍平も奉行所の犬になったかと法外な悪口を放ったとのことであった。この史料は三番崩れの際に、信徒同士の確執があったことを伝えている。

右の史料に続く記事には、半世紀ほど前の一番崩れにおける信徒同士の状況について、次のように書き留められている。

浦上村異宗一件之もの者、寛政度御吟味之節、龍平父由右衛門義思慮いたし候者、今度右様御詮義ニ相成候得者、向後迚も安心いたし異宗信仰仕候義難相成、就而者村内異宗之同類を逃れ、改宗正路ニ立帰り候姿ニいたし、内々佐嘉領異宗之同類ニ相加り密々信仰いたし[29]

これによれば、一番崩れの際、龍平の父由右衛門はよく考えた末、今後、このような「異宗」吟味が行われたのでは安心して活動ができないので、村内の「異宗」仲間から離れ、表向き改宗したように見せて、内々は佐賀領（外海地方）の「異宗」仲間に加わって「異宗」の活動を継続することにした、とされる。そして、この後の史料では、その息子龍平の代になってもそれは継続されている旨、記されている。これ自体は、必ずしも信徒同士が対立しているということにはならないが、内部で分裂状況が芽吹いている様子を窺うことができる。

その延長線上に、近代における分裂状況につながるというのが、ここでの見通しである。すなわち、明治期に入ると以後（一九世紀後期）、彼らは三者に分解し、近世期とは比較にならない対立状況が現出する。先祖伝来のキリシタン信仰を継承する者、キリスト教再布教後の教会に所属する者、神仏信仰に軸足を置く者、の三者である。

## （2）鹿児島藩領の隠れ念仏の場合

鹿児島藩領の隠れ念仏の場合も、一九世紀に入ると、諸講の対立が顕在化してくる様子が史料には見える(30)。たとえば、鹿児島藩領内で活動していた隠れ念仏の十八日講・廿八日講・御鏡講の三講に宛てた、文政六年（一八二三）九月付の西本願寺からの書状には、次のようにある。

近年右講々不和合の趣達御聴歎敷被思召候、有躰不和合にては自然に御報謝も疎々敷可相成哉、向後三講共、一同和合致し、右六字名号幷御書、右三講月々順番に致守護、如実に法義相続有之、信の上より弥増御馳走被申上候はゝ、御満足可被思召旨、被仰出候(31)

これによれば、近年、十八日講・廿八日講・御鏡講の三講が対立しているとの情報が法主にも届いており、嘆かわしいとされる。このような状態では、宗教活動としても空々しくなってしまうので、今後、三講とも仲良くし、「六字名号」（南無阿弥陀仏）や「御書」（法主の染筆）を三講で順番に守護し、教えにしたがって法義を継続の上、いよいよ信心の活動を盛り上げていくことを求める、という。

これに加えて、本願寺派における教学論争である三業惑乱の影響が状況を複雑にした。一九世紀前期、この地域に三業派の僧侶が流入してきて、隠れ念仏の実践者たちを指導したのである。三業派は身・口・意の身体中をあげて阿弥陀仏の救いを求める教義で、幕府の介入のもと、本願寺派の教学としては異端である旨、認定されたことはよく知られている。三業をあげて本願を願うのは、浄土真宗の他力本願とは対極の自力に当たる、と見なされたからである。三業派は教団内の教学論争では敗れた。しかし、「一向宗」が禁止されている鹿児島藩領の隠れ念仏実践者にとって、その理念は共鳴できるものだったことは想像できる。流入してきた三業派の僧侶は、彼らに歓迎されたに違いない。

その一方で、三業惑乱以前から隠れ念仏の実践者は本山と通じており、本山の西本願寺の立場からすれば、異端である三業派を認めるわけにはいかない。そこで、西本願寺は隠れ念仏の三業派を改心させようと、積極的に使僧を鹿児島藩領へ派遣した。この混乱の様子について、嘉永四年（一八五一）七月に廿八日講の惣代喜右衛門が西本願寺に送った伺書には、次のようにある。

重誓寺（探玄）依怙の取計有之、講内機辺損、相互に争、一和不仕、終に法難の基にも可相成と歎ヶ敷奉存候(32)

重誓寺探玄とは、西本願寺が送り込んだ使僧である。この史料によれば、三業派を改心させるために本山から派遣された探玄が非三業派の講を依怙贔屓しているために、隠れ念仏諸講が不和になっているとされる。これでは法難の基にもなるのではないか、と隠れ念仏実践者は嘆息しているという。

こうして、本山の西本願寺と隠れ念仏実践者、特に三業派の影響を受けた信徒たちとの間は、微妙な関係となっていった。三業派を改心させようとすればするほど、信徒は反発したからである(33)。三業派は教学論争決着後も、諸地域においてなお継続していたことが明らかにされているが、それと通底するものであろう。[34]明治九年（一八七六）、鹿児島藩領内で浄土真宗が公認され、同地域では近代以降、仏教寺院のなかでは真宗寺院がもっとも多いとされる。それは、近世を通じて隠れ念仏実践者が粘り強くその信仰を継承していったからであろう。しかし、近世後期に少しずつ明らかになっていった確執・分裂状況は、近代においてもっと顕在化することになる。すなわち、非三業派は本願寺派へ、三業派は大谷派へ転派するとともに、[35]それとは別に先祖伝来の信仰形態を継承する者（「カヤカベ」など）も残り、それぞれ分解していった。

## （3）対馬藩田代領の隠し念仏の場合

対馬藩田代領の隠し念仏の場合、藩へ提出された、宝暦一四年（一七六四）五月四日付の間者の報告書には、次のようにある。

異法共之内、白状仕候者与、白状不仕者、挨拶甚不宜相見へ申候、尤白状之内ニ茂、真実相改不申者共ハ、前方ニ不相替、未白状之者と心安ク御座候[36]

これによれば、「異法」吟味に当たって白状した者と白状しなかった者とは、挨拶も交わさない状態になっているとされる。宝暦期の摘発では、信徒のうち白状した者としなかった者との間で確執が生じたことを確認できるが、その一方で、白状した者のうちには実際には改心していない者もおり、白状していない者と気軽に言葉を交わしているという。

幕末期では、安政二年七月一九日付の田代領副代官佐藤恒右衛門の日記に、次のようにある。

神邊村西念寺江投文有之、主意ハ上郷庄屋其外田代町等へ新後生之余党御吟味残り有之[37]

これによれば、神邊村の西念寺へ投げ文があり、その趣旨は上郷庄屋やそのほか、田代町などに「新後生」(隠し念仏）の残党がいるから、吟味は終わっていないという。非信徒からの密告であろう。

こうした状況を経て、明治期（一九世紀後期）に入ると、村民の宗教的属性は様々に分解していく。明治一〇年（一八七七）、一部の隠し念仏実践者から集団離檀・転檀の請願が提出された。禅宗萬歳寺への転宗である。これはすべての信徒が同調したのではなく、県当局の説諭によりいったん鎮静したのであるが、その後、明治一〇年代前半、集団離檀・転檀が実現した。これと同時並行的に、一部の信徒集団が浄土真宗本願寺派本山直門徒（のち新説教所建立）へ、別の信徒集団が浄土真宗大谷派本山直門徒（のち新説教所建立）へ、また別の信徒集団が天台宗昌元寺・大興善寺檀那へというように、帰属先の分解が進んだ(38)。必ずしも浄土真宗寺院への帰属ではないところも注目される。さらに、田代領の隠し念仏は、二〇世紀に入って成立した新宗教（中山身語正宗など）に継承されていく。これら複雑で多様な分解の理由や意味について、ここでは十分検討できないが、近代においては分解の方向に進んでいったことを確認しておきたい。

## おわりに

宗教的属性・世俗的属性を問わず、近世人の諸属性は重層的であった。もちろん、諸属性の重層性は近世日本に限られる状態ではなく、いつの時代でも、どの地域に暮らす人びとでも、同じ状況にあるはずである。しかし、諸属性の関係については、諸属性に対する尊卑上下観念やそれに伴う序列などがそれぞれの時代の価値観や常識によって異なっていた。

近世日本の場合、「切支丹」を徹底的排除対象とする明快な「邪」観念の一方で、曖昧な「正」観念が保持されるという近世的「邪正」観のもと、「切支丹」でなければほかの諸属性は表向き共存状態にあったと考えられる。そして、重層的な諸属性のなかから、共通の属性が優先された結果、近世的共存関係が実現していたといえる。その場合も、「正」が曖昧だからこそ、共通の属性は優先されやすかったと思われる。「正」が明快であるほど、そこに序列が生まれ、確執や対立が起きやすくなるからである。

最後に、近世日本の秩序維持のための、異なる属性に対する対応について、筆者の見通しを述べたい。近世日本では、異なる属性に対する対応として、次のような対応が見られたと総括できる。

一つは「切支丹」という共通の「邪」を排除することによって秩序を維持しようとしたことである。これは、治者の対応である。この治者による排除は、実際、近世初期では、殉教を含む多数の犠牲を伴う強権的措置であり、近世後期では、キリシタンではない、秩序を乱すと見なされた別のものが取り締まりの対象となっていったという点で、人びとを不幸にする対応であった。

これに対して、もう一つの、異なる属性に対する対応として注目したいのは、異端的宗教活動を含めた多様な宗教活動の併存という方法である。これは、被治者の対応であり、犠牲を回避する被治者の智恵であったと見なしうる。

しかし、共通の属性が維持できなくなると近世的共存関係は破綻していった。その理由は、近世後期における秩序の変容と関わりがあるであろう。「切支丹」という近世秩序を維持するための共通の排除対象と異端的宗教活動との混同が進んだこと、村請制の機能が低下したこと、近世的共存関係は異なる諸属性を意識して認め合うという共生を意識した併存ではなかったこと、などが考えられる。

注

（1）大橋幸泰『潜伏キリシタン 江戸時代の禁教政策と民衆』（講談社、二〇一四年、二〇一九年に講談社学術文庫として再刊）、同『近世潜伏宗教論――キリシタンと隠し念仏』（校倉書房、二〇一七年）。筆者は、当時の日本のキリスト教を、ポルトガル語のChristãoに由来する語のキリシタンという呼称で呼ぶ。そして、厳しい禁教政策のもとで不可解な対象となったイメージ上の「切支丹」を、現実の潜伏キリシタンと明快に分ける必要があるとの考えから、前者を「切支丹」、後者をキリシタンとこれまで表記してきた。本書でもそれにしたがう。また、隠れ念仏と隠し念については、これまでの一般的な使用例から、便宜上、前者は浄土真宗が禁止されていた鹿児島藩・人吉藩領において活動していた浄土真宗を、後者はそれ以外の地域において真宗の異端と見なされた宗教活動を指す言葉として用いる。

（2）朴澤直秀『近世仏教の制度と情報』（吉川弘文館、二〇一五年）。

（3）『日本庶民生活史料集成18 民間信仰』（三一書房、一九七二年）八三三～八三四頁。以下『史料集成』と略す。

（4）「薩摩国諸記」（『史料集成』）五二〇頁。

（5）「田代御内用書物三番」（長崎県立対馬歴史民俗資料館蔵宗家文庫）。

（6）阿南重幸『被差別民の長崎・学――貿易とキリシタンと被差別部落』（長崎人権研究所、二〇〇九年）。長崎・浦上の被差別部落については、阿南氏のご教示を得た。記して感謝申し上げる。

（7）寛政期に成立という。『長崎県史 史料編第四』（吉川弘文館、一九六五年）八七六頁。

（8）同注（6）。

（9）大橋幸泰「異端と属性――キリシタンと「切支丹」の認識論」（『歴史学研究』九一二、二〇一三年、同注（1）『近世潜伏宗教論――キリシタンと隠し念仏』所収）。

（10）『長崎代官記録集』（犯科帳刊行会、一九六八年）。天保の伺書は中巻二五六～二五九頁、慶応の伺書は下巻二六〇～二六一頁。

（11）浦川和三郎『浦上切支丹史』（全国書房、一九四三年）一四七～一四八頁。

（12）「諫早藩日記」（『ながさき・部落解放研究』一一、一九八五年）一二八～一二九頁。

(13) 同注(6)。
(14)「蛮宗制禁録」(キリシタン学研究会校訂〈京篤二郎解題〉、『研究キリシタン学』創刊号、一九九八年、九四~九五頁)。
(15)「庫裡法門記」(『日本思想大系17 蓮如・一向一揆』岩波書店、一九七二年)五一九~五二〇頁。
(16)『徳川禁令考』(創文社、一九五九年、七八頁)。この偽法令普及の経緯については、前掲注(2)朴澤直秀『近世仏教の制度と情報』が詳細に分析している。
(17) 同注(15)、五一三頁。
(18)「浦上切支丹文書 文化~弘化 異宗之者諸書留」(長崎歴史文化博物館蔵長崎奉行所関係史料、請求番号11-2854)。
(19) 同注(18)。
(20) 森田清美『霧島山麓の隠れ念仏と修験』(岩田書院、二〇〇八年)、大橋幸泰「近世秩序における「邪」の揺らぎ」(『シリーズ日本人と宗教――近世から近代へ6 他者と境界』春秋社、二〇一五年、本書第七章)。
(21)「税所文書 出水に於ける一向宗禁制史料」(『史料集成』、四四一頁)。
(22) 安永九年一二月付「時々被仰渡候御書附写」(鹿児島県立図書館蔵)。同史料は、『鹿児島県史料集Ⅳ 一向宗禁制関係史料』(鹿児島県史料刊行会、一九六四年)三三頁に翻刻がある。
(23) 大橋幸泰「近世日本の異端的宗教活動と宗教的属性――潜伏キリシタンと隠れ/隠し念仏」(『歴史学研究』九四一、二〇一六年、本書第六章)。
(24)「田代御内用書物二番」(長崎県立対馬歴史民俗資料館蔵宗家文庫)。
(25)『鳥栖市誌資料編第5集 佐藤恒右衛門毎日記』(二〇〇三年)一五二頁。
(26)「乍恐口上書」(長崎歴史文化博物館蔵長崎奉行所関係史料、請求番号11=21-1)。
(27) 大橋幸泰『キリシタン民衆史の研究』(東京堂出版、二〇〇一年)。
(28) 同注(18)。
(29) 同注(18)。

(30) 千葉乗隆「薩摩使僧日記・手控解題」(『史料集成』)。
(31) 「薩摩国諸記」(『史料集成』) 四八七頁。
(32) 「薩摩国諸記」(『史料集成』) 五二六頁。
(33) 瀧川哲哉「薩摩藩の真宗門徒」(第七七回民衆思想研究会レジュメ、二〇一三年)。なお、当該期の鹿児島藩領における隠れ念仏と三業派との関係については、瀧川氏のご教示を得た。記して感謝申し上げる。
(34) たとえば、越後の例として、奈倉哲三『真宗信仰の思想史的研究——越後蒲原門徒の行動と足跡』(校倉書房、一九九〇年) を参照。
(35) 星野元貞『薩摩のかくれ門徒』(著作社、一九八八年)。
(36) 宝暦一四年五月四日付、間者の報告書 (長崎県立対馬歴史民俗資料館蔵宗家文庫)。
(37) 同注 (25)、二〇七頁。
(38) 長忠生『内信心念仏考』(海鳥社、一九九九年)。

# 第一部　キリシタン禁制と治者・被治者

# 第一章　江戸幕府のキリシタン禁制

## 一　カトリックとプロテスタント

第一部では、序章で考察した近世的共存関係の条件が生み出された経緯について考える。

関ヶ原の戦いの勝利により、徳川家康の覇権が確立しつつあった一六〇〇年代初頭、日本のキリスト教界は新たな段階を迎えていた。一六世紀中期にフランシスコ・ザビエルが日本列島にキリシタンをもたらして以来、日本布教に従事していたのは、ポルトガルの保護のもとにアジアにやってきたカトリック修道会のイエズス会であった。しかし、一五九〇年代以降、同じカトリックではあるがスペインの保護のもとに世界布教を進めていた、フランシスコ会・アウグスチノ会・ドミニコ会が日本列島における布教活動に参入してきただけでなく、非カトリックの国であったイギリス・オランダもやって来た。

もっとも、当時カトリックが世界布教を志向していたのはプロテスタントによる宗教改革への対抗という側面があり、非カトリックを基本とするイギリス・オランダ両国はキリスト教団体をともなって日本に来たのではなかった。キリシタンの布教活動という点では、カトリック修道会どうしの競争ということになるので、キリシタン布教とは無関係にやって来たイギリス・オランダにとっては直接的な利害関係はなかった。ただし、カトリック修道会は国力の拡張を目指すポルトガルまたはスペインの国王による保護のもとに東アジアまでやって来ており、キリシタンの布教活動と商業活動とは密接に結びついていた。そうした事情から、イギリス・オランダにとって、ポルトガル・スペインの保護のもとにあったカトリック修道会は無視できない競争相手であった。要するに、当時の対日本貿易を含む東アジアにおける西欧勢力の対立構造は、きわめて大雑把にいえば、ポルトガル対スペインとイギリス対オランダという対立軸に加えて、ポルトガル・スペイン対イギリス・オランダという対立軸も存在する、二重の構造になっていたということである。

とはいえ、これらの諸勢力のなかで早くから東アジアで布教活動と貿易活動を展開し、その主導権を掌握していたのは、ポルトガルとその保護下にあったイエズス会であった。したがって、ポルトガルとイエズス会は、スペインとその保護下にあったカトリック修道会、およびイギリス・オランダにとって最大のライバルであった。

このように、徳川家康が豊臣秀吉に代わって天下人の地位についたときというのは、日本を含めた東アジア世界を舞台として西欧勢力の競い合いが激しくなってきたときにあたる。家康を頂点とした日本の支配勢力がどのように西欧勢力に対応したのかという過程については、こうした西欧勢力の動向も念頭に置いて考える必要がある。(1)

## 二　江戸幕府による禁教宣言

江戸幕府によるキリシタン禁教の意志をはっきり確認できるものとしてよく知られているのは、慶長一七年（一六一二）八月六日付の文書である。これは全部で五か条により構成されており、その第二条に、

一　伴天連門徒御制禁也、もし違背の輩あらば、たちまちその科遁れべからざる事

とあってキリシタンを禁止する旨、明確に宣言されている。[2] ここでキリシタンのことを「伴天連門徒」と呼んでいることは注意を要するが、この点については後述することにして、まずは清水紘一の研究[3]によりながら、この文書をキリシタン禁制史のなかに位置づけてみよう。

他の条文の内容は、武家奉公人の一年契約による抱えおきの禁止（第一条）、不審な怪我人の報告義務（第三条）、たばこの禁止（第四条）、牛を屠畜することの禁止（第五条）、である。第二条のキリシタンの禁止を含めて、これらはみなこのとき初めて発せられたのではなく、これ以前にすでに幕府の意志として指示されていたものが、このときまとめて個別大名に通達されたものと考えられる。現在よく知られているこの通達は、幕府老臣（老中）の青山図書助（成重）・安藤対馬守（重信）・土井大炊助（利勝）が差し出し、下野国西方一万五〇〇〇石の大名の藤田能登守（重信）に宛てたものである。

最初に明確にしておかなければならないのは、この通達が江戸幕府による最初の禁教令とはいえないということである。それ以前から家康の禁教の意志を示す文書が存在するだけでなく、局地的ではあれ家康の承認のもとに迫害があった事実も確認できるからである。[4]

家康はまず、フィリピン総督に宛てた慶長七年（一六〇二）九月付朱印状のなかで、「外国の法を持ち込むこと

は固く禁止する」(5)との表現を用いて、キリシタンの宣教禁止を宣言した。次いで同一〇年、同じくフィリピン総督に宛てた書状のなかでも、「日本に於ては決して其地の教を説き、これを弘布すべからず」と通告して、宣教禁止を伝えた。その理由としてあげているのは、日本は「神国」であり、その「偶像」は祖先の代から尊崇の対象となっているから、自分（家康）だけがこれに背くことはできない、という論理である。(6)さらに家康は、メキシコ総督に宛てた同一七年六月付の書状のなかで、神仏への宣誓によって盟約を結ぶという日本の慣習（起請文の作成）を説明することにより、禁教の論理を補強した。(7)

正確にいえば、これらはいずれも外国に対して宣教禁止を伝えたものであるから、日本国内における禁教を命令したものではない。その点でこれら家康の書状は、豊臣秀吉の伴天連追放令の基本方針を継承したものにすぎないともいえる。ただし国内でも、慶長一〇年（一六〇五）に江戸や関東で、翌一一年に大坂で、キリシタンに対する迫害が起こっていたことは注意されるべきである。

江戸での迫害について、(8)一六〇六年二月三日付のイエズス会士の記録によれば、次のようにある。

公方と世子（徳川家康と秀忠―大橋）は、多数の者が改宗し、また世子が居住している江戸の市中だけで三、四千人のキリスト教徒がいると聞いて、誰も新たにキリスト教徒になることのないよう、また改宗した者を調査するよう厳命を下した。

さらに、イエズス会の一六〇五年度日本年報にも、江戸での迫害が起こるとともに禁教令が江戸や関東諸国に発令されたのみならず、京都のフランシスコ会修道士に対して日本人の改宗を禁止する旨通達されたことなどが記されている。

大坂の場合は、イエズス会の一六〇六年度日本年報によれば、以下のことが知られている。(9)

彼女（淀殿―大橋）は、パアデレやキリシタンたちが自分の親戚の葬儀を営んだと知るや、仏僧等に扇動されて公方に不満を申立てた。大坂奉行はそれに余儀なくされて、市の門前に左の如き布告を公に掲示した。「吉利支丹の教を奉ずる者多数有之、最近そのやうな不心得の者に対して発せられた禁令も格別重きを置かれざる由を御耳にせられて、殿下（家康）は快からず思召させ給へり。よつて前に禁令を以て定められたことを相違なく相守り、武士たるものは誰にても吉利支丹の教に入らざるやう、宗門を改むるなどということを考へざるやう、既に改めて吉利支丹となりたる者は再びそれを唾棄するやう、此段きつと命令するものなり」

これらの命令は、それぞれの現地責任者によってその管轄下へ発せられたものであるが、家康の同意のもとに実行されたと考えてよい。したがって、どの段階で完全な禁教に切り替わったかは明快にはいえないが、キリシタンを禁止するべきであるという幕府の意志は、早い段階から固まっていたと考えてよいだろう。

しかし、その一方で幕府が、諸外国との貿易についてあらゆる可能性を模索していたことも事実である。中国との直接貿易の復活を模索していたことはよく知られており、同時に西欧勢力との貿易についても継続を希望していた。西欧勢力との貿易は、中国産生糸など東アジア・東南アジア諸地域の産物を日本にもたらす重要な手段であった。キリシタンは禁止するべきだが、諸外国との貿易は継続したいというのが幕府の基本方針であり、そのための試行錯誤を繰り返していたというのが一七世紀初期の実態であったといえよう。

こうした状況のなか、禁教の明確化を決定的にしたのが慶長一七年に起こった岡本大八事件である。この事件は、同一四年一二月に長崎沖で起こったポルトガル船撃沈事件をめぐる贈収賄事件を発端とする。その船の名をノッサ・セニョーラ・ダ・グラサ号（通称マードレ・デ・デウス号）といった。このポルトガル船の司令官は、同一三年にマカオで日本人多数が殺害された事件に関与したアンドレ・ペッソアであった。このマカオでの事件で、自身の朱印船の乗組員が多数殺害された肥前国有馬の大名有馬晴信は、長崎にグラサ号が寄港したので、ペッソアを召喚しようとした。しかし、ペッソアがこれに応じなかったので晴信は長崎港外でグラサ号を武力で攻撃し、撃沈した。そして、徳川家康の重臣本多正純の与力岡本大八が、晴信に恩賞として有馬氏の旧領回復を斡旋するからと偽り、晴信から多額の賄賂を受け取ったという。その後なかなか恩賞の沙汰が下されないことを不審に思った晴信が、この件を正純に問い合わせた結果、これは大八の虚偽であったことが発覚した。

その吟味のなかで、大八は晴信の謀略を暴露した。グラサ号への攻撃方法が手ぬるいと長崎奉行長谷川左兵衛から批判されたことに対して、晴信が左兵衛を謀殺しようとした事実があったというのである。長崎奉行を謀殺しようとしたというのは将軍に対する謀反とも見なされる。こうして、晴信は甲斐に流されたのち慶長一七年五月に死罪となり、大八はそれに先だって同年三月に火刑に処せられた。

この件はこれに留まらなかった。晴信と大八の両者ともキリシタンであったことが、家康を刺激したものと思われる。この事件を契機に家康は、以前から持っていたキリシタンへの警戒心を強め、禁教の態度をいっそう鮮明にすることになった。当時の政治情勢を記した『当代記』同年三月一二日の条に、

このころ、ばてれん宗に日本人なること堅く禁じられる

との記述とともに、キリシタンであった幕臣が改易されたことが記されている(10)。

また、家康の駿府での動向を記録した『駿府記』同年三月二一日の条では、

南蛮記利支旦《きりしたん》の法、天下停止すべきの旨、仰せ出さる

とあり、続いてキリシタンは「邪法」であるとして、京都におけるキリシタン施設が破壊されたことが記されて

いる。[11]これら史料の記述と岡本大八事件との関係は必ずしも明らかではないが、連動するものであったと考えてよいだろう。

　したがって、この事件を契機にキリシタンへの弾圧が本格化したのは間違いないものと思われる。このとき発令されたキリシタン禁教令そのものは現在、見出されていないが、先に見た同年八月六日付のキリシタン禁教の条項を含む五か条の文書の、キリシタン禁教条項の原法度はこの三月に発令されたものと思われる。[12]この年の禁教令はかつて、幕府領に限って出されたものとする見方や、八月六日付の文書の宛名である藤田重信が下野の大名であったことから関東に出されたものと見る見解もあったが、禁教の範囲を地域的に限定したものとする見方は根拠が希薄である。それに加え清水紘一が指摘したように、秋田藩士梅津政景の日記（慶長一七年四月三日条）には、次のようにある。

　江戸へ駿河きりしたん御法度の由申し来たり候、ゆへいかにというに、岡本大八はじめはきりしたんにて候、（中略）種々私事ありて籠舎の由、これは御所様（徳川家康）なんとの御小姓衆也、これにつき国々御法度の由

　ここには、伝え聞いた岡本大八事件について触れたうえで、キリシタンについては「国々御法度」である旨はっきり書き記されている。[13]早くから禁教の方針は既定路線であったとすれば、家康は全国令を意図していたと見るべきである。

　こうして慶長一八年一二月、金地院崇伝の起草による伴天連追放文が発令される。日本が神国であり仏国でもあるということを根拠に「伴天連」を追放する、というのがこの文書の主張である。そして、翌年一〇月に宣教師と有力信徒、合計四〇〇人余がマカオ・マニラに追放となった。このなかには、大名では唯一最後まで信仰を貫いた高山右近がいた。右近は豊臣秀吉に改易されたあと、加賀藩前田家に身を寄せていたところを慶長一九年

に幕府に引き渡され、マニラに追放となった。翌二〇年、その地で没した。また、豊後国の有力者岐部氏出身の岐部ペドロはマニラに渡航したあと、マカオを経て自力でローマに行き、そこでイエズス会への入会と司祭叙階を果たした。彼がローマまで行かなければならなかったのは、マカオのイエズス会が宣教師に奉仕する日本人の同宿に冷淡であったからだという。そして、寛永七年（一六三〇）に日本へ密かに潜入し、東北地方で布教活動に従事したが、同一六年に捕らえられ江戸で殉教した。

元和二年（一六一六）四月に家康が死去したあとも、キリシタン禁制の方針は秀忠政権に継承された。そのことをよく示しているのが、同年八月八日付の安藤重信ほか四名連署の老臣（老中）奉書である。この文書はヨーロッパ船の寄港を長崎・平戸の二港に限定する旨通告したものであるが、このなかで、

伴天連門徒の儀堅く御停止の旨、先年相国様（徳川家康）仰せ出され候上は、いよいよその意を得られ、下々百姓以下に至るまで、彼の宗門これ無きよう御念を入れらるべく候

とあって[14]、キリシタン禁制については家康以来の規定であるから、いよいよその趣旨を理解して、下々百姓以下に至るまですべての者を対象にキリシタンに入信することのないようにと、キリシタン全面禁止を宣言している。そして、同五年に京都で、同八年には長崎で、それぞれ五〇人以上の殉教者を出す大規模な迫害が起こった。

その後、幕府はスペインとの断交に踏み切るが、その経緯については清水有子の研究[15]によりながら見ていこう。先に見たように、関ヶ原の戦い直後からキリシタン禁教は既定路線であったが、貿易の可能性を模索していた幕府は西欧勢力との関係について曖昧な態度をとり続けた。慶長一七年（一六一二）の岡本大八事件を契機に幕府による禁教の態度は一気に強まったが、その三年後に大御所家康はスペイン使節に面会しており、貿易関係をなお継続するつもりでいたとされる。しかし、このとき将軍秀忠は使節との面会を拒否しており、以来元和九年

（一六二三）にフィリピン総督から派遣されたスペイン使節が再来日するまで、政治レベルの関係は途絶えることになる。家康と秀忠の態度の差異は幕府の態度の曖昧さを示しており、少なくともこのときスペインとの関係をどうするかは決まっていなかったと考えるべきであろう。

そうしたなかで、元和六年に平山常陳事件が起こり、スペインとの断交が決定的になっていく。この事件はスペインが拠点を置くマニラから日本に向かっていた貿易船が、オランダ・イギリスの合同船隊によって台湾近海で拿捕されたうえ平戸まで曳航されたというものである。幕府に対して、船長平山常陳ら貿易船関係者がオランダ・イギリスの船隊による海賊行為を訴えた一方で、オランダ・イギリス商館は船中に同乗していたキリシタン宣教師の存在を訴えた。吟味により、この貿易船に同乗していたアウグスチノ会士のペドロ・デ・スニガとドミニコ会士のルイス・フロレスの身分が発覚し、その結果、二人の宣教師と平山常陳が火刑に、船員一二人が斬罪となり、積荷も幕府に没収された。

解決まで二年を要したこの事件とともに、その後、宣教師が民間船を利用してマニラから流入してくる可能性の高さと、彼らの密入国を支援する内外商人の存在が明らかになったことにより、幕府のキリシタンに対する警戒感はいっそう強まった。以上の一連の動向を背景に元和九年、宣教師と密接な関係があるポルトガル・スペインの商人グループの解体、日本人の海外渡航の規制、を骨子とする法令が幕府により発令された（ただし現在、邦文史料としては見出されていない）。

こうした状況のなか、同年にフィリピン総督により派遣されたスペイン使節が再来日するが、翌年に大御所秀忠により面会を拒否され、ここに公的な関係は完全に途絶えることになる。ただし、民間船による私貿易についてはこの時点でも、長崎において取り引きするという条件で認められていたとされる。民間のスペイン貿易船が渡航を禁止されたのは寛永二年（一六二五）であり、これをもって日本とスペインとは完全に断交した。そのもっとも大きな目的は、スペインと結びついた托鉢修道会の宣教師が民間船に乗船して流入してくるマニラルートを遮断するためであった、と清水有子は指摘する。宣教師の流入の可能性を断つことこそ、このときの幕府の最重要課題であった。

もう一方のカトリック勢力であるポルトガルとの断交は、寛永一四〜一五年の島原天草一揆後に実行される。ポルトガルとの断交がスペインとの断交よりあとにずれた原因は、慶長一九年の家康による宣教師国外追放を契機に、それ以降、ポルトガル・イエズス会の拠点であったマカオの責任者が日本との貿易継続を第一に優先するようになっていたからである。マカオから出航する貿易船に宣教師が乗船して日本への密航を企てることがなくなったとはいえないが、一六二〇年代、幕府にとってマカオルートは問題とはならなかった。

なお、イギリスはこのころ東アジア貿易の利益があがらず、元和九年に平戸にあった同国の商館を自ら閉鎖して撤退していた。一六三〇年代末、残るはオランダのみとなった。

## 三　「伴天連門徒」という認識

清水有子が主張するように、近世日本の対西欧勢力の基本姿勢は秀忠政権のときに形成されたといえる。幕府発足の早い段階で固まっていたキリシタン禁教の方針も、秀忠政権により決定的になった。そしてそれは、元和二年令に「下々百姓以下に至るまで、彼の宗門これ無きよう」との文言があることから、民衆を含めたキリシタン全面禁止令であることも確認できる。ただし、キリシタン問題に限らないが、法令の内容と実際の運用は必ずしも同じではない。ここで注目したいのは、キリシタンがどのように呼ばれていたかである。

現代人はこの時代の日本のキリスト教のことをキリシタンと呼ぶ（ポルトガル語のchristãoに由来）のが普通であるが、近世期を通じてこの呼称しかなかったのではない。一七世紀のある時期までは、「きりしたん」の表記方法として「吉利支丹」「切支丹」のように漢字表記が複数あったばかりでなく、ほかにいくつもの表現方法があった。そのなかでも、幕府のキリシタン認識をもっともよく表していると思われる表記として目を引くのが、「伴天連門徒」である。筆者はかつて、この語に注目して一七世紀前期のキリシタン禁制の性質について考察したことがある。(16)以下、筆者の研究をベースに、他の研究も参照して、改めてこの時期の禁教政策の特徴について考えてみる。

「伴天連」は、ポルトガル語padreに由来する神父を意味する語であり、「門徒」は寺院の檀徒、とりわけ浄土真宗の信徒を指す語である。つまり、この呼称は「伴天連」が説く宗教を信じる人びとの意であり、「伴天連」が強調されている語である。とすれば、この語を使用する際には、この宗教の信徒は「伴天連」の勢力下にある宗教集団である、という意識がはたらいていたことになろう。実際、天正一五年（一五八七）に豊臣秀吉によって発令されたキリシタン制限令では、指導者が「伴天連門徒」への改宗を強制している事実が問題であるとされ、それは「本願寺門徒」が真宗寺院を基盤に勢力を拡大していったことよりも悪い、と糾弾されている。これは、キリシタン大名領で起こっていた集団改宗や寺社破壊を念頭に置いた命令で、加賀や越前の一向一揆が「天下のさわり」であったとの認識を前提としたものである。(17)

もちろん、「伴天連」の語義は宣教師のことであるが、右の秀吉による制限令第四条に、

一　弐百町二三千貫より上之者、伴天連になり候においては、公儀の御意を得奉り次第なり申すべく候事

とあったり、先に見た慶長一七年三月の幕臣改易を米沢藩に伝える書状に、

右八人はてれんにまかりなられ候ニ付而、御改易なされ

などとあったりするのを見ると、武士階級の信徒も「伴天連」と呼ばれた可能性がある。この場合、「伴天連門徒」や「ばてれん宗」(18)を省略して単に「伴天連」と表現したに過ぎないとの見方も成り立つが、武士階級の入信が問題とされていることと、「伴天連」が強調されていることに変わりはない。

先の『当代記』慶長一七年三月一二日条の「このころ、ばてれん宗に日本人なること堅く禁じられる」とあることや、元和二年八月八日付老臣（老中）奉書の「伴天連門徒の儀堅く御停止」とあるように、幕府のキリシタン禁止命令がすべての階層を含めたものであることは否定できないし、実際、殉教者のなかに庶民が含まれていたことも事実である。しかし、同時に幕府が「伴天連」を基軸にこの宗教を見ていたことも注目されるべき確かな事実である。殉教の記録には、宣教師や地域有力者が多く記されていることや、多数のキリシタン民衆が潜伏状態に入ったことを念頭に置けば、この時期のキリシタン禁制の重点はやはり「伴天連」や地域有力者にあったと考えて問題はないだろう。

この当時のキリシタンの地域有力者を示す史料として、元和三年（一六一七）にイエズス会日本管区長マテウス・デ・コウロスが各地のキリシタン指導者から徴収した文書がある。(19)コロウスは幕府のキリシタン禁制政策のもと、イエズス会宣教師が信徒を見捨てて逃亡したとの批判があったことに対して、各地の指導者の証言によって反論しようとした。これがコウロス徴収文書として知られているものである。本文のあと、その地域の指導者が連名で署名のうえ花押を据えている。その本文には、幕府の禁教令以後もイエズス会宣教師が地域のために尽くしていたことが明記されているが、その内容が定式化されていることから、この文書はイエズス会のひな形に

そって作成されたものと思われる。したがって、信徒の自発的な行動を示しているとはいえないという点で、文書の内容自体には留保をつけなければならない。

それでも、ここに署名している者は一般の百姓というよりも、その地域の有力者であることは間違いなく、これらの文書は彼らを指導者とするキリシタンの信仰共同体であるコンフラリアの存在を想起させる。実際、川村信三の指摘によれば、豊後国大分郡高田地区のコウロス徴収文書に署名のある数名について詳細をたどることができるとされ、彼らは「キリスト教の民間指導者であるとともに、地方の小領主層ないしは有力者」であるという。[20] この時期、幕府にとってキリシタン問題の懸念の一つは、キリシタンを精神的な支柱とした地域有力者による地域支配であった。そこに宣教師が流入してくれば、キリシタンの脅威はいっそう強まる。

先に見た平山常陳事件はそのようなときに起きた。寛永二年にスペイン船の民間貿易船を完全に拒否したのも、この事件に象徴されるように、マニラルートの民間貿易船に宣教師が乗り込んで日本に潜入する可能性があったからである。一般の日本人信徒がそれをサポートしていたことは、幕府にとってもちろん看過できない問題であったが、この措置は直接的には宣教師の流入を防ぐことに第一義的なねらいがあった、と考えてよいのではなかろうか。

そして「伴天連門徒」の呼称は、一六三〇年代末を下限として以後、ほとんど見えなくなることも重要な事実である。この間、「きりしたん」の呼称が使用されていなかったのではもちろんない。ここでは、この時期に「きりしたん」の呼称も使われていたということよりも、「伴天連門徒」の呼称が一六三〇年代末まで使われていたのが、以後消滅していったことのほうが重要である。その変化の背景に何があったのか。寛永一四年（一六三七）から翌年にかけて起こった島原天草一揆が直接の契機となったことは容易に想定できるであろう。当然のことなから、キリシタンを取り巻く社会状況は常に同じではない。とすれば、幕府のキリシタン認識や禁教の内容についてはいくつかの段階を想定するべきである、というのが筆者の考えである。(21)

## 四　禁教の階層的偏差と地域的偏差

実際、すべての人びとがキリシタンでないことを確認する手段として、毎年、宗門改が日本全国で行われるようになるのは、家康・秀忠政権の時代から半世紀もあとの寛文期（一六六一～一六七三）である。キリシタン禁制が始まった当初、転びキリシタンから檀那寺の証文を取らせたことはあったが、それはあくまで棄教した証拠として行わせたものである。次の家光政権期に入ると確かに広い範囲で宗門改が行われるようになるが、少なくとも一六三〇年代末までは、キリシタンでないことの確認を寺院が請け負う寺請のほか、村役人などの俗人が請け負う俗請も少なくなく、恒常的に実施された形跡もない。つまり、家康・秀忠のときはキリシタン禁制という大方針は打ち出されたものの、どのようにそれを貫徹するかという点については現場の責任者に任されていたというのが実態である。したがって、キリシタンへの弾圧が激しいところと緩いところが存在した。

それは、キリシタンに対する領主の態度や、キリシタンがどれほど浸透していたかなどの地域の事情によって、キリシタン禁制をどのように推進するかには差異があったからである。したがって、この段階では、幕府と大名が一体となってキリシタン問題に対処するという意識はまだ希薄であった。

それに加えて、日本列島の隅々まで探索してキリシタンをあぶり出す方法が、一七世紀前期ではまだ確立されていなかった。毎年人別に檀那寺を確認する方法でキリシタンでないことを証明するには、まずなによりも寺院と百姓との間に寺檀関係が成立していなければならないが、そのためには檀那寺を支えることができるほど個別の百姓の家が経済的に自立していなければならない。経営規模の小さな百姓の家がたくさん生まれる状況（これを小農自立という）が実現するのは、「惣無事」のもとに生産力が向上する一七世紀中期以降である。そして、その自立した百姓の家が頼りにする宗教的受け皿として地域寺院が次々に創建されるのも同じころのことである。

いずれにしても、家康・秀忠段階のキリシタン禁制の徹底度には階層的偏差と地域的偏差があり、キリシタンへの対応は一律ではなかった。禁教政策はまだ固まっていなかったのであり、少なくとも近世期を通じてもっとも重要な民衆統制の手段となる宗門改が、制度化されるかどうかは自明ではなかったということである。それを決定的にした契機が島原天草一揆であった。

注

（1）高瀬弘一郎『キリシタンの世紀 ザビエル渡日から「鎖国」まで』（岩波書店、一九九三年）、加藤栄一『幕藩制国家の成立と対外関係』（思文閣出版、一九九八年）。
（2）『近世長崎法制史料集』一（岩田書院、二〇一四年）九六頁。
（3）清水紘一「慶長十七年のキリシタン禁教令再考」（『中央大学文学部紀要 史学科』四八［通巻一九六］、二〇〇三年）。
（4）以下の記述は、五野井隆史『徳川初期キリシタン史研究（補訂版）』（吉川弘文館、一九九二年）、同『日本キリシタン史の研究』（吉川弘文館、二〇〇二年）を参照。
（5）ロレンソ・ベアト著（野間一正訳）『ベアト・ルイス・ソテーロ伝』（東海大学出版会、一九六八年）三三頁。
（6）村上直次郎訳註『異国往復書翰集』（雄松堂書店、一九六六年［復刻版］）九一～九二頁。

（7）同右、六五～六六頁。神仏への宣誓を明記する起請文の慣習は、複数の神仏信仰によって秩序が保持される宗教の共存状態と表裏の関係にある。これを否定する可能性のあるキリシタンは、家康にとって、受け入れるわけにはいかない宗教であった。これが諸属性の近世的共存関係の前提になると筆者は考えている。
（8）以下、同注（4）五野井隆史『徳川初期キリシタン史研究（補訂版）』二二頁による。
（9）浦川和三郎訳「一六〇六年度耶蘇会年報」（『キリシタン研究』三、東京堂、一九四八年）。
（10）『史籍雑纂』二（国書刊行会、一九一一年）一七九頁。
（11）同右、二三一頁。
（12）同注（3）清水紘一前掲論文。
（13）『大日本古記録 梅津政景日記 一』（岩波書店、一九五三年）二七～二八頁。
（14）同注（2）『近世長崎法制史料集』一、一一四頁。
（15）清水有子『近世日本とルソン――「鎖国」形成史再考』（東京堂出版、二〇一二年）。
（16）大橋幸泰『キリシタン民衆史の研究』（東京堂出版、二〇〇一年）。
（17）同注（2）『近世長崎法制史料集』一、五二頁。
（18）「直江重光兼続書翰留」（『大日本史料』一二―九、一九〇六年）五六二頁。
（19）松田毅一『近世初期日本関係南蛮史料の研究』（風間書房、一九六七年）。
（20）川村信三『キリシタン信徒組織の誕生と変容』（教文館、二〇〇三年）二八〇頁。
（21）大橋幸泰『潜伏キリシタン 江戸時代の禁教政策と民衆』（講談社、二〇一四年、二〇一九年に講談社学術文庫として再刊）。

# 第二章　諸藩による島原天草一揆の記録と記憶

## はじめに

島原天草一揆は江戸時代を通じて記憶され続けた事件であった。通俗的な排耶書や実録物を通じてこの一揆が語り継がれたというばかりでなく、百姓一揆のような秩序が乱れた事件が起こった際に、この一揆が思い起こされたという事実がそのことを証明している[(1)]。本章では、諸藩に残された島原天草一揆の記録を材料に、諸藩によってどのようにこの事件が記憶され続けたのか、という点について考える。

## 一　岡山藩の場合

### (1)一揆の情報収集

岡山藩には「寛永島原騒動記[(2)]」と表題のある史料がある。この史料は副題に「岡山侯聞書」とあるように、岡山藩がこの一揆の最中または終了後間もないころに集めたと思われる情報集である。この史料には、諸藩や幕府要人から入手した情報が多数掲載されている。幕府軍を構成する、それぞれの藩内部での書簡や異なる藩同士で交わされた書簡のほか、幕府要職同士でやりとりされた書簡もある。

たとえば、この史料の一通目は一揆の初発の様子が記されている書簡で、寛永一四年（一六三七）一一月一日付の、「久留米稲積壱岐」から「黒田作州」に宛てたものである。差出人の「稲積壱岐」とは久留米藩家老の稲次壱岐守（重知）、受取人の「黒田作州」とは福岡藩家老の黒田美作守（一成）、のことと思われる。本来なら久留米藩と福岡藩で完結する情報のはずであるが、この書簡の冒頭に「肥前の様子、十一月十五日戌刻、岡山へ到来之覚」とあることから、この書簡が同年一一月一五日に岡山にもたらされたことがわかる。ここには、第一に島原町中が焼き払われたこと、第二に島原の侍町は堅固であること、第三に島原城周辺には一揆の者たちは見当らないこと、第四に一揆蜂起直後の一〇月二六日から二八日までの間、村々は焼き払われたが、非キリシタンが自ら焼いたようであること、第五に島原城を焼こうと数名の者がやってきたが、城中から鉄砲で討ったこと、第六にキリシタンの集会中に島原藩の代官が乗り込んできて止めさせようとしたところ、キリシタンの村民によって殺害されたことが一揆の発端であったこと、第七に島原藩士に仕えている者のなかにキリシタンに「立帰」る者がおり、城中に火をかけるかもしれないので島原家中が城外へ出ることが困難であること、第八に昨夜（久留米へ）帰ってきたので只今この手紙を書いていること、が記されている。

### （2）諸藩間の情報ネットワーク

この書簡の写しが岡山まで到来した理由は不明であるが、久留米藩か福岡藩のどちらかの藩士から岡山藩の誰かが入手したものであろう。このほかにも、類似の、岡山藩士が直接関わらない書簡が多数集められている。岡山藩は他藩や幕府要人から、一揆の経緯を詳細に把握しようとしたということになる。実際、一揆勢や幕府軍の犠牲者・怪我人の人数なども、その都度記されており、この一揆の経緯とそれにともなう損失などの情報が得られている。岡山藩重臣は現地にいなくともこの一揆について思い浮かべることができたものと思われる。

これらの情報はただ受け取るだけでなく、岡山藩からも発信していたようである。「肥前之雑説ニ岡山之様子」と表題のある部分では、一一月六日に福山藩主水野日向守（勝成）の重臣から岡山へ情報提供があった（内容不明）のを、岡山藩の江戸藩邸に連絡するとともに、姫路藩・津山藩へも岡山藩重臣から連絡したとある。この項目では、そのほかの情報の伝達ルートや、江戸を出立した上使の現在地が記載されるとともに、島原藩手勢では一揆を鎮圧することは難しいので、佐賀藩・唐津藩・柳川藩にも出兵が命じられたとも記されている。

こうした諸藩間の情報ネットワークが必要とされた理由は、単に興味本位というのではなかったであろう。当初は楽観視していたようにも見えるが、岡山藩がさまざまなルートから一揆の情報を得ようとしていたのは、この事件の行く末を案じていたからではないだろうか。

## 二　秋月藩の場合

### （1）一揆物語と屏風絵

秋月藩には「島原一揆談話」という表題の記録と、「島原陣図屏風」という絵画が残されている。(3) 前者は秋月藩士の小川碩翁が寛延元年（一七四八）に古老の聞き伝えをもとに書き上げた一揆物語、後者は一揆から二〇〇年を記念して秋月藩一〇代藩主の黒田長元の命で作成された屏風絵である。前者などをもとに後者が描かれたといわれる。この屏風絵の作者は、秋月藩のお抱え絵師であった木付要人（右隻「出陣図」）と斎藤秋圃（左隻「戦闘図」）と伝えられ、八年の歳月をかけて天保八年（一八三七）に完成した。

「島原一揆談話」では、冒頭に「肥前国高来郡の百姓等領主松倉氏の苛政を恨ミ、切支丹宗門となり徒党を企て一揆を起す」とある。この記述から秋月藩はこの一揆を、領主苛政への抗議と「切支丹」による武力蜂起という二つの性格を持つ事件として捉えていたことがわかる。同書は一揆指導者の策動について、「帳本人六人の切支丹の者共、能時を得たりと思ひ、彼邪宗をすゝめしかハ、嶋原・天草の百姓等苛政を恨ミ、此勧めを悦ひ、皆切支丹宗旨となる」と述べる。一揆指導者の牢人らは島原・天草の百姓らが領主の苛政に苦しんでいるこのときを好機と捉え、彼らに「切支丹」を勧めた。その結果、領主苛政を恨んでいた百姓はみな悦んで「切支丹」になったという。こうして、「百姓等国中の寺社を焼払ひ、社人出家を捕へ、我宗旨になり、一身をは助くへしと云しにより、命をおしミて同心し、或ハ不同心にて殺さるゝ者も多し」と述べるように、同書は一揆勢が寺社を焼き払い、助かりたければ「切支丹」に同心するよう呼びかけていった様子を描いている。

## (2)「一揆」とは島原天草一揆のこと

右のような百姓らの組織と行動を表す言葉として、同書中で「一揆」の語が使用されていることは特に注目される。現代人の私たちが百姓一揆と呼ぶ江戸時代の民衆運動について、同時代では極力「一揆」という語が避けられたことが明らかにされているが[4]、それは江戸時代に生きた人びとにとって「一揆」といえば島原天草一揆を思い浮かべたからである。「切支丹」のような「邪教」のもとに武力蜂起する百姓の運動は、「仁政」を基盤に治められていることが建前の近世社会ではあってはならないことであった。一八世紀中期に成立した同書がこの事件のことを「一揆」と表現しているのは、まさに近世人にとって「一揆」とは島原天草一揆のことであったことを示している。

そうした「邪悪」な「切支丹」一揆を鎮圧するのに秋月藩をはじめ黒田勢（福岡藩、東蓮寺藩を含む）がいかに貢献したか、を示す物語が「島原一揆談話」であった。たとえばつぎのような調子である。

（福岡藩主黒田）忠之公の家臣郡正太夫・小河縫殿助・同専太夫・黒田監物・同半左衛門・岡田佐左衛門・吉田久太夫・新見太郎兵衛等は、抜群の働きあり、尤筑前三家の諸士受持の場所にて、つよく防きけれ共、本より必死の賊なれは、一足も不引進ミ来る、然る処に賊鍋島氏の井楼、又黒田美作か指図にて、竹束のさきに附置し柴したに火を付しゆへ、火光盛になりて、鉄炮を打せ弓を討させ、諸士鎗先を並々突懸るに便りよくて、終に賊退散す

これによれば、黒田忠之の家臣らは「抜群の働き」があったほか、黒田三家（福岡藩・秋月藩・東蓮寺藩）受け持ちの場所（一揆勢が立て籠もる原城を包囲する持ち場）にて一揆勢の攻撃を強力に防いだが、相手も必死の様子で一歩も引かず進撃してきたという。そうしたところ、佐賀藩の井楼に城から一揆勢が攻めかかったとき、福岡藩家老の黒田美作守（一成）の差図で竹束の先に付けておいた小枝や草に火を付けその光で明るくなった。そこで、鉄砲や弓を討ちやすくなり、諸士の槍先が一揆勢に突きかかって、ついに一揆勢は退散したという。

## (3) 原城攻撃の忠実な復元

また、同書中には一揆勢との戦闘中の藩士の経験も豊富に記載されており、そのいくつかは「島原陣図屏風」

にも描かれている。たとえば、秋月藩士長井八郎右衛門は、白い肌着の老女が投げ落とした石臼に命中し、大けがを負った。屏風絵にはその老女と長井の様子が描かれている。「島原一揆談話」のその場面は、「城中より白き肌着を着たる筋骨健なる老女出、石をうたんとする時、八郎右衛門白眼んて老女うてといひけれは、石臼をかゝめ、八郎右衛門か冑の天辺へ打し」とあって、老女が投げた石臼が八郎右衛門に当たった状況が再現されている。「島原一揆談話」も「島原陣図屏風」も単なる一揆鎮圧物語ではなく、藩にとって不利な情報も含めて原城攻撃を忠実に再現しようとしていた。

このように、「島原一揆談話」という百姓一揆物語と「島原陣図屏風」という屏風絵によって、立体的にリアルに島原天草一揆が復元されている。これらによって、この一揆が近世期を通じて秋月藩に語り継がれた。

## 三　佐賀藩の場合

### (1) 戦死者の年忌法要

佐賀藩では、島原天草一揆から五〇年ごとに従軍死者の年忌法要を行って、その記憶を継承していった。貞享三年（一六八六）五〇年忌、元文元年（一七三六）一〇〇年忌、天明六年（一七八六）一五〇年忌、天保七年（一八三六）二〇〇年忌に続いて、明治維新後の明治二〇年（一八八七）にも二五〇年忌が実施されている。(5)

このうち天保七年に行われた二〇〇年忌の場合を例にあげる。まず、同年一一月二七日から二八日にかけて佐賀城下にある鍋島家菩提寺の高伝寺において弔いの法要が挙行された。その際、百姓を含む戦死者の子孫（百姓が動員されたのは武器・兵粮の運搬役）が焼香を許されたが、その焼香の手順は次のような様子であった。

本尊之前ニ戦死中之大位牌を備、其前ニ焼香之机有之、侍焼香相澄候而、机引下徒以下段々ニ机引下ニ相成候、扨又他之御家来と不致混雑様ニ、御一手ツヽ百姓迄、一切ニ焼香いたし候、右焼香之節者、請役所御附役ゟ一人々々呼出有之候

これによれば、本尊の前に大位牌が備えられ、さらにその前に焼香の机が置かれた。侍の焼香が済むと焼香の机が引き下げられ、徒士以下身分が低くなるにしたがってさらに下げられていった。ほかの者と混乱しないよう一人ずつ呼び出された上、焼香したという。翌二九日、戦死者の子孫は佐賀城において藩主に拝謁し、百姓にいたるまで名前を披露された。

佐賀藩には支藩の小城藩・蓮池藩・鹿島藩のほか、親類・親類同格にも知行が与えられていたが、島原天草一揆の法要の際、佐賀城下での法要の後、それぞれの領主家でも法要が行われた。親類同格の諫早家では、同家菩提寺の天祐寺にて同年一二月一九日から二〇日にかけて実施された。戦死者の子孫による焼香ついては、次のような様子であった。本尊に向かって左脇の開山安置の間に戦死者の位牌を備え、侍以上は北の方の板の間、徒士以下は南の方の板の間、百姓は東の方の板の間に控えた。机上に香炉を備え、侍以上がそこで焼香した。これが済むと、中程まで机を出し、徒士以下被官までが焼香した。その後、板敷きの際間まで机を出し、百姓が焼香した。寺での焼香が済むと、供養塔へも焼香した。

それが終わると、戦死者の子孫は諫早家屋敷にて領主に拝謁の上、料理と酒が振るまわれた。侍以上は式台上の間、そのほか被官までは下の間、百姓は北縁側にて頂戴した。料理は身分に関係なく同じものだったらしい。酒も「三篇」というのが定式だったが、勝手次第にいただいたという。

### (2) 戦死者の顕彰

いずれにしても、こうした年忌法要は一揆鎮圧に参加して戦死した者を顕彰する行為であり、五〇年ごとに実施されるこの行事に戦死者の子孫として扱われることはたいへん名誉なことだった。年忌法要の直前になるとそれぞれの領主家において戦死者の子孫である旨確認する作業が行われたが、家の断絶などにより確定できないことや誤認のケースがあり、その決定に不満を訴える者がいた。この法要に参加することは一つのステータスだったと考えられる。

また、立派な供養塔の存在が知られており、通玄院(多久市)にある寛永一七年(一六四〇)に建立されたもの、天祐寺(諫早市)にある寛文九年(一六六九)建立と伝わるもの、円応寺(武雄市)にある天保七年(一八三六)に建立されたものがある。これらの供養塔や五〇年ごとの年忌法要を通じて、佐賀藩とその支藩・親戚筋の鍋島家中では、島原天草一揆を記憶し続けた。

## おわりに

本章は、岡山藩・秋月藩・佐賀藩のわずかな事例を紹介したにすぎないが、諸藩はそれぞれの方法で島原天草一揆を記録し、その記憶を江戸時代を通じて継承し続けた。それだけこの一揆は諸藩に強烈な印象を与えた事件であったといえよう。

通俗的排耶書やこの一揆の実録物が広範に流布していた状況から考えると、庶民もこの一揆について記憶し続けていたことは明らかである。これらを通じて、江戸時代に生きた人びとは「切支丹」を共通の排斥対象として認識を共有していたと考えられる。このような排斥対象の共有が、江戸時代の秩序を支えていたともいえる。

注

（1）大橋幸泰『潜伏キリシタン　江戸時代の禁教政策と民衆』（講談社、二〇一四年、二〇一九年に講談社学術文庫として再刊）。

（2）日本二十六聖人記念館蔵。史料の伝来については、一九七〇年代前後のころ、当時の館長であった結城了悟が古書店から購入したとのことであるが、それ以上のことは不明である。

（3）いずれも朝倉市秋月博物館蔵。作成の経緯については、『戦国合戦絵屏風集成5　島原の乱図・戦国合戦図』（中央公論社、一九八八年）の解説を参照。

（4）保坂智『百姓一揆と義民の研究』（吉川弘文館、二〇〇六年）。

（5）諫早市立諫早図書館蔵諫早家文書「日記」ほか、佐賀県立図書館蔵鍋島文庫「焼香御願」ほか。以下に紹介する佐賀藩の事例は同注（1）大橋幸泰『潜伏キリシタン』でも簡単に触れた。

# 第三章　豊後崩れと類族改制度

## はじめに

近世日本の国家と社会が徹底的に排除した対象が、「切支丹」であったであったことは周知のことである。その秩序を維持するための制度が宗門改制度と類族改制度であった。宗門改制度について筆者はかつて、島原天草一揆後、どのようにキリシタン禁制を徹底するか、幕府と諸藩の支配層がそれぞれの試行錯誤のなかで積み上げていった結果、一六六〇年代に全国的に成立した民衆統制策であった、と見通したことがある(1)。島原天草一揆以前から、幕府によってキリシタン禁制が全国に打ち出されてはいたが、それをどのように維持するかは諸藩に任されており、一六三〇年代はまだ、恒常的な徹底方法は確立していなかった。キリシタンの存在は地域によって濃淡があり、禁教政策に対する大名の姿勢にも個性があって、それが潜伏キリシタンが多数存在する要因でもあった。

しかし、島原天草一揆を契機として、キリシタン禁制は支配層が個別に対応するものではなくなった(2)。とくに民衆レベルのキリシタン禁制をどのように徹底するのかという点で、恒常的な制度が求められていく。その試行錯誤の過程で、散在型のキリシタンが摘発されるとともに、いくつかの地域で集団型のキリシタン露顕が発生する。そして、その延長線上に、毎年、人別に、寺院の檀那であることを認めてもらうことによって「切支丹」ではないとする、宗門改の全国的制度化が実現する、というのが筆者の見立てであった(3)。

一方、もう一つのキリシタン禁制を徹底するための制度である、類族改制度についてはどうであろうか。これまで、この制度の内容はよく知られていたが、その成立過程について集団型の露顕とセットで議論されたことはほとんどなかった。幸い、マリオ・マレガによって収集された史料群(4)には、豊後崩れと類族改の関係史料が大量にある。両者の間にはいかなる関係があるか。マレガ収集文書はこの点についていくらかの示唆を与えてくれるはずである。本章では、豊後崩れと類族改制度の関係について検討する。

## 一　信徒の諸相

一七世紀中期に起きた豊後崩れでは、キリシタンを「切支丹」「邪宗門」と明快に呼んでいることがまずは注目される。「宗門」「類門」との表記も見られるが、一八世紀末から一九世紀半ばまで断続的に発生した浦上崩れ・天草崩れのときの、「異宗」「異法」と比べると、その明快さは対照的である。このような呼称の差異について筆者は、一八世紀以降、「切支丹」イメージの貧困化が拡大していったことがその背景にあると指摘したことがある(5)。

キリシタンという生身の信徒と、観念上の「切支丹」は、豊後崩れが起きた一七世紀段階では、まだそれほど乖離していなかった。しかし、一八世紀以降、理解不能なものならば何でも「切支丹」と考える風潮が高まっていった結果、生身のキリシタンは、貧困化した「切支丹」イメージと大きく乖離して世俗秩序に埋没し、怪しげな観念上の「切支丹」とは認識されなくなった、というわけである(6)。一七世紀の豊後崩れでは、生身のキリシタンと観念上の「切支丹」とが接近している段階であることを前提に、信徒の動向を考えなければならない。

被疑者のキリシタンのなかには、徹底的に排除されるべき対象の「切支丹」と見なされ、処刑された者がいた。「御領分（臼杵藩領）之もの七人之斬罪(7)」とか、「長崎ニて御成敗被成候(8)」などのような記述が史料に散見される。しかし、被疑者はただちに極刑に処されたのではない。信徒のなかには、このときの厳しい吟味により棄教した者が少なくなかった。被疑者として豊後から長崎奉行のもとに送られた後、拷問のためであろうか、棄教して命を助けられ、在所へ返されたとする記録が多数存在する。たとえば、次のようにある（傍線筆者、以下同じ）。

御同名（稲葉信通）能登守殿従御領分出申候切支丹宗門者之内、森村久助・葛木村喜兵衛下人助七郎・井ノ村久兵衛、此三人之者共類門余［　　］（多白状カ）仕、其上宗門ころひ可申由申ニ付、命御助ケ、在所へ被遣候、うけ取申仁被仰付、御越可被成候、相渡可申候(9)

これによれば、「切支丹」であった森村久助・葛木村喜兵衛下人助七郎・井ノ村久兵衛の三人が、「類門」を多数白状した上、棄教したという。そこで、彼らを助命することになり、在所へ返す旨、長崎奉行妻木彦右衛門から臼杵藩主嫡男の稲葉景通宛に通知した。

一久土村之内　加左衛門　年巳ニ三拾七
一桂（葛）木村之内　万右衛門娘くろ　年巳ニ九ツ
右之者共、邪宗門之由訴人御座候ニ付、去巳八月十四日御当地（長崎）へ被召寄候処ニ、今度御助、在所へ被遣候ニ

付、則、唯今拙者共請取申候、於在所ニふミ絵なともふませ、如前々其所ニ差置、他所へハ出し申間敷之由、畏奉存候(10)

これによれば、久土村の加左衛門と葛木村の万右衛門娘くろは、「邪宗門」の信徒である旨訴えられ、長崎に召喚されたが、吟味の結果、今度助命されることになったという。彼らの身柄は臼杵藩士が受け取り、在所にて踏絵が申しつけられた。前例の通り、藩は彼らを在所に差し置き、他所へ移動することを禁じたとされる。

長崎河野（長崎奉行）権右方ゟ先日被仰越候ハ、邪宗門之者之内、命御助此方へ被差返候者共少々有之候間、請取ニ人を遣候様ニと被仰越候付而、早速申付遣候処、男女四人被差返、如最前在所へ置申候様ニと被仰聞候付、則、絵を踏誓紙申付、如前々在所へ差遣置申候(11)

これによれば、やはり長崎に召喚された「邪宗門」の者の命を助け、在所に返す旨、長崎奉行河野権右衛門から臼杵藩に通知されたとのことである。

右の二つの史料には助命の理由は記載がないが、最初の事例から、「類門」の訴人と棄教がその条件であったことが推測される。実際、被疑者に踏絵を申しつけたとあり、それにより棄教したことを確認しようとしている。

一方、棄教して在所に返されることになった者のなかに、その道中で自害した例がある。現地でそれを確認した者の覚書が次の史料である。

長崎ニ而御助之者、御公領門田村久三郎与申仁、六月廿三日七ツ時分ニ当浦へ着船仕、せつちんニ参、失気を、相果申候、此段、慥ニ私共見届申候(12)

これによれば、助命された門田村（幕府領）久三郎という者が長崎から在所へ送還される途中(13)、肥後国長須村というところで、便所にて亡くなっていることを同所の庄屋・宿主が確認したという。ここでは自害とは明快に書いていないが、これをうけて臼杵藩国許藩士が同藩江戸詰藩士に宛てた手紙に興味深い記述がある。

御公領之者五人之内、門田村久三郎与申もの、雪隠ニ参、自害仕、相果申候、則、其様子、太左衛門・杢左衛門口書申付、進候、両人之もの心得ハ、自害之様子、宿主幷召連帰候残九人之ものいつれも見申所、吐血ニ而相果申候様ニ見及申候付、自害仕与致風聞候ハヽ、御為如何と心得、頓死と見及候を幸と存、長須ニ而自害之沙汰不仕、罷帰候由ニ而、早速拙者共ニ申聞候条、則、景通様へ申上候へハ、御意被成候者、右自害之様子、有之侭ニ所之者ニ見せ、彼地ゟ両人内一人長崎へ参、右之段具可申上儀を、無調法成仕様、如何敷被思召(14)

これによれば、もし幕府領民である久三郎が自害したという風聞が立てば、送還を担当した臼杵藩（藩主）にとって面目が失われることになるのではないか、と送還者に付き添っていた臼杵藩士は考えたという。そこで、急死と見えることを幸いに、久三郎が長須村で自害したとは断定せず、まずは臼杵藩国許重臣に伝えた。それを藩主嫡男の稲葉景通に申し上げたところ、景通は、現地の者に自害の様子をそのまま見せ、送還者に付き添っていた二人の内の一人を長崎へ遣わして、長崎奉行に報告するべきだったのに、それをしなかったのはけしからんことだと言ったという。そこで、改めて臼杵藩から長崎奉行へこの件を報告したとのことであった。

これを長崎奉行が問題にするということはなかったが、この経緯から二つのことが注目される。一つは、信徒のなかには、棄教して在所へ返されることになったことを潔しとしなかった者がいた、ということである。棄教したことを後悔していたということであろうか。もう一つは、送還者を監視する役割を負った臼杵藩士が、初めは久三郎の自害を隠蔽しようとしたことである。藩の失策とされることを恐れていたということであろうか。

前者の点に関連して、もっと明確に棄教者が棄教していなかったという例がある。

一横尾之内岡原村孫三郎
　　此者、今程四郎右衛門と申候
右之者、申ノ(寛文八年)十月廿八日之御日付ニ而、四拾四人被仰越候御帳面之内、酉ノ(寛文九年)十月廿九日長崎へ被召寄候、戌(寛文十年)
ノ正月十一日命御助御返シ被成、在所罷在候
一卯(延宝三年)ノ年在所ニ而四郎右衛門兄長右衛門と申ものゝ法事仕候刻、仏前撚(焼)香不仕候段、在所五人組之もの見咎
申出候付、吟味仕籠舎申付置、其段申上候へ共、弥籠舎可申付置候、江戸へ被為仰達、御下知之通重而可被
仰付由、被仰下候
一辰(延宝四年)之春被仰下候ハ、右四郎右衛門致拷問、甚(其カ)趣可申上旨被仰付ニ付、致拷問、以使者様子申上候処、弥
籠舎可申付置候、重而江戸ゟ之御下知之通可被仰付由、被仰下候、其後、只今迄籠舎為仕置候処、疝気相煩、
午(延宝六年)ノ三月十一日籠死仕候⑮

これによれば、寛文九年（一六六九）一〇月に長崎に召喚され、翌年正月に助命されて在所へ返された岡原村四郎右衛門という者が、延宝三年（一六七五）、兄長右衛門の法事の際、仏前で焼香しなかったという。それを四郎右衛門の五人組の者が見咎めて藩に申し出た。藩はその旨、江戸（幕府宗門改役か）へ知らせたところ、延宝四年春、江戸からの下知にしたがい、拷問をもって吟味した。その結果、四郎右衛門が信仰の立ち返りを白状したかどうかは不明であるが、臼杵城下にて籠舎の処分となった。そうしたところ、四郎右衛門は疝気を煩い、延宝六年三月に籠死したという。

棄教して在所に返されても、心から棄教しきれなかった者がいたことは確かであろう。しかし、信仰活動を含めて彼らの日常生活は大きな制約を受けることになった。次の史料にあるように、助命された者でも、その後の

行動に問題があれば厳しい処分が下された。

> 去年(寛文五年)中付候法度を破、他所江用所叶ニ出申候、公儀ゟ助被下候古きりしたんの内九人、成敗申付候、其者之内闕所屋敷を、脇之百姓其家をもらひ、作事仕ルとてこハし申候へハ、彼家之軒之内ニ不知道具御座候、如何様宗門之道具と見え申候……残置秘蔵申候哉、又、最前長崎へ不参以前ゟ置申候を、罷帰いま〳〵しき事与存候て焼捨るとも不仕、下々ノ事候へハ、おこたり置申候も難計儀ニ候(16)

これによれば、棄教して助命され、在所に返された者のうち、九人の者を処刑したという。その理由は、規則を破って他所へ所用に出かけたことを咎められたとのことであった。処刑された者の屋敷は没収され、近隣の百姓に与えられたが、その家から宗門の道具が発見された。彼らは長崎に召喚される以前からその道具を秘蔵して、信仰を継続していたのであろうか。それとも、在所へ返されてもそれらを忌み嫌って処分していなかったのか。藩当局の認識では、単に処分することを怠っただけなのかどうかは判断できないとされるが、棄教者が処刑されたのは信仰道具を処分していなかったからではない。信仰道具が発見されたのは処刑された後である。したがって、彼らが信仰を継続していたかどうかは、この史料だけでは判断できない。ここで注目されるのは、彼らが棄教していたかどうかということよりも、在所に戻った後、規則を破り他所へ出かけたという彼らの行動が問題視されたことである。藩は、助命され在所に返された者が、藩の管理から外れる行為を行ったことを許さなかった。

先に指摘した二点の後者の、送還者を監視する役割という点に関しては、在所送還後に棄教者が死亡した場合、臼杵藩はその旨、村役人に届けさせていたことに注目したい。

> 津久見志手村彦右衛門姑、年七拾六、古きりしたんころひ、寛文七年四月四日ニ病死仕、則、庄屋・弁指・五人組死骸を見届、則、解脱(闇)寺ニて禅宗之葬礼仕取置申候所、為後日之仍而如件(17)

これは、棄教者であった津久見志手村彦右衛門の姑が寛文七年（一六六七）四月四日に七六歳にて病死したことを、庄屋・弁指・五人組が確認した上、解脱闍寺にて葬ったと村役人から藩に届けた文書である[18]。こうした確認は、その後、類族改制度のもとで棄教者の子孫の生死・異動など、その行動・状態がすべて繰り返し村役人から藩へ報告されていることと同じである。類族監視システムの原型と考えていいだろう。

以上、豊後崩れの過程で表出した信徒の諸相を小括すれば、次のようになろう。第一は、生身のキリシタンと観念上の「切支丹」との乖離は小さかったという点である。第二は、棄教者のなかには完全に棄教していなかった者も存在したことである。第三に、豊後崩れの過程で棄教した者を監視する仕組みが整えられていき、それが棄教者の親族である類族を監視する類族改制度の原型となったのではないか、ということである。観念上の「切支丹」とそれほど乖離していない、一七世紀中期の信徒のなかには、棄教したとしても心から捨てきれなかった者も存在した一方で、治者は彼らの異動を管理しようとした。そうした動向の延長線上に、棄教者の親族を監視する類族改制度の原型が形成されていった、とまとめておこう。

## 二　棄教者の確定

豊後崩れにおける信徒摘発は、長崎奉行（幕府）が主導権を握って進められたことが、先行研究によってすでに指摘されている[19]。これは肥前国大村藩領で起こった郡崩れでも同じであった[20]。本節では、その指摘をふまえつつ、豊後崩れの過程にみる信徒摘発の実態について考えてみよう。

信徒摘発は、長崎奉行の指導のもと、藩が実働部隊となって探索の上、捕縛するという方法で実施された。その際、基本的には摘発された信徒を長崎に召喚し、長崎奉行のもとで吟味が行われている。たとえば「私領内切支丹類門之者三拾人捕之、城下ニ籠舎申付置候様ニ与被申越候」㉑とあるように、まず臼杵藩が長崎奉行から指摘された信徒を臼杵城下の籠舎に拘束した。そして、「去年黒川（長崎奉行）与兵衛預ケ置被申候きりしたん、新規ニ召捕候きりしたん十五人、右合三十五人者、御領（臼杵藩領）分ゟ召寄申候」㉒のように、藩は被疑者を長崎へ送還した。

ただし、次にあるように、被疑者全員が長崎に召喚されたのではなかったようである。

一……爰元へ被仰越候きりしたん宗門之もの十三人之内、渡部宗覚領葛木村権之丞・同村六左衛門・同村北十三郎、此三人之者、去年爰元へ捕寄申候

一拾三人之内勘三郎・庄吉・十三郎幷ふり・さん・おま・六左衛門女房・北十三郎女房、男女八人御捕せ、爰許へ御越可被成候㉓

このように、長崎奉行主導のもとで摘発と吟味が進められていたことが確認できる。

その上で、ここで注目したいのは、久土村長熊が臼杵藩に対して複数の者を訴人した経緯である。

一久土村長熊与申者、是者去年三月、其身之母妹弟三人を訴人仕、其節長崎江参罷帰候者ニ而御座候、当六日、又類門拾三人訴人仕候、此内壱人者右長崎ゟ申参候三拾人之内ニ而御座候、此段則長崎甚三郎（長崎奉行松平甚三郎）殿へ申達、只今城下ニ右之拾二人茂籠舎申付置候、右之類門之書付茂、則進之申候㉔

これによれば、寛文七年（一六六七）三月、長熊は自身の母・妹・弟を訴え、いっしょに長崎へ召喚された後、在所へ帰ってきたという。さらに長熊は、寛文八年九月に信徒一三人を訴えた。その内の一人は長崎奉行が摘発した三〇人の内の一人であった。このことは長崎奉行松平甚三郎に報告された。長熊が訴えた残り一二人が、臼杵城下で籠舎を命じられたとされる。この長熊には興味深い史料がある。

長熊訴人仕候拾弐人之者籠舎申付候段、又長熊儀ハ在所ニ召置候様子、松平甚三郎様（長崎奉行）・河野権右衛門様（長崎奉行）へ一々申上候へ者、御両所被仰候ハ、拾弐人之者ともハ籠舎不申付候而、先内証此方へ一左右有之度事ニ思召候由被仰候、就夫、拙者申上候ハ、此以前ゟ致訴人候ものハ早速召捕、訴人共ニ長崎へ早々召連参候、……御奉行衆被仰候者、右之長熊致訴人候者共ハ其村ニ預置候而可然ニ、籠舎申付候儀者如何与被仰候、其時拙者又申上候ハ、彼もの共在所久土村之儀者、大かた不残類門之由ニ而、長崎へ被召寄たる跡之儀ニ候へハ、預置可申様も無御座候、其上能登守領分之もの共ニ内々申渡置候ハヽ、宗門之儀ニ付不審成儀有之候ハヽ、其村所ニ而ハ曾而沙汰不仕候而、宗門奉行方迄罷出隠密ニ申聞候様ニと、常々申聞置候処ニ、此長熊儀ハ右之申付を相背、今度訴人仕候様子共も其村之ものニも申聞せ、其上追付長崎へ罷越由ニ而、せんた（さカ）くなとをも仕、其村所之者も端々致風聞候様子ニ御座候故、沙汰なしニ仕候儀ハ、中々難成わけニ而御座候通、具ニ申上候へハ、御両所被仰候者、右之わけニ而候へ者、籠舎被申付置候へハ一段能候間、先其通ニ仕置可申由被仰、長崎へ被召寄候儀ハ如何様共不被仰候、惣而此長熊儀ニ不限、此已後訴人ニ罷出候もの有之候ハヽ、先隠密ニ仕候而、様子之段早々長崎江窺申様ニとの御心得ニ而御座候間、内々左様ニ可被相意得候(25)

これによれば、長熊が訴えた一二人の者に臼杵藩が籠舎を申しつけたことに対して、長崎奉行の松平甚三郎・河野権右衛門は否定的で、内証に処理したい旨、臼杵藩宗門奉行の伊藤又左衛門に話したという。伊藤は、これ以前から訴えられた者についてはすぐに召し捕り、長崎へ送還してきたと応じた。これに対して長崎奉行は、長熊が訴えた者を籠舎にするのではなく、在所の村に預けるのがよいのではないかと尋ねたところ、伊藤は在所の久土村はおおかた信徒であるので、長崎に召喚される前に村に預けても意味がないと答えた。さらに、領民に内々に申し渡していることは、宗門について不審なことがあったならば、あからさまに訴人するのではなく、隠密に藩に報告するようにと常々言い聞かせているという。長熊が今度やったことはこの申しつけに背くものであり、その村民にも知れ渡っている様子なので、何か処置しないわけにはいかなかった。そこで藩は籠舎を申しつけたのだという。それならば長崎奉行も同意するとしたが、長熊に限らず、これ以後、訴人を申し出る者がいたならば、まず隠密に申し出るようにさせ、その対応について長崎奉行に伺いをたてるべきだというのが長崎奉行の意向である、と伊藤は了解したという。

この史料に基づいて三野行徳は、寛文八年（一六六八）段階では信徒を根こそぎ摘発するのではなく、内々に探って事件化をできるだけ避けようとする「隠密内証」主義がとられていたと指摘した。(26)その指摘をふまえて、別の角度からこの史料を検討してみる。

信徒の摘発にあたっては、あくまで長崎奉行のもとで訴人の情報を一元的に管理し、それにそって藩に被疑者を捕縛させた上、彼らを棄教させることが目指されていた。しかし、今回の場合は「久土村長熊於臼杵致訴人候」(27)とあるように、久土村の長熊が臼杵藩に訴えたものである。長崎で吟味を受けた者が訴人した、長崎奉行主導のもとでの摘発とは異なる。長崎奉行はいったん在所に預け置くのがよいと考えたが、在所の村民が「大かた不残類門」であると気づいていた臼杵藩は、それでは意味がないと考えた。そこで、城下に留め置くことを提案したのであろう。その後、彼らは長崎に召喚され、吟味を受けたと思われる。(28)

右の経緯から考えると、「隠密内証」主義のもと、すべての信徒を摘発することは意図されておらず、長崎奉行の管理のもとに被疑者が摘発され、その範囲のなかで彼らを棄教させるということが基本方針だったのではないか。つまり、後に類族改で本人・本人同前とされたのは、あくまでこの手順のなかで摘発され、棄教した転び信徒であって、信徒すべてではないということを意味する。

なお、史料の不足から、信徒のすべてを摘発することが意図されなかった理由については、残念ながら不明とせざるを得ない。多くの信徒が存在することを把握していた長崎奉行・臼杵藩は、根こそぎ摘発したのでは村社会を維持することが難しくなると考えたのではないか。そこで、一定数の摘発を進めつつ、棄教させた者への監視を厳密にすることによって信徒の間を分断し、「切支丹」の根絶を図ろうとしたと推測しておこう。

いずれにしても、被疑者は長崎奉行が把握する限りにおいて摘発され、棄教した転び信徒が助命された上、在所へ返された。そして、藩の責任のもとにその異動が監視されることになる。そのもとで確定した、本人・本人同前の親族を管理する仕組みとして成立したのが類族改制度である。したがって、実際には、この手続きから除外された者が数多くいたものと思われる。彼らは宗門改制度のもと初めから寺院に帰属する者として扱われたから、この者たちの親族は当然類族とはならなかった。とすれば、本人・本人同前と確定された者およびその親族と、その手続きから外れた者およびその親族との差異は、紙一重であったであろう。村社会において、類族と非類族の境界はそれほど明快なものではなかったのではなかろうか(29)。

## 三　類族改の射程

類族改は貞享四年（一六八七）に監視規定が定められ、元禄八年（一六九五）に類族の範囲が示されて制度化された(30)。マレガ収集文書には、一七世紀後期から末期に作成された類族帳（断片を含む）がいくつかあるので、本節ではこれを分析して、類族改に内在する民衆統制の特徴について検討してみよう。

もっともまとまっているのは、元禄元年一〇月付（表紙に記載、末尾に元禄三年八月に校合の記述あり）の岡藩領大野郡市万田組の「耶蘇宗門類族帳」(31)である。本帳面の本文の記載は、次のようになっている。まず、「古切支丹」という本人・本人同前の者が家族関係を基軸に列挙され、その後にその関係の類族が並べられている。たとえば、本帳面の冒頭、藤右衛門に始まる家族を見てみよう。藤右衛門・つや（藤右衛門妻）・なつ（藤右衛門妹で又左衛門妻）(32)・茂右衛門（藤右衛門子）・仁左衛門（藤右衛門子）の五人が本人・本人同前としてあげられ、その次に、藤右衛門類族一八人、茂右衛門類族一九人、仁左衛門類族二一人が続き、「右之類族、此外無御座候」との文言で一区切りとなる(33)。

藤右衛門類族として最初にあげられているのは、藤右衛門父（主計）と母で、以下、藤右衛門が棄教した後の子やそれらの妻（藤右衛門の嫁）・夫（藤右衛門の聟）、それらの子・孫（藤右衛門の孫・曾孫）が並ぶ。ここで注目されるのは、藤右衛門の父母が類族とされていることである。類族といえば、転本人・本人同前の子孫のことと思いがちであるが、一七世紀末、類族改が始まったばかりの頃は、必ずしも子孫に限定されていなかった。

臼杵藩領の類族帳も見よう。次の史料は同じ形式の断簡である。

御当領に而本人
一誓願寺村　　　　　　　　　　後又右衛門
　　　　　　　　　　　　　　　　妻せん

去未ノ年（延宝七年）、肥後御領大分郡迫村道雲（せん実父）類族ニ娘と出ル

此妻父、肥後御領大分郡迫村道雲、切支丹宗門、寛永元年転候、此者ノ父不転已前出生仕、今度本人同然罷

成、八拾三歳ニ而、延宝六年午ノ六月廿五日ニ痰証（症）ニ而病死、真宗専想寺取置

類族

此久兵衛、先年相果候、年号月日、取置之寺不知候

妻（又右衛門実父）父　　　　肥後御領大分郡
　　　　　　　　　　　　　　久兵衛

此妻、先年相果候、年号月日、取置ノ寺、歳、不知候
妻母（又右衛門実母）　右道雲　妻
此又右衛門、四拾五歳ニ而、寛永十三年十二月廿五日ニ死罪、死骸被下、真宗専想寺取置
妻夫　誓願寺村　又右衛門
去未ノ年（延宝七年）、御帳ニ肥後御領迫村本人道雲聟と出ル(34)

ここでは、誓願寺村のせんという女性について、寛永元年（一六二四）に棄教した道雲（延宝六年（一六七八）に病死）が転ぶ以前に出生したというので、本人同前である旨、記載されている。せんの説明の冒頭に「御当領（臼杵藩領）に而本人」との記載があることから、せんは父親の道雲の転び以前の出生の子として、本人同前であるとともに、自身も信徒であったのだろう。

その上で、その類族として、夫の又右衛門（道雲の聟）とその両親がその次に並べられている。夫とともに、せんにとっての舅・姑が記載されていることになる。夫又右衛門は寛永一三年に死罪となっていることから、棄教しなかったのだろうと判断できる。しかし、又右衛門の実父母（せんの舅・姑）がいつ亡くなったのかはわからないとされ、信徒だったかどうかも不明である。そこで、嫁のせんの類族として記載されたということではないか。

さらに、このせんに関して、元禄元年（一六八八）九月付の類族「死失者帳」（熊本藩領で死亡した類族の帳面）には、次のような記載がある。

一又右衛門妻之類族（臼杵御領誓願寺村本人）
一道甫（右又右衛門妻之祖父）

右道甫、豊後国大分郡迫村百姓、寛永九年申十月三日、八十歳ニ而病死、浄土真宗同郡鶴崎町光福寺取
置申候

一祖母 右又右衛門妻

（付箋、朱書）「此祖母、右道甫同断」

右祖母、豊後国大分郡迫村百姓道甫妻、寛永八年未三月五日、八十歳ニ而病死、禅宗同郡関門村補陀寺
取置申候(35)

これによれば、せん（又右衛門妻）の類族として、実祖父母（祖父のみ名前が道甫とわかる）があげられている。祖父の道甫は寛永九年（一六三二）に、祖母は寛永八年に病死しているが、信徒であったかどうかはわからない。

このように、類族改がルーティン化する以前(36)、類族として治者の把握対象とされたのは、本人・本人同前の子孫ばかりではなかった。本人・本人同前の実父母・実祖父母のほか、別の事例では異なる親族があげられているケースもある。類族の範囲は親族が広く想定されていたということである(37)。しかし、一八世紀以降、治者が監視対象とする類族は本人・本人同前の子孫に絞られていく。それは時代が下るにつれて、本人・本人同前とともに、祖父母・父母・伯父伯母・叔父叔母・兄弟姉妹が死去していったからであろう。結果、本人・本人同前の子孫のみが類族となった。

以前、類族とは、森田誠一が忌みがかり的なカテゴリーであると指摘したことから(38)、筆者は家族につくのではなく人につく属性だと指摘したことがある(39)。確かに類族改は個人の属性を把握する行為であった。子孫類族の範囲が男系五代・女系三代であったというのは、男性を重く見ている表れではあるが、それが直ちに家父長制的家族関係と結びつくかどうかは疑問である。一七世紀中後期、小農自立が進み、百姓の家が広範に成立したことは

事実だが、近世では家という集団はまだ未成熟であったのではないか。一家一寺が言説の上で常識となるのは近世後期であって[40]、そうした状況では少なくとも家の宗教という意識は希薄であったと筆者は考える。

## おわりに

本章では、一七世紀中期に起こった豊後崩れにおける摘発の特徴を検討しながら、この事件が一七世紀末期に成立した類族改制度にどのように結実していったかを考えてきた。まとめると以下のようになる。

「切支丹」イメージの貧困化がまだ進んでいない一七世紀では、生身の信徒と観念上の「切支丹」との乖離は小さい上、心中では棄教していない者も想定されたから、治者にとって形の上で棄教させた後の彼らへの監視は必然であった。しかし、多くの信徒が存在することを把握していた幕府・藩は、村社会の維持のためであろうか、すべての信徒を根こそぎ摘発することをしなかった。長崎奉行の管理のもとで掌握した限りの被疑者を摘発し、棄教させた上で彼らへの監視を厳密に行うことによって、信徒の間を分断した。この過程で本人・本人同前と認定された者を起点に、彼らの親族が類族とみなされ、治者によって管理された。当初、本人・本人同前の祖父母・父母・伯父伯母・叔父叔母・兄弟姉妹も類族の範疇に入っていたが、年長者が死没するにつれ、その子孫男系五代・女系三代の子孫のみが類族となった。個人を起点としたつながりを改める類族改とは、個人の属性を把握する行為とみなされる。

注

（1）大橋幸泰『キリシタン民衆史の研究』（東京堂出版、二〇〇一年）。

（2）同注（1）『キリシタン民衆史の研究』、村井早苗『キリシタン禁制の地域的展開』（岩田書院、二〇〇七年）。

（3）同注（1）『キリシタン民衆史の研究』。

（4）二〇一一年、バチカン図書館にて発見された一万点以上のキリシタン禁制関係史料。第二次大戦前から、サレジオ会宣教師マリオ・マレガによって収集され、一九五三年にバチカン図書館に送られた。マレガはそのなかの一部を翻刻し、一九四二年に『豊後切支丹史料』（サレジオ会）を、一九四六年に『続豊後切支丹史料』（ドン・ボスコ社）を刊行したが、長い間、原本の所在が不明であった。それが発見された二〇一一年以降、この史料群の整理と保存が進められ（マレガ・プロジェクト）、その成果の一環として、二〇二〇年、松井洋子・佐藤孝之・松澤克行編『甦る「豊後切支丹史料」――バチカン図書館所蔵マレガ氏収集文書より』（勉誠出版）が刊行された。以下、本章で使用する史料は、すべて同書からの引用（以下、史料番号・頁数のみを示す）で、適宜、国文学研究資料館運営によるデータベースにより原文書の写真を参照した。

（5）大橋幸泰『潜伏キリシタン　江戸時代の禁教政策と民衆』（講談社、二〇一四年、二〇一九年に講談社学術文庫として再刊）。

（6）大橋幸泰『近世潜伏宗教論――キリシタンと隠し念仏』（校倉書房、二〇一七年）。

（7）寛文四年一月二日付「覚書」（続一〇）二五五頁。

（8）寛文八年「覚」（続四二）二八六～二八七頁。

（9）寛文元年八月二二日付、稲葉景通（臼杵藩主嫡男）宛、妻木彦右衛門（長崎奉行）書状（続六）二四八～二四九頁。

（10）寛文六年一二月一日付、太田半左衛門・田辺与左衛門・土肥仁兵衛（長崎奉行所配下）宛、瀬川甚兵衛・森田甚右衛門（臼杵藩士）「覚」（続三九）二八五頁。

（11）寛文九年六月七日付、保田若狭守・北条安房守（幕府宗門改役）宛、稲葉信通（臼杵藩主）書状（続五五）三〇六頁。

（12）寛文五年六月二三日付、狭間杢左衛門・茂呂太左衛門（臼杵藩士）宛、長須村庄屋善左衛門・同宿主里左衛門「覚」（続二七）二七二～二七三頁。

(13) 臼杵藩が自領の助命者とともに、幕府領の助命者をいっしょにそれぞれの在所へ送還したものと思われる。

(14) 寛文五年七月一日付、加納玄蕃・山田左近（臼杵藩江戸詰藩士）宛、三人（稲葉図書・渡部主殿・山田縫殿（臼杵藩国許藩士））書状（続二九）二七四〜二七五頁。

(15) 延宝六年三月一二日付、石橋儀左衛門・柳田武兵衛（長崎奉行所配下）宛、片岡外記・粟屋五右衛門（臼杵藩士）書状（続六八）三三一頁。

(16) 寛文六年五月一九日付、保田若狭守・北条安房守（幕府宗門改役）宛、稲葉信通（臼杵藩主）（カ）書状（続三二）二七七頁。

(17) 寛文七年四月四日付、岡部忠兵衛・伊藤又左衛門・吉田清右衛門（臼杵藩宗門奉行）宛、津久見山方庄屋平四郎外村役人書状（続一七四）四九一頁。

(18) 解脱闇寺住持からも藩へその旨、届けている。寛文七年四月四日付、岡部忠兵衛・伊藤又左衛門・吉田清右衛門（臼杵藩宗門奉行）宛、津久見解脱闇寺頓首座書状（続一七五）四九一頁。

(19) 村井早苗『キリシタン禁制と民衆の宗教』（山川出版社、二〇〇二年）。

(20) 同注（6）大橋前掲書『近世潜伏宗教論――キリシタンと隠し念仏』。

(21) 寛文八年九月二五日付、北条安房守・保田若狭守（幕府宗門改役）宛、稲葉信通（臼杵藩主）「覚」（正一）三九頁。

(22) 寛文元年四月六日付、稲葉信通（臼杵藩主）宛、妻木彦右衛門（長崎奉行）書状（続六）二四五頁。

(23) 寛文元年閏八月四日付、稲葉景通（臼杵藩主嫡男）宛、妻木彦右衛門・黒川正直（長崎奉行）書状（続六）二四七〜二四八頁。

(24) 寛文八年九月二五日付、北条安房守・保田若狭守（幕府宗門改役）宛、稲葉信通（臼杵藩主）「覚」（正一）三九頁。

(25) 寛文八年九月一九日付、岡部忠兵衛・吉田清右衛門（臼杵藩宗門奉行）宛、伊藤又左衛門（臼杵藩宗門奉行）「覚」（正六）四八〜四九頁。

(26) 三野行徳「臼杵藩宗門方役所とキリシタン統制」（『国文学研究資料館紀要アーカイブズ研究篇』一四、二〇一八年）。

(27) 寛文八年一一月三日付、北条安房守・保田若狭守（幕府宗門改役）宛、稲葉信通（臼杵藩主）「覚」（続四八）二九三〜二九四頁。

(28) 同右。

(29) 筆者は、類族とはあくまで人びとが重層的に保持している属性の一つで、類族が多数存在した臼杵藩領民の日常生活は、類族と非類族の間で大きく異なるものだったのではないと考えている（大橋幸泰「キリシタン類族改制度と村社会――臼杵藩の場合」『国文学研究資料館紀要アーカイブズ研究篇』一四、二〇一八年、本書第四章）。

なお、臼杵藩領の場合、幕末まで数世代にわたって信仰を継承した潜伏キリシタンは確認できない。潜伏キリシタンが継承されなかった豊後国内と、幕末まで潜伏キリシタンが継承された肥前国浦上や肥後国天草などの諸地域とはどこが違うのか。その問いに対する明快な解答は困難であるが、幕末まで潜伏キリシタンが存在した地域との差異で重要なことは、豊後国では一七世紀中期段階でこうした大量露顕が起こったという事実である。この豊後崩れを経て、コンフラリアというキリシタンの信仰組織は破壊されたと考えられる。佐藤晃洋は、臼杵藩が村を越えて五人組を編成させた事実を明らかにした（「近世日本豊後のキリシタン禁制と民衆統制」『国文学研究資料館紀要アーカイブズ研究篇』一二、二〇一六年）。領民は地縁を分断された上、豊後崩れの過程で助命された棄教者に対する監視が強化された。そして、この間、藩による管理に背く行為があれば厳しく処分された。一七世紀中期の集中的な大量露顕は、その後の潜伏キリシタンが生き延びる可能性を絶ってしまったということであろう。

(30)　貞享四年六月付「覚」、元禄八年六月付「切支丹類族一件」（『内閣文庫所蔵史籍叢刊四一　憲教類典五』、汲古書院、一九八四年）四五四～四五九頁。

(31)　元禄元年一〇月付、岡藩領大野郡市万田組「耶蘇宗門類族帳」（正一六）八一～一七二頁。

(32)　なお、又左衛門は直北組の帳面に道宿系の「古切支丹」と記載されている旨、注記がある。

(33)　マレガ収集文書のなかには、同形式の類族帳として、貞享四年八月（続七九）三四五～三五〇頁、貞享四年一〇月二〇日（続七三）三二六～三三三頁、貞享四年一〇月二一日（続七五）三三五～三三七頁、貞享四年一一月六日（続七八）三四一～三四五頁、貞享四年（続七七）三三八～三四一頁がある。

(34)　延宝八年か、類族帳断簡か（続七二）三二五～三二六頁。

(35)　元禄元年九月「其御領切支丹本人幷本人同前之者之類族、従其元之御帳面外当領居住之死失者帳」（正一〇）五六頁。

(36)　同注（26）「臼杵藩宗門方役所とキリシタン統制」。

(37)　「地方凡例録」巻八（『日本経済大典』三四、啓明社、一九三〇年、鳳文書館より一九九二年発行の復刻版を参照）四四八頁では、類族の範囲として「兄弟姉妹伯叔父母甥姪従弟迄類族」の記載がある。

(38) 森田誠一「「切支丹類族」に現れた血縁の概念」(『社会と伝承』四―二、一九六〇年)。
(39) 同注(29)「キリシタン類族改制度と村社会――臼杵藩の場合」、本書第四章。
(40) 朴澤直秀『幕藩権力と寺檀制度』(吉川弘文館、二〇〇四年)、同『近世仏教の制度と情報』(吉川弘文館、二〇一五年)。

# 第四章　類族改制度と村社会

## はじめに

本章では、前章に引き続き、キリシタン棄教者の子孫を監視する類族改制度について扱う。この制度が村社会においてどのように機能していたかを、マレガ収集文書と大分県の地元の村方文書を組み合わせて検討する。

マレガ収集文書は前章で触れたように、藩政史料のなかの大量の類族関係書類によって構成されていることが大きな特徴の一つである。これにより、江戸時代を通じて、類族が徹底的に管理されていた様子を確認できる。出生・死亡・結婚・養子縁組・離婚・離縁・転居・剃髪・出奔にいたるまで、類族とされた人びとは人生の節目に必ず村役人・藩役人による承認を受けた。

ただし、このことを確認するだけでは、類族は厳しく管理されていたという評価で終わる。実は非類族も厳重に管理されていたことを見落とすわけにいかない。たとえば、次の史料はマレガ収集文書のなかにある、非類族に関する嘉永四年（一八五一）の届書である(1)。

一類族ニ而茂無御座候

毛井村由平　四拾五歳

同人　女房　三拾七歳

浄土宗龍泉寺旦那

此者共、天保七申年罷出申候

一右同断

同村喜平太家内　万作　三拾歳

同宗同寺旦那

此者、天保十四卯年罷出申候

右之者共願心ニ付、四国大師順拝罷出申候処、如何相成行候哉、一向様子相分不申候間、追而帰国仕候迄、御帳除被仰付被下候様、親類組合之者共願出申候間、此段奉御窺上候、以上

これは、非類族の毛井村由平夫婦と同村万作という者が、それぞれ天保七年（一八三六）・天保一四年に四国巡礼に行った後、行方不明になったので、帰国するまで帳外れにする旨、村役人から藩へ届けるという内容である。

類族への厳重な管理を貫徹するためには、誰が類族で誰が非類族かを見極めなければならなかったから、類族改制度とは非類族を含めたすべての人びとの管理システムであった。だとすれば、類族だけが「近隣からいつも監視の目を向けられ、だれにも心を許せずにもがき苦し」んでいた、との理解は、一面的なのではなかろうか。(2)実際、類族が自身の待遇について直接語った史料はほとんどなく、この評価は徹底管理されていたことからの推測にすぎない。類族改制度が類族とともに非類族の監視も伴うものであったとするならば、非類族も「だれにも心を許せずにもがき苦し」んでいたことになる。

村社会のなかで類族がどのような立場に置かれていたか。この点について、単に管理されていたということで

終わらせるのではなく、もう少し立ち入って検討する必要がある。マレガ収集文書はその材料を提供してくれる貴重な史料群であることは間違いないが、ほとんどが藩政史料であるという制約がある。幸いなことに、地元大分県には大分県立先哲史料館などに、関連する地方史料が多数存在している。藩政史料（臼杵藩・マレガ収集文書）と地方史料（池見家文書）を組み合わせて、藩政と村社会を複合的に検討することが可能である。本章ではこれらを材料に、類族を取り巻く村社会の状況を考察する。

## 一　類族の縁組

類族が生きた村社会の様子を考えるといっても、彼ら自身が史料を残しているのではないので、その復元はかなりの困難を伴う。しかし、類族関係史料には、縁組に関する書類が多数含まれているので、これを手がかりにまずは類族の縁組について考えてみよう。

類族の縁組には、第一に類族同士の婚姻があった。たとえば、するゑと伝九郎の事例(3)を見よう。

一本人同然丹生原村三左衛門孫　するゑ　廿三歳
　他領類族ニ出不申候　真宗専想寺旦那
一本人同然丹生原村与兵衛妻玄孫　伝九郎　弐拾九歳
　他領類族ニ出不申候　真宗専想寺旦那
右之者共、縁組仕度由奉願候間、御窺申上候

これは宝暦三年（一七五三）の婚姻届である。両者が類族であれば、当然のことながらその後も夫婦がともに

類族であり続けた。次のように、三年後の宝暦六年の類族名簿には両者とも類族として記載されている。(4)

原村本人同然与兵衛妻玄孫　伝九郎　子三拾弐歳
　真宗専想寺旦那
原村本人三左衛門孫　女房《同村伝九郎》　子弐拾六歳
　真宗専想寺旦那　上久所村善三郎妻ゆく娘する

しかし、類族の結婚相手が類族に限られるということはなかった。類族の縁組の第二は、類族・非類族の婚姻である。たとえば、類族のけさと非類族の庄六の、享保一八年（一七三三）の事例(5)を見よう。

一本人同然丹生原村権三郎孫　けさ　丑廿歳
　他領類族出不申候　真宗専想寺旦那
一御領他領類族ニ無御座候　庄六《丹生原村》　弐拾七歳
　今度初而縁組ニ而御座候　真宗専想寺旦那
右之けさ、彼庄六ニ縁組仕度由奉願候間、御窺申上候、已上

宝暦六年の類族名簿では、類族のけさと非類族の庄六は、次のように記載されている。(6)

原村本人同然権三郎孫　女房《同村庄六》　子四拾三歳
　真宗専想寺旦那　同村長十郎娘けさ

これによれば、類族のけさのみが名簿に記載される。つまり、庄六はけさの立場を表す「同村庄六女房」という形でのみ登場する。しかも「同村庄六」は、けさの属性を説明する小さな文字である。

これは男性・女性どちらか一方が類族であるという場合である。その際、この婚姻によって非類族が類族にな

ることはなかった。もともと非類族であった者は、類族名簿には、類族の肩書きにその類族の夫や妻として記載されることはあっても、類族本人としては記載されなかった。

第三に、類族が非類族の養子に入るという縁組があった。

一久土村本人同然幸之助曽孫　八十治　当未三拾五歳
　　禅宗当陽寺旦那
　　同村儀左衛門　同五拾六歳
一類族ニ而茂無御座候
　右之八十治、右儀左衛門養子ニ差遣申度旨、奉願候、此段御窺申上候、以上

文化八年（一八一一）、類族の八十治が非類族の儀左衛門の養子になった事例[7]である。この場合も、養父が類族になることはなかったが、類族は養父家でも類族として把握された。非類族が類族の養子になるという、逆のケースも存在したが、これについては後述する。

いずれにしても、村社会においては、類族と非類族とは分断されていなかったことがわかる。日常生活上、類族・非類族の混在状態に支障はなかったと思われる。

## 二　類族という属性

前節のように、類族の縁組について一瞥したところによれば、類族と非類族が縁組したとしても、基本的に非類族が類族になることはなかった。とすれば、類族という属性は家に付くのではなく、人に付くということになる。同一家族内に類族と非類族が混在している事実からも、類族というのは人の属性であるといえる[8]。天保二年

（一八三二）正月二三日付の「切支丹宗門踏絵御改ニ付家内帳」(9)という史料を見よう。これは、家族ごとに絵踏を実施したことを確認した書類である。類族が非類族の養子に入った事例として、先に見た儀左衛門家の記載は次のようになっている。

禅宗願行寺旦那　　　久土村　　儀左衛門（印）七拾六歳
禅宗当陽寺旦那　類族　同人養子　八十治　五拾五歳
禅宗願行寺旦那　類族　八十治子　柳吉　拾壱歳
　　　　　　　　類族　同人子　善助　拾六歳
　　　　　　　　　　　同人娘　たき　拾九歳
　　　　　　　　類族　同人子　両助　弐拾壱歳
〆六人　内　男五人　女壱人

儀左衛門家では、類族の八十治が本人同然の曽孫であったため、息子の柳吉・善助・両助が玄孫ということになり、類族となる一方で、娘のたきは類族とはならない(10)。同一家族のなかに、類族と非類族とが混在していることを帳面上確認できる。

さらに注目されるのは、類族関係史料のなかに「新類族」という語が登場することである。これは、非類族が類族と縁組したときに、ある条件に当てはまれば、類族になることがあるということを意味する。つまり、縁組によって新しい属性が付与されるということである。それには二つの場合があった。

第一は、「切支丹」本人・本人同然の子と結婚して、その婿または嫁になった場合である。たとえば、享保七年（一七二二）の八助としつの事例(11)を見よう。

一本人同然久土村万助子　八助《同村》　寅三十五才
他領類族ニ出不申候　光国寺旦那
一御領他領類族ニ出不申候　しつ《一木村作左衛門娘》　寅廿四才
光国寺旦那
此しつハ八助ニ縁組仕候得者、久土村本人万助娵と新類族ニ可出者ニ而御座候、右之しつ此度初テ之縁組ニ
而御座候

これによれば、類族の八助と結婚した非類族のしつが「新類族」になったとある。本人同然の万助の子である八助と結婚したためである。宝暦六年（一七五六）の類族名簿の記載は次のようになる(12)。

久土村本人同然万助娵　後家《同村八助》　子《（ママ、五か）》　四拾八歳
真宗光国寺旦那　一木村作左衛門娘しつ

八助の後家となっているのは、享保七年から宝暦六年の間に八助が亡くなったということであろう。注目するべきなのは、もともと非類族であった彼女は本人同然万助の嫁と記載されていることである。

孫以下の類族の場合、縁組した非類族は類族になることなくそのままであったことは先に見た通りであるから、本人・本人同然の子と結婚した者に限り、非類族が類族になったということである。本人・本人同然の子と結婚した非類族は、その結婚相手と同格と見なされたということであろう。なお、この場合は本人・本人同然の子が生きていた時代ということになるので、この条件で新類族になるのは、本人・本人同然の子が結婚する時代、一八世紀前期までということになる。この事例は、男が類族で女が非類族のときであるが、男が非類族で女が類族のときの事例(13)もある。

一本人久土村紋四郎娘　すて《久土村》　十八歳
　他領類族ニ出不申候　真宗専想寺旦那
一御領他領類族ニも無御座候　吉左衛門《原村》　弐拾歳
此者新類族本人久土村紋四郎聟と可出者御座候、初而縁組
　　　真宗専想寺旦那
右之者共縁組仕度旨奉願候、御窺申上候

これは享保三年の縁組で、吉左衛門が非類族、本人の娘すてが類族である。吉左衛門は本人紋四郎の婿となるので「新類族」となった。

また、類族の男が非類族の女の家に婿として入った事例(14)は、次の通りである。

一本人同然久土村虎松子　三平《久土村》　未弐拾八歳
　他領類族出不申候　真宗妙蓮寺旦那
一御領他領類族ニ而無御座候　すま《芝尾村半六娘》　未十七歳
　　　浄土宗大橋寺旦那
右之すま、三平ニ縁組仕候得者、虎松娵と新類族ニ可出者ニ御座候
右之三平、芝尾村半六方入聟望申候間、御窺申上候

これは享保一二年の縁組で、本人同然の虎松の子三平が類族だが、非類族のすまは本人同然虎松の嫁になるので「新類族」となったというものである。三平が入り婿としてすまの父半六方に入った上、すまは類族となった。

第二の「親類族」のケースは、非類族が類族の養子になった場合である。たとえば、享和三年（一八〇三）の

松治の事例を見よう。(15)

一原村本人同然伝三郎玄孫　松治　当亥弐拾三歳
　真宗専想寺旦那
右者丹生原村平人政治弟松治、寛政二戌年七月七日同村類族初右衛門養子ニ参、寛政十二申年新類族ニ被仰付置候処、此度不縁ニ付、兄政治方ニ引越申度由、此段御内証御伺申上候、以上

これによれば、本人同然伝三郎の玄孫である松治が類族となったのは、類族（曽孫）の初右衛門の養子になったからであるが、このたび養子縁組の解消になったとある。類族の養子になったのは寛政二年（一七九〇）だった一方で、「新類族」と認定されたのは寛政一二年であったから、それは同時ではなかったこともこの史料から窺える。類族認定には役所の手続きが必要であり、自動的ではなかった。

この場合、類族の養父のもとに養子に入った非類族は、類族である養父の実子と同格と見なされたということであろう。なお、養母が類族の場合、非類族の養子は類族になったのかどうかについては、管見の範囲では確認できていない。

また、類族の「赦免」という語も史料中には見える。つまり、類族という属性からの離脱である。これにも二つの場合があった。

第一に、男系五代女系三代を越えた場合である。男性類族は玄孫まで、女性類族は孫までが類族と見なされ、その子は赦免された。(16)

一水地村孫十女房玄孫　袈裟右衛門　当酉壱歳
右之者酉七月二日ニ出生、父方之寺真宗尊形寺旦那ニ仕候、此者之兄万作・喜八、姉いそ・ふき・たつ、卯

年以後出生、万作其後相果申候、相残者共只今存命ニ居申候、三人ハ玄孫之女子類族御赦免被遊候、此外兄弟無御座候、以上

この史料は享保一四年の本人孫十郎女房の玄孫、袈裟右衛門の出生届である。このなかで、袈裟右衛門の兄姉についても触れられていて、兄については同じ本人玄孫なので類族であるが、三人の姉は類族を赦免されたことが確認されている。[17]

第二に、養子縁組の場合、何らかの理由で不縁になって縁組が解消されると、もともと類族でなかった者は類族から離脱したものと思われる。先の三平とは別人物の森村三平の場合を見よう。[18]

一森村本人同然宇平治玄孫　三平　三拾弐歳
真宗専想寺旦那
右之者、丹生原村平人浅七子三平、七年以前森村新右衛門養子ニ参候処、寛政十二申年新類族ニ被仰付、然処此度不縁ニ付、親浅七方江引取候ニ付、類族之儀御伺申上候、以上

（朱書）
「類族之儀者、江戸御伺ニ相成候、御伺被為済候上、御役所ゟ御沙汰　被成候由、御書付御下被成候」

類族の三平の実父は丹生原村の非類族の浅七であった。したがって、もともと三平は非類族であったが、森村の類族である新右衛門のところに養子に入り「新類族」となった。そうしたところ、享和三年（一八〇三）、不縁になって養子縁組を解消することになったので、三平は実父の浅七に引き取られた。

ここで注目されるのは、「類族之儀」についての問い合わせが申し入れられているということである。この伺に対応するのがその後の朱書である。そこには「類族之儀者、江戸御伺ニ相成」とある。つまり、類族を離脱

する際には、「江戸御伺」という手続きが必要であったことになる。ここでいう「江戸」とは、臼杵藩の江戸藩邸という解釈もあり得るが、藩は類族改の結果について幕府に逐一報告していたようであるから、幕府である可能性が高い。まだ確証は得られないが、享和三年分の藩の政務日記「御会所日記」によれば、翌年の藩主の「参勤」について幕府要人に問い合わせている様子が窺えることから、この年、藩主は国許にいたものと思われる。とすれば、右の史料の「江戸」とは幕府のことで、類族のところに養子になっていた非類族が縁組の解消によってもとの家族に引き取られる際、類族から外す手続きとして、幕府の承認を得ることが必要であったということになる。このように、誰が類族で誰が非類族なのかの確認は、できるだけ厳密に行われていた。

右の松治や三平の史料では、縁組解消による類族離脱が実現したかどうかまではわからないが、次の寛政元年（一七八九）の虎之助の事例では、もともと非類族だった者が養子縁組の解消により類族を離れたことがはっきりわかる。

毛井村権之丞子福良村新助養子（今平子か）（以下破損）

一本人毛井村作蔵玄孫　虎之助

延享五年辰七月十三日出生

右之者親今平不縁ニ付、寛延三午二月十一日三重野村庄八方江差帰シ申候、同年十月六日類族御免被成候、虎之助之儀者、父今平義絶仕、三重野村江引取候ニ付、類族ニ不出旨、宝暦十四申年五月廿五日被仰付候事[19]

寛延三年（一七五〇）、類族の新助（本人作蔵の子権之丞の子、つまり本人作蔵の孫）の養子今平（本人作蔵の曽孫）が新助との養子縁組を解消し、類族からの離脱を赦された。その子（本人作蔵の玄孫）の虎之助も（出身地と思われる）三重野村に引き取られていたが、宝暦一四年（一七六四）、類族を赦されたという。[20]

以上のことから、類族と非類族との婚姻や養子縁組は特別なことではなかったこと、類族とはあくまで人に付随する属性であり、条件によっては非類族から類族への移動、類族から非類族への移動があったことが、確認できる。

類族には非類族に比べて多くの手続きが必要であったことは確かである。しかし、こうした手続きの煩雑さを除けば、特別に待遇の差異は存在しなかったのではないかと考えられる。それを裏付けるものとして、「奇特者」の褒賞をあげたい。先行研究によって、江戸時代後期、しばしば親孝行や献金・農業出精などの理由で被治者が治者により褒賞されたことがわかっている(21)。多くの藩で、藩政改革の一環として、通俗道徳を鼓舞し、自助努力による秩序維持が企図された。臼杵藩でもこのような「奇特者」の褒賞が行われていたようである。

池見家文書のなかに、文化九年（一八一二）九月一五日付の「忠孝奇特之者書付ひかえ」と表題のある文書がある。この文書が作成された経緯については不明であるが、後日、先例を参照できるよう久土村の手控えとして作成されたものと思われる。村民のなかで褒賞された者が列挙されている。

ここで注目したいのは、褒賞対象者から類族が排除されていないということである。たとえば、幸七の事例(22)を見よう。

一久土村幸七、母老病ニ而不自由罷在候処、幸七余人ニ勝孝養仕候ニ付、其段申上候処、寛政七卯年六月廿五日為御褒美鳥目壱貫五百文被下之候

これによれば、幸七は寛政七年（一七九五）、老病で自由のきかない母のために孝行を尽くしたので、褒美をくだされたとある。この幸七は類族であった。文化年間（一八〇四～一八一八）の「類族留書」には、次のようにある(23)。

一久土村本人同然虎松曽孫　幸七　五拾三歳
　　此者、善八と改名仕候

幸七は文化一〇年（一八一三）四月、善八と改名した。そして、天保二年（一八三一）の「切支丹宗門踏絵御改ニ付家内帳」(24)では、

　真宗光国寺旦那　類族　久土村　善八（印）　七拾壱歳

とあるように、改名後の善八の名前で類族である旨記載されている。年代から判定してもこの幸七と善八は同一人物であるとみてよい。

もう一つ、初三郎ら兄弟の事例を見よう。「忠孝奇特之者書付ひかえ」には次のようにある。(25)

一久土村初三郎・同村八兵衛・同村吉五郎・同村惣八養子伝之助、右四人兄弟ニ而、同村居住仕、睦鋪農業出精仕候ニ付、寛政十二申年十一月為御褒美鳥目五百文初三郎、其外三人之者共鳥目三百文宛被下之候

これによれば、初三郎・八兵衛・吉五郎・伝之助の四兄弟は仲良く農業に励んでいたので、寛政一二年（一八〇〇）、褒美として初三郎には鳥目五〇〇文、他の三人には三〇〇文ずつくだされたとある。次の史料を見ると、彼らも類族であったことがわかる。(26)

一久土村十五郎養父初三郎、当戌七拾五歳ニ而痰相煩、文化十一戌年八月十六日病死仕候、此者之祖父同村吉十郎、切支丹宗門本人同然之者ニ而御座候ニ付、庄屋弁指五人組合之者、旦那寺市尾村禅宗当陽寺住持立合死骸相改、毛頭不審成儀無御座候ニ付、右之当陽寺取置土葬仕候、則住持手形相添差上申候、為後日御書物如件

この史料は、文化一一年八月付の初三郎の死亡届である。彼は十五郎の養父として登場する。これによれば、

初三郎は本人同然の吉十郎の孫であった。また、天明九年（一七八九）正月付の類族名簿には次のようにある。(27)

当陽寺旦那　同村小兵衛子同村惣八養子
久土村本人同然吉十郎孫　伝之助　弐拾九歳
……
当陽寺旦那　同村小兵衛子団吉養子
久土村本人同然吉十郎孫　初三郎　五拾歳
（朱書）
「光国寺旦那　同村治郎七子源之丞子初三郎養子
久土村本人同然五郎曽孫　十五郎　弐拾四歳」
当陽寺旦那　同村小兵衛子
久土村本人同然吉十郎孫　利三郎　三拾五歳
……
当陽寺旦那　同村小兵衛子同村喜兵衛養子
久土村本人同然吉十郎孫　吉五郎　三拾弐歳

ここには、褒賞された四兄弟の内、初三郎・吉五郎・伝之助が同じ名前で類族として記載されている。伝之助が惣八の養子である旨記載されていることや、初三郎のところに朱書で初三郎の養子として十五郎が記載されていることから、この初三郎が先の死亡届けの初三郎と同一人物であることがわかる。本人同然が吉十郎であることも先の初三郎の死亡届けに記載があり、矛盾しない。褒賞された四兄弟の内、八兵衛だけこの類族名簿には見当たらないが、一連の名簿のなかにある吉十郎孫の利三郎という人物が八兵衛に当たるのではないかと考えられる。管見の範囲では改名届けを見つけられなかったが、利三郎が八兵衛であると推測することは許されると思う。

このように、「奇特」な行為は類族・非類族の区別なく褒賞の対象となった。「奇特者」を列挙してある文書には、類族と非類族の記載はない。このことからも、日常生活上、類族と非類族の区別は明快ではなかったといえよう。

## 三　類族と檀那寺

次に注目したいのは檀那寺である。類族の婚姻・養子縁組に関する史料を検討して気づくのは、それらによって、直ちに檀那寺を変更するとは限らなかったということである。(28) 臼杵藩では、同一家族内で檀那寺が異なる半檀家という状態が珍しくなかった。それは、類族か非類族かで差異はない。たとえば、先に見た「切支丹宗門踏絵御改ニ付家内帳(29)」には、同一家族内で異なる檀那寺を持っていたことを一目で確認できる。

一方で、後日に寺替えする者も少なくなかった。たとえば、元禄年間（一六八八〜一七〇四）の寺替えを記録した史料には、次のようにある。(30)


一多田伴右衛門妻幷娘まん〆弐人、福聚院旦那ニて有之候処、伴右衛門同前見星寺旦那ニ成申候、両寺之手形取之

これによれば、多田伴右衛門の妻と娘が檀那寺について、それまでの福聚院から伴右衛門と同じ見星寺へ替えることになり、両寺の同意を取り付けたという。この史料はこうした寺替えのリストであるが、この事例は非類

族のものである。この場合は縁組後、時間が経ってからの寺替えであるが、非類族の寺替えのタイミングは、縁組のときとその後の両方の可能性があると考えられる。

また、この元禄年間の寺替えリストの史料では、類族の場合は次のような記載になっている。(31)

一野津大内村七右衛門子仁助、妙正寺旦那ニ而候得共、安養寺旦那ニ申渡候

此仁助儀類族ニ而候、実ハ妙正寺旦那ニ而候へ共、庄屋方ゟ安養寺と書違出ニ付、本帳も其通ニて有之候、違候段今度申出候ニ付、本帳之通ニ替させ申候

これによれば、野津大内村の七右衛門の子の仁助は妙正寺が檀那寺であるが、安養寺を檀那寺とするように申し渡されたという。その理由は、この仁助は類族で、本来は妙正寺が檀那寺であったが、庄屋から藩へ届け出る際、安養寺が檀那寺である旨書き誤ったためであるとされる。

これに関連して、この元禄年間の寺替えリストの冒頭の部分を見よう。そこには次のようにある。(32)

（前欠）寺為替候事不成、せめて養母［　　　］成共と望申段尤ニ付、養母寺ニかへさせ申候、養母も類族ニて是ハ各別之事故、右之通申渡し候

前を欠いているのは残念であるが、これは類族の寺替えの事例と思われる。養母と同じ檀那寺に替えたい旨、類族が申し出て許されたということであろう。ただし、この場合、「寺為替候事不成」とあることから、本来、認められないことだったことがわかる。類族は寺替えしないのが原則であったと思われる。

そのことを示すものとして、巻之丞の事例を見よう。それは、年不詳であるが、何かの事情で長谷村の百姓が村方一統にて、檀那寺を了仁寺から善法寺へ寺替えしようとしていた事件のときのことである。類族であった巻之丞はそれを望まない旨、意思表示した。史料には次のようにある。(33)

巻之丞申分、私ハ如何様之儀有之候共、先祖代々之寺相離候事難相成、殊更類族之儀故、寺替ハ不相成、葬式等も六ケ敷と申事を承及居候間、了仁寺へ兼而葬式等、宜敷取計被下候様頼入置候間、善法寺門徒ニ罷成候事ハ、決而不相成との申分

これによれば、巻之丞は次のように主張したとされる。先祖代々の寺（了仁寺）を離れることはできないし、とりわけ類族は、葬式などを行う場合に困難なことが伴うから、寺替えはできない。葬式については以前から了仁寺へ丁重にお願いしているので、善法寺の門徒になることは決してない、という。死亡したとき、類族は非類族に比べて藩役人から検視を受けるなど、非類族より多くの手続きが必要であった。類族は寺替えしないのが原則であったのは、そうした煩雑な手間のためではないかと想定される。巻之丞が、類族は「葬式等も六ケ敷」を理由に寺替えできないと言っているのは、葬式にあたって非類族との差異が確かに存在していたことを示しているのだろう。

ただし、一八世紀中頃以降、類族でも寺替えしている事例[34]がある。

一本人林三郎四郎下人治郎兵衛妻玄孫　小吉　当酉弐拾八才

右之者、元来真宗光蓮寺旦那ニ而御座候処、養父同然同宗当寺旦那ニ罷成度相望申候ニ付、光蓮寺与申談候、則当寺旦那ニ請込申候処実正也、依而為後日如件

これによれば、類族の小吉は本来浄土真宗光蓮寺が檀那寺であったが、安永六年（一七七七）、養父と同じ浄土真宗善正寺を檀那寺としたい旨希望し、双方の寺の合意を取り付けたという。このように、双方の寺院の了解など、条件が整えば類族も寺替えが可能であったということであろう。

一方、類族・非類族の両者共通のこととして、少なくとも一八世紀中期頃までは、家の宗教という感覚は希薄

である。この段階での寺替えの理由は、先に見たように、父や母、養父・養母と同じ寺院に檀那寺を替えたい、というものであった。

これが一九世紀に入ると、寺替えの理由として、「家代々」「家之」という文言が登場する。

一本人同然久土村幸之助孫　乙之助　当丑六拾四歳
今名源六
右之者、元来禅宗当陽寺旦那ニ而御座候処、家代々之通浄土真宗当寺旦那ニ寺替仕度願、何方も埒明候間、今日ゟ当寺旦那ニ仕候、為後日如件

これは文化二年（一八〇五）の類族の事例である[35]。もちろん、非類族の例もある[36]。いずれにしても、「家」の檀那寺という意識は初めから存在したものではなかったといえよう。

これに対して、藩は文政九年（一八二六）、一家一寺の方針を打ち出す。「一家一寺一宗限旦那宗判帳[37]」という史料にその方針が明快に示されている。しかし、その後も半檀家状態は継続している。その理由はわからないが、減少してきたとはいえ、いまだ多数の類族が存在していたことが影響していたのかもしれない。

## おわりに

以上、検討してきたことにより、臼杵藩の類族関係史料から見える村社会の姿として、次の二点を指摘して終わりたい。

第一は、類族というカテゴリーも、人びとが保持する多数の属性の内の一つであったということである。類族

と非類族が混在して村社会が成立しているだけでなく、同一家族内にも両者が混在しているのが普通であった。類族にとって、類族であることが日常生活上、特別な支障をきたすことはなかったのではないか。もし、類族と非類族の間で特別な差異があったとすれば、村社会そのものが支障をきたすことになるので、その点でも類族には、従来の研究で指摘されてきたような、深刻な疎外感はなかったように思われる。

第二は、半檀家を当然とする秩序が貫徹していたということである。こうした宗教秩序が継続していた理由は、臼杵藩領の場合、類族の存在が影響しているように思われるが、もちろん、これが各地に見られる半檀家の存在を説明する普遍的理由にはならない。いずれにしても、檀那寺は個別的であり、少なくとも江戸時代末期までは家の宗教という観念は未成熟であったといえる。

総じて、キリシタン禁制政策のもと、類族改制度によって監視され続けた類族も、非類族と混在する村社会のなかで非類族と共通の日常生活を送っていた。類族の日常生活が非類族のそれとまったく異なるものであったとはいえない。「奇特者」の褒賞でも、類族という理由で排除されることはなかった。

ただし、治者による類族の管理は厳密であったことも確かである。わけのわからないものは何でも「切支丹」とされたのが当時の雰囲気であり、そうしたイメージの「切支丹」を忌避する社会的傾向は強固であった(38)。その点で、類族はそうしたイメージによる忌掛り的なカテゴリーであった(39)。この状態を「差別」という語ではない、別の言葉で言い表すべきであるというのが筆者の考えであるが、いまは適切な言葉が思い浮かばない。他日を期したい(40)。

注

(1) 嘉永四年四月付、宗門奉行宛、毛井組村役人「覚」、マレガ収集文書、A4.16.3(マレガ収集文書の番号は、マレガ資料の番号、以下、同じ)。

(2)『臼杵市史(上)』(臼杵市、一九九〇年)四六九頁。

(3) 宝暦三年八月一九日付、宗門奉行宛、丹生原組村役人「覚」(宝暦元年~同一三年「類族諸願日記帳」)、池見家文書、類7-840(池見家文書の番号は、大分県立先哲史料館の整理番号、以下、同じ)。

(4) 宝暦年中(宝暦六年)「類族名寄帳」、池見家文書、類21-854。

(5) 享保一八年正月一四日付、宗門奉行宛、丹生原組村役人「覚」(享保一六年~同二〇年「類族諸願日記帳」)、池見家文書、類5-838。

(6) 宝暦年中(宝暦六年)「類族名寄帳」、池見家文書、類21-854。

(7) 文化八年三月六日付、宗門奉行宛、丹生原組村役人「覚」(文化七年~同一二年「類族留書」)、池見家文書、類10-843。

(8) 類族という属性は人ではなく家に付くと考えるべきではないか、という意見もあるかもしれない。本章のこの後の展開で触れるように、類族の及ぶ範囲が男性と女性とで異なることや、婚姻や養子縁組によって非類族が「新類族」となる場合があることなど、家に関わって類族の出入りがあることが根拠となり得る。しかし、筆者としては、類族は人に付く属性であると考えたい。類族のリストである類族帳は個人の名簿であるとともに、宗門改や絵踏に伴って作成される宗門帳には、家族ごとに記載されつつも、檀那寺と類族・非類族が個別に記されており、一目で類族・非類族の家族内の混在が見て取れるからである。類族の家というのは存在せず、あくまで元キリシタンの本人・本人同然の者とどのような関係かが個別に確認されるというのが、類族改制度の内容である。そもそも、類族に限らず、属性というのは人に付くものであって、どのような家に属しているかというのも人の属性と考えるべきであるというのが、現在の筆者の考えである。もちろん、集団の属性というのもあり得るが、それも結局は人の属性に還元されるのではないか。

(9) 天保二年正月二三日付、久土村「切支丹宗門踏絵御改ニ付家内帳」、池見家文書、宗改6-782。

（10）男性類族は玄孫まで、女性類族は孫までが類族とされた。この点については後述する。注（16）参照。
（11）享保七年二月四日付、宗門奉行宛、丹生原組村役人「覚」（享保六年～同一〇年「類族諸願日記帳」）、池見家文書、類3-836。
（12）宝暦年中（宝暦六年）「類族名寄帳」、池見家文書、類21-854。
（13）享保三年正月一〇日付、宗門奉行宛、丹生原組村役人「覚」（正徳六年～享保六年「類族諸願日記帳」）、池見家文書、類2-835。
（14）享保一二年二月四日付、宗門奉行宛、丹生原組村役人「覚」（享保一一年～同一五年「類族諸願日記帳」）、池見家文書、類4-837。
（15）享和三年一一月一四日付、臼杵藩役人宛、丹生原組村役人「覚」（享和三年～文化二年「類族諸達留書」）、池見家文書、類8-841。
（16）元禄八年六月付、「切支丹類族一件」（『憲教類典』「四ノ十六 切支丹」国立国会図書館デジタルコレクション参照）。
（17）享保一四年七月四日付、宗門奉行宛、田中組村役人「覚」、マレガ収集文書、A15.3.11。
（18）享和三年三月八日付、宗門奉行宛、丹生原組村役人「覚」（享和三年～文化二年「類族諸達留書」）、池見家文書、類8-841。
（19）寛政元年三月四日付、宗門奉行宛、海添組村役人「覚」、マレガ収集文書、A3.18.15。
（20）この史料は、何らかの理由で虎之助が類族かどうかを確認しなければならなくなった際に、その調べた結果を村から藩へ報告したものと思われる。虎之助の類族離脱の赦免が遅くなった理由は不明だが、養子縁組が解消された当時、虎之助がまだ幼かったことが関係しているのではないか。
（21）菅野則子『江戸時代の孝行者――「孝義録」の世界』（吉川弘文館、一九九九年）。
（22）文化九年九月一五日付、「忠孝奇特之者書付ひかえ」、池見家文書、雑3-904。
（23）文化一〇年四月一三日付、「覚」（文化七年～同一二年「類族留書」）、池見家文書、類10-843。
（24）天保二年正月二三日付、久土村「切支丹宗門踏絵御改ニ付家内帳」、池見家文書、宗改6-782。

(25) 文化九年九月一五日付、「忠孝奇特之者書付ひかえ」、池見家文書、雑3-904。
(26) 文化一一年八月付、「御書物之事」(享和三年～文化二年「類族諸達留書」)、池見家文書、類8-841。
(27) 天明九年正月付、「類族寄御帳」、池見家文書、類22-855。
(28) 近年の議論では、一家一寺と離檀禁止は近世初期から厳格に決められていたのではなく、近世秩序の変化のなかで常識化していった創られた常識であるとされている。したがって、各地にしばしば見られる半檀家の存在は不思議なことではない。この点の議論については、以下の研究を参照。朴澤直秀『幕藩権力と寺檀制度』(吉川弘文館、二〇〇四年)、同『近世仏教の制度と情報』(吉川弘文館、二〇一五年)、林宏俊「近世後期の「離檀」をめぐる権力・寺院・民衆」(『地方史研究』三四三、二〇一〇年)、小林准士「江戸幕府による離檀許可方針に関する再検討──寛文五年「諸宗寺院法度」第四条解釈のゆくえ」(『日本の人口転換開始の地域分析』二〇一三～二〇一六年度科学研究費補助金基盤研究(B)研究成果報告書、二〇一七年)。
(29) 天保二年正月二三日付、久土村「切支丹宗門踏絵御改ニ付家内帳」、池見家文書、宗改6-782。
(30) 元禄三年～同一〇年、寺替記録、マレガ収集文書、A5.1.5.5.2。
(31) 同右。
(32) 同右。
(33) 年不詳、「所々取調書」、臼杵市所蔵史料、B3-42-東4。
(34) 安永六年五月四日付、宗門奉行宛、善正寺「覚」、マレガ収集文書、A7.8.5.1.1。
(35) 文化二年二月晦日付、宗門奉行宛、安養寺「覚」、マレガ収集文書、A7.8.5.2.1。
(36) たとえば、文化一四年一〇月一二日付、宗門奉行宛、香林寺「覚」、臼杵市所蔵史料、G2.170-174.83。
(37) 文政九年一二月付、「一家一寺一宗限旦那宗判帳」雛形、池見家文書、宗改56-832。
(38) 大橋幸泰『潜伏キリシタン 江戸時代の禁教政策と民衆』(講談社、二〇一四年、二〇一九年に講談社学術文庫として再刊)、同『近世潜伏宗教論──キリシタンと隠し念仏』(校倉書房、二〇一七年)。
(39) 森田誠一「「切支丹類族」に現れた血縁の概念」(『社会と伝承』四―二、一九六〇年)。
(40) 清水有子「豊後臼杵藩の村社会における女性類族の婚姻状況をめぐって」(大友一雄・太田尚宏編『バチカン

図書館所蔵マリオ・マレガ資料の総合的研究』マレガ・プロジェクト、二〇二一年）は、本章の内容を発展させた内容となっている。清水論文では、類族改はキリシタンが家を基盤に結集しないよう監視するための制度であったが、時代を下るにしたがって類族と非類族との融合が進行したと主張する。大筋で本章とは矛盾はないものと思うが、筆者の立場は、類族の関係は個人の血縁の問題であって、あくまで類族の家というのは存在しないというものであることを確認しておきたい。

# 第五章　邪正観の分岐

## はじめに

一七世紀中期における宗門改制度、一七世紀末期における類族改制度の成立を受けて、近世人のキリシタン／「切支丹」[1]観はどのようになっていったであろうか。ここでは、一八世紀初期、幕府要人であった新井白石の時代に焦点を当てる。本章は近年、この時期のキリシタン史にかかわる人骨が発見されたことを手がかりに、近世人のキリシタン／「切支丹」観について考えたものである。

文京区小日向にかつて存在した「切支丹屋敷」跡から三体の人骨が発見された（二〇一四年七月）のは、キリシタンをめぐる諸相を研究してきた者にとって興奮する出来事であった。国立科学博物館による次世代シークエンサを用いたDNA分析と人類学的分析は、そのなかの一体が、イタリア人であることを突き止めた。文献史学と考古学による分析とを付き合わせて考えてみると、この人物が、宝永五年（一七〇八）に屋久島に単身で上陸し、翌年、江戸にて新井白石の吟味を受けたローマ教皇庁のイタリア人宣教師ジョヴァンニ・バティスタ・シドッチであると判断されるに至った。理系と文系、複数の研究分野の研究者が協力したからこそ導かれたこの結論は、学際的研究の成果としておおいに注目された。

本章では、文献史学を専門とする立場から、この発見をもとに見えてきた近世人のキリシタン／「切支丹」観とはどのようなものであったかを考える。

## 一　シドッチの扱われ方

シドッチであることが確認された人骨は、長持ちを代用した棺に入れられ、半伸展葬という方法で土葬されていた。これはキリスト教の葬法に近いものであることから、シドッチに対する一定の敬意の様子を窺うことができる。シドッチ吟味の経験やそこから得られた知識を記した新井白石の著書『西洋紀聞』(2)には、白石がシドッチの人柄や博学ぶりにおおいに感心した様子が記されている。シドッチが命の危険を顧みず単身で日本にやってきただけでなく、天文学・地理学の豊富な学識を持っていたからである。キリシタンの教義内容にも言及があり、両者の間で論争もあった。キリシタンに関するシドッチの見解については白石の受け入れるところではなかったが、総じて白石によるシドッチへの敬意は最後まで変わらなかったものと思われる。シドッチがキリシタンの葬法に近い形で葬られたという事実は、こうした白石のシドッチに対する態度が一定程度反映されたものではないだろうか。

寛永一四年（一六三七）から一五年にかけて起こった島原天草一揆の際、キリシタンを基盤とした一揆勢が立て籠もった原城では、その落城後、幕府軍に討ち取られた一揆勢の人骨が決して復活しないように、骨をばらばらにされたうえに大量の石などで覆われた(3)という事実と比べてみるとき、シドッチの葬法はたいへん丁寧である。一揆から七〇年の時を経て、一見、キリシタンに対する幕府の態度が寛容になったかに見える。

しかし、これは近世人の「切支丹」に対する理解や態度が変化したことを意味しない。なぜならば、白石が接したシドッチというキリシタン宣教師の生身の姿や、白石によるシドッチに対する敬意について、当該期の近世人が知ることはほとんどなかったと思われるからである。シドッチの吟味について詳しく記されている『西洋紀聞』は秘書であった。同書はキリシタンの教義内容を含むものであったから、著者の白石が自ら公表することをためらった。これが人びとに知られるようになるのは一九世紀以降のことである(4)。

シドッチの遺体が埋葬された場所が示されている同時代の文献史料はない。文政七年（一八二四）に成立した『小日向志』に記載されている「ヨアンハツテイスタシロフテ伝」に「山屋敷（「切支丹屋敷」のこと）裏門の側へ葬れり(5)」とあるのは、著者の旗本間宮士信がそうした伝聞を書き記したものであろう。また、「切支丹屋敷」の絵図に「ヨアン榎(6)」という書き込みがあるのも、そうした伝承があったことを示すものである。いずれにしてもシドッチ死去時のものではない。

シドッチに対する吟味内容とその死後の扱いについて、これに関係した幕府の一部の者を除き近世人は誰も知らなかったはずである。これは、荻生徂徠が著書『政談』（享保一一年［一七二六］頃成立）のなかで「吉利支丹宗門の書籍を見る人なき故に、その教如何なる事という事を知る人なし(7)」と述べたことと矛盾しない。したがって、シドッチの遺体が丁重に扱われたという今回の発見をもって、キリシタンに対する近世人の意識や考え方が変化したということまではいえないであろう。

## 二　新井白石のキリシタン理解

従来、白石によるシドッチの吟味の結果として、もっとも注目されてきたのは、白石がキリシタンには侵略的意図はないという理解にいたったという点である。白石が書いた「天主教大意」には、次のようにある。

彼国の人、我国に来り法ひろめ候事は、我国をうばひとり候謀の由相聞え候事は、阿蘭陀人幷に彼国の人フランシスクスリアン、幷に又我国より彼国へ渡り法を伝候コンパニヤドウウと申すもの、申し出したる事に御座候歟、其教の本意幷其地勢等をかんがへ候に、謀略の一事はゆめゆめあるまじき事と存ぜられ候事(8)

白石は、カトリック国が日本にやってきてキリシタンを広める理由について、日本を奪う謀略のためであるとするのは、一七世紀前期、東アジア貿易をめぐってポルトガル人の競争相手であったオランダ人（「阿蘭陀人」）や、慶長元年（一五九六）に起こったサンフェリペ号事件の際、豊臣秀吉に積荷を没収された腹いせにスペインの国力を誇示した航海士フランシスコ・デ・オランディア（「フランシスクスリアン」）、そして天正遣欧使節の一員としてローマ教皇の謁見を果たしたものの、帰国後、棄教した千々石ミゲル（「コンパニヤドウウ」、「コンパニヤ」とはイエズス会のこと）、などが証言したことかと疑問を投げかけたうえで、キリシタンにはそうした意図はないと否定する。すなわち、その教えの本意と地理的な状況などを考えると、国を奪う謀略は「ゆめゆめあるまじき事」であるという。白石は実は、一六四〇年代に来日して厳しい拷問の末に棄教したイエズス会宣教師ジョセフ・キアラ（岡本三右衛門の名前を与えられた）が執筆した、「三巻の書」を事前に読んでキリシタンの教義について勉強していた。白石の結論は、シドッチの吟味による確認であったといえる。白石は「天主教大意」の先の引用部分に続いて、次のようにコメントしている。

大猷院様御代、渡り候コンパニヤジョセフと申すもの、後には岡本三右衛門と申す名を被下、御扶持方、幷妻女・従者等被下さしおかれ候もの、三巻の書を作り置候事、反逆の謀にて無之趣を一々に弁じおき候を、此度見候処にいかにもいかにも其道理分明に相見候歟[9]

これによれば、将軍徳川家光（＝大猷院）の時代に来日したジョセフ・キアラ（＝コンパニヤジョセフ）が、棄教後、扶持・妻・従者を下された上、「三巻の書」を執筆していたという。[10]その書では「反逆の謀にて無之趣を一々に弁じおき候」であったとあるように、キアラはキリシタンには反逆の謀はないことを弁じていたという。白石はシドッチの吟味を通じて、このキアラの主張を確認したということである。このことから、キアラの手記を見ることのできた幕府役人は、キリシタン奪国論について否定する議論に接することが可能であったこと、幕府要人である白石でさえシドッチ吟味という機会がなかったら、キリシタン奪国論を否定する議論に接することはなかったこと、ましてほとんどの近世人にはそうした考えは発想すら生まれなかったこと、などがわかる。そして、『西洋紀聞』は秘書であったのであるから、以後もそうした状況に変化はなかったと断言できる。そうした状況のなかで、怪しげなものは何でも「切支丹」的なものであるとする風潮（筆者はこれを「切支丹」イメージの貧困化と呼ぶ）が一八世紀を通じて醸成されていったとすれば、[11]『西洋紀聞』が公表されなかったのは近世人にとって不幸なことであったといえよう。

「切支丹」を批判する排耶書は一七世紀から存在したが、もっとも普及した『切支丹宗門来朝実記』などの通俗的な読み物は一八世紀以降に登場する。これらにより、荒唐無稽な怪しげな「切支丹」イメージは、ステレオタイプに広がっていった。この時期、「異宗」「異法」などと呼ばれた異端的な宗教活動が問題視され始め、怪しげなものは何でも「切支丹」的なものとして見なされることが多くなるのと表裏の関係である。

したがって、もし、白石が『西洋紀聞』を公表していたら、「切支丹」イメージの貧困化は実際のかたちほど進行せず、近世宗教の豊かな状態は保たれた可能性があったように思える。その点で、白石とシドッチの対面は歴史の分岐点であったともいえる。しかし、それが実現しなかったのは、白石個人の責任というよりも幕府の面目を保つためだったのであろう。もし、キリシタン奪国論を否定してしまえば、キリシタン禁制の根拠が揺らぎ、幕府の権威に傷がついてしまうからである。幕府の態度はあくまで治者本位のものであった。

## 三　長助・はるの生涯

シドッチの墓と並んで埋葬されていた別の二体の人骨については、決め手となるデータにとぼしく、人物の特定は難しい。しかし、『小日向志』には、「伴天連墓」である「ヨアン・ハツテイスか《ヨハン・バッティスタが》墓」の「印に榎をうへ《植え》たりしか、これも今ハきりはら《伐り払》」ってしまったとの記述のすぐ後に、「長助夫婦墓」として、「おなし《同じ》ならひ《並び》にあり」とある(12)。人骨の科学的分析の結果からは断言できないが、この『小日向志』の記述と考古学的観点からすれば、残る二体の人骨は長助・はる夫婦のものである可能性が高い。

『西洋紀聞』には長助の死について、「此年《正徳四年・一七一四》の冬十月七日に、彼奴なるものは病し死す。五十五歳と聞えき」(13)とあり、享年五五歳が数え年であったとすると、長助は万治三年（一六六〇）生まれであったことになる(14)。

ここで注目したいのは、長助・はるはなぜ生涯を通じて「切支丹屋敷」の獄卒であったのか、という点である。『西洋紀聞』には、次のような記述がある。

これ（長助・はる）は罪あるもの丶子どもの孥《ど》となりしを、かのこ丶に按置せられしもの丶奴婢に給りしが、夫婦となされし也。これらは、其教をうけしなどいふものにはあらねど、いとけなきより、さるものゝめしつかひし所なれば、獄門を出る事をもゆるされず。奉行所より衣食して、老を送らしむる也けり。[15]

これによれば、長助・はるは罪人の子で、その連座の罰のため、「切支丹屋敷」に収容された者に対して世話をする「奴婢」とされた者であった。その後、夫婦になったとされる。彼らはキリシタンの教えを受けたということはなかったが、幼いころから「切支丹屋敷」収容者に身近に接していたことを理由として、この屋敷から出ることを許されず、奉行所から衣食を与えられて余生を送っているという。

いつからかは不明だが、長助・はるは寛永二〇年（一六四三）に「切支丹屋敷」に収容されたキアラ（岡本三右衛門）に付けられたようである。[16]先に見たように、長助の生まれが万治三年（一六六〇）前後であると思われることから、三右衛門の下人になったのは一六七〇年代であろう。その三右衛門が貞享二年（一六八五）に死去すると、今度はその後家に付くことになったとされる。[17]ただし、『西洋紀聞』には、元禄一〇年（一六九七）に死去した黒川寿庵（明国広東生まれのキリシタン同宿）の下人であったともあるので、このとき特定の人物というよりは、「切支丹屋敷」全体の獄卒であったということであろうか。

この間、長助・はるは洗礼を受けてはいないと思われるが、『小日向志』には「寿庵より教戒をも受しものなれハ」[18]とある。黒川寿庵は貞享三年（一六八六）に「立あがり」、すなわち信仰の再告白を宣言し、キリシタンとして天寿を全うしたいと希望したため、元禄四年（一六九一）に「切支丹屋敷」内の獄に入牢したという人物である。[19]長助・はるは、寿庵から何かしら教えの内容を聞いていたものと推察される。

彼らはこうした経験を経て、シドッチの世話をしていたものと思われる。したがって、キリシタンについて何も知識を持っていなかったのではなく、キリシタンの教義の一端はもとより、その信仰を持つ人がどのような人物であるかも身近に知っていた。この二人が罪人の子として「切支丹屋敷」に収容され、以来、外に出ることを許されなかったのは、右のような経緯からキリシタンについていくらか知っていたからではないだろうか。

一七世紀後期における「切支丹屋敷」の記録である『査祆余録』には、岡本三右衛門が死去した際の記述として、次のようにある。

長助・はる事、両人共踏絵被仰付、親類共御渡可被成候へ共、両人共ニ奴ニ而候間御返し難被成候[20]

これによれば、長助・はるは踏絵を命じられたうえで親類に引き取られるはずであったのが、「奴」であったことを理由に実現しなかったという。また、

右後家（三右衛門女房）相果候ハバ長助・はる両人共御暇可被下と存、後家を殺候事も難計候間、後家相果候共、御暇不被下候旨、両人之者へ可申聞候[21]

とあるように、長助・はるは、三右衛門の後家が亡くなれば「切支丹屋敷」を出ることができると考えて、この後家を殺害するかもしれないので、彼女が亡くなっても「切支丹屋敷」を出ることはできない旨、二人に申し聞かせたという。

ただし、「切支丹屋敷」に収容された囚人の下人がその囚人の死後、「切支丹屋敷」を出る事を許された場合もある。一つは、延宝元年（一六七三）に「切支丹屋敷」で死去した卜意（長崎生まれの中国人ロウレンソ・ピント）の下人が、卜意が亡くなったあと、踏絵のうえ解放されている事例、[22]もう一つは、延宝六年（一六七八）に「切支丹屋敷」で死去した南甫（肥前国茂木村生まれの日本人イルマン）の妻と下女が、別の囚人に預けられたあと、親類へ引き渡された事例である。[23]この二つの前例から考えると、長助・はるが解放されなかったのは、卜意の下人や南甫の妻・下女とは別の理由があったということだろうか。史料に乏しいため、これ以上、詳しいことはわからな

いが、子どものころからキリシタンと接触していたことに加えて、先に見たように、二人が世話をした黒川寿庵が信仰の復帰を宣言したことも関係しているかもしれない。

## おわりに

「切支丹屋敷」地内における人骨発見から促された、理系・文系の研究者による共同研究は多くの成果をもたらした。第一に、「切支丹屋敷」内に埋葬されたといわれるシドッチの人骨埋葬地点が確定できたこと(24)、第二に、埋葬地点の伝承がほぼ正確であったことから、文字史料ではない言い伝えも史料として無視してはならないこと、第三に、『西洋紀聞』に記されたシドッチに対する敬意は埋葬方法にも一定程度反映されていたと思われること、第四に、にも拘らず、『西洋紀聞』とシドッチのことは公表されなかったため、キリシタン禁制政策は何ら変化がなかったこと、がそれである。

その後、徳川吉宗政権のもとでキリシタンとは関係のない漢訳洋書の輸入が促されたことから、これが蘭学・洋学が展開していく起点になり、長い目で見れば近代を押し開く基盤となっていく。したがって、新井白石の経験はその後の歴史に何も影響を与えなかったのではない。しかし、宗教政策については、白石の経験はその後の幕府政治に変化をもたらさなかった。結局、キリシタン禁制を基軸に構築されていた宗教秩序は何も変わらなかったばかりか、いっそう「切支丹」イメージの貧困化が進行することになる。幕府の面目を保つためには、キリシタンの禁教を貫徹する必要があったからである。

白石とシドッチの例は、人と人とが向き合う際、相手への敬意をもって対応すれば、思い込みによる常識や社会通念が誤解であると認識できることを考えさせてくれる。と同時に、当該期の幕府の実力者であった白石でさえ覆すことができないほど、キリシタン禁制は近世秩序を維持するのに重要な政策であったと理解できる。キリシタンの禁教政策はその後、現実の潜伏キリシタンを取り締まるものというよりも、怪しげな宗教活動を取り締まるものに転回していく[25]。白石とシドッチの出会いは、こうした矛盾拡大の起点でもあったといえるかもしれない。

注

（1）筆者は序章「近世日本の異端的宗教活動と秩序意識」の（注1）に記したように、近世期のキリスト教を示す語として、カタカナのキリシタンの語と、「」付の漢字の「切支丹」の語とを区別して用いている。前者が現実の宗教活動としてのキリシタン（宣教師時代のものと潜伏期のもの両者を含む）のこと、後者が厳しい禁教政策のもとで貧困化した「切支丹」イメージのことである。両者を区別する理由は、特に近世中後期、世俗秩序に埋没した潜伏キリシタンと「切支丹」イメージとが乖離していき、それが潜伏キリシタン存続の条件の一つとなったからである。

（2）本章では、宮崎道生による校訂・解説の『新訂 西洋紀聞』（平凡社［東洋文庫113］、一九六八年）を参照した。以下、本章での『西洋紀聞』の引用はすべて同書からである。

（3）千田嘉博「島原の乱――原城攻防の実像」（長崎県南島原市監修『原城と島原の乱――有馬の城・外交・祈り』新人物往来社、二〇〇八年）。

（4）宮崎道生「解説」（『新訂 西洋紀聞』）四一九頁。

（5）『東京市史稿 市街篇第六』（東京市役所、一九二九年）二二二頁。

（6）幕末に編纂された『通航一覧』より模写したという、山本秀煌『江戸切支丹屋敷の史蹟』（イデア書院、一九二四年）所収の「江戸切支丹屋敷の図」参照。
（7）『政談』（辻達也校注、岩波書店〔岩波文庫〕、一九八七年）三三一頁。
（8）『新訂 西洋紀聞』一九九頁。
（9）同右。
（10）この「三巻の書」は現在、所在が不明である。宮崎道生「解説」（『新訂 西洋紀聞』）四三五頁参照。
（11）大橋幸泰『潜伏キリシタン 江戸時代の禁教政策と民衆』（講談社、二〇一四年、二〇一九年に講談社学術文庫として再刊）。
（12）『東京市史稿 市街篇第六』二一六頁。
（13）『新訂 西洋紀聞』一九頁。
（14）はるについては、死亡した年月日、享年とも、どこにも記述がないので、詳しいことは不明である。
（15）『新訂 西洋紀聞』一二頁。
（16）『通航一覧 第五』九七頁。
（17）『査祆余録』（『続々群書類従 第十二』国書刊行会、一九〇七年）六一八頁。
（18）『東京市史稿 市街篇第六』二一六頁。
（19）同右。
（20）『続々群書類従 第十二』六一八頁。
（21）同右。
（22）『続々群書類従 第十二』五九八頁。
（23）『続々群書類従 第十二』六〇七頁。
（24）ただし、長助・はるについては蓋然性が高いが、断定できない。
（25）同注（11）『潜伏キリシタン』。

附記　本章のもとになった論考を含む発掘報告書の刊行後、シドッチの人骨だとされる遺構の放射性炭素年代が一六世紀前半から一七世紀中頃と推定されていることから、この人骨をシドッチであることに疑問を持った五野井隆史が「切支丹屋敷跡地出土の人骨は、シドッチか？」（『日本歴史』八四〇、二〇一八年）を発表した。

五野井はこの論考のなかで、元和六年（一六二〇）以降、キリシタンの墓に対する規制が行われていったと指摘している。そして、寛永六年（一六二九）六月、長崎奉行竹中重義により、同地におけるキリシタン墓地の破壊と遺骸の焼却が命じられたのをはじめとして、大村藩領で明暦三年（一六五七）に起こった郡崩れの際にも「古キ切支丹之墓」が徹底的に暴かれ、遺骸が掘り出されて海中に沈められたことに注目する。加えて、「このような状況下、一八世紀初期頃にキリシタン様式の長墓が築造されたのであろうか」と疑問を提起する。

その上で、この人骨は一六四四年一一月に死亡したフランシスコ・カッソラだと五野井はいう。井上政重家臣で当時この地の管理責任者であった井上右馬之允が、ここに収容されていたペドロ・マルケスやジュゼッペ・キアラからキリスト教の埋葬方法を伝えられ、カッソラを埋葬したのだろうと論じている。

しかし、この五野井の推論は、一六二〇年代以降一八世紀初期まで、キリスト教式の埋葬方法は有り得ないとする先の指摘と矛盾する。一六四四年といえば島原天草一揆直後の時期で、キリシタン禁制の貫徹のための宗門改の方法を、幕府とともに個別領主が模索していた時期に当たる（大橋幸泰『キリシタン民衆史の研究』東京堂出版、二〇〇一年）。それこそ、そのような時期に「キリシタン様式の長墓が築造されたのであろうか」という疑問がわく。五野井の議論は自家撞着に陥っているように見える。

確かに一八世紀初期という当方の主張にも、この時期にキリスト教式の埋葬方法を誰がどのように知り得たのか、という疑問は残る。確実な史料はないので、この点について証明はできない。しかし、新井白石がシドッチ尋問にあたって過去のキリシタン関係書類を調査し、キアラにより「(キリスト教には）反逆の謀にて無之趣を一々に弁じ」られた「三巻の書」を読んでいたという事実（「天主教大意」『新訂 西洋紀聞』平凡社、一九六八年、一九九頁）からすれば、その調査のなかで白石が「古キ切支丹之墓」の形式を知り得たのではないかという推測は成り立つ。キリスト教式の埋葬方法を許可したのが白石自身であったかどうかはもちろんわからないが、キリスト教式の埋葬方法を知った白石が、シドッチへのリスペクトの表現としてそれを許可したというのは、決して無理な推論ではないと思う。

さらに人類学者の篠田謙一が、科学分析の結果は当該の人骨がシドッチのものであることを否定していないと指摘し（『江戸の骨は語る――甦った宣教師シドッチのＤＮＡ』、岩波書店、二〇一八年）、五野井の論考を「科学分析の結果を、内容を理解せずに根拠としたものであり、科学的な議論に値しない」と断言している（二〇一九年七月六日、上智大学にて開催されたシンポジウム「シドティ神父の謎に迫る」の篠田による報告レジュメ「あの遺骨は本当にシドティのものなのか――人類学の立場から」）。また、考古学者の谷川章雄は、五野井による放射性炭素年代にもとづく異論に対して、そもそも放射性炭素年代には誤差がつきものであり、多少のばらつきがある三基（シドッチ・長助・はるの骨が出土したものと思われる遺構―大橋）の放射性炭素年代は、その三基の「時期が比較的近接していたという考古学的所見とは整合せず、こうした場合には、放射性炭素年代測定の結果は絶対ではないため、その年代を採用することはない」とも指摘している（同シンポジウムの谷川による報告レジュメ「あの遺骨は本当にシドティのものなのか――考古学の立場から」）。いずれも、当該の人骨はシドッチのものと考えて問題ないとの主張である。

# 第二部　近世的共存関係とその解体

# 第六章　近世日本の異端的宗教活動と宗教的属性

## はじめに

第二部では、キリシタン禁制を維持するための諸政策やそれに関わる治者・被治者の動向を検討した第一部をふまえて、現実のキリシタンを含む異端的宗教活動のみならず多くの諸属性が共存していた実相について考察する。本章はその総論である。

ところで、近年のヨーロッパ史研究では、近世を宗派化の時代ととらえ、「宗教的価値観の多元化」に注目して近世の全体像を描こうという試みがあると聞く。踊共二によれば、以前はプロテスタントやカトリックの宗派教会が国家の統治構造と深く結びつき、国家統治に重要な役割を果たしたことに議論が偏っていたが、近年では非国家的な宗派化や宗派内の分裂など幅広く宗派化をめぐる議論が広がっており、近世ヨーロッパの全体像をとらえるキーコンセプトの一つになっているという(1)。

日本の場合も、これまでの研究が指摘するように、近世期における宗派化の顕在化はこの時代の特徴であるから、近年のヨーロッパ史研究でいう宗派化の議論に格好の比較材料となるであろう。近世日本の人びとが寺檀関係を持つ寺院の宗派の起源は鎌倉時代にあるが、宗派としてひとまとまりの教団と認識されるようになるのは、一六世紀から一七世紀にかけての中近世移行期である。その点で、戦国期における仏教の民衆世界への浸透を経て近世日本に成立した寺檀制度を担う仏教各宗派を、鎌倉仏教というより戦国仏教と呼ぶほうが実態に近いとした藤井学の指摘は重要である(2)。本章で検討する材料の一つである浄土真宗についても、親鸞を教祖とした教団として認識されるようになるのは戦国期であることを金龍静が指摘している(3)。また、近世浄土真宗の「特殊性」を再検討して宗派化の意味を追究した引野亨輔が指摘する通り、近世は仏教各派が他宗との差異化を意識して自宗の独自性を主張する時代であるといえる(4)。

そもそも、寺檀制度は近世権力から一方的に命令されて成立したのではない。百姓が特定の寺院の檀那になるためにはそれだけの経済力が必要であるから、寺檀関係が成り立つには単婚小家族を基本とする百姓の家の自立（小農自立）が実現していなければならない。その条件が整うのは一七世紀中期以降のことである。その一方で、近世期を通じて寺院と百姓とが密接な関係を保持し続けたのは、島原天草一揆に衝撃を受けた幕藩領主がキリシタン禁制をいかに徹底するかという課題に対して試行錯誤の末、人別に毎年檀那寺を改めることによってキリシタンではない旨を証明させる宗門改制度が成立したからであることも確かである(5)。その点で、これまでキリシタン禁制をめぐる問題を追究してきた筆者の研究は、近年のヨーロッパ史研究で議論されている宗派化というテーマとはいくらかの接点がある。

筆者がこれまで展開してきた方法は本書の「はしがき」にも記したように、呼称に注目してキリシタンに対する近世人の意識を探ること、異端的宗教活動という枠組みを設定して秩序を維持しようとする側にとって怪しげな宗教活動を横断的にとらえること、属性論という認識方法でキリシタンの営為を総合的に理解しようとすること、という三つの方法であった。(6) そこで本章では、これらの方法論をふまえつつ、近世日本の宗派化の意味を考えることを通じて、近世という時代の特質を探るということを目標としよう。

このうちの属性については議論の前提として、二つの性質があることをあらかじめ確認しておきたい。一つは外在的属性、もう一つは内在的属性である。前者は周囲（治者）がどのように見ていたかであり、後者は本人たちがどのように自覚していたかである。そして、ひとりの人が保持している属性はきわめて多様であり、筆者のこれまでの議論はむしろ宗教的属性以外の世俗の属性（たとえば村社会の一員、農業・商業・工業・日雇いなどの生業に従事する者）にも注目するべきだとしてきたが、本章では世俗の属性を念頭に置きつつも、宗派化という議論を意識して宗教的属性に絞って検討することにしたい。宗教的属性の外在的属性と内在的属性は重なっているケースも多いが、すべてがそうだったとはいえない。

本章で扱うのは潜伏キリシタン・隠れ念仏・隠し念仏の三つの異端的宗教活動である。異端的宗教活動とは、「切支丹」に代表される「邪」の範疇には入らないが、秩序を維持しようとする治者の側から見て警戒されるべき宗教活動を横断的に捉えた、筆者の分析概念である。

また、隠れ念仏と隠し念仏については、浄土真宗が禁止されていた鹿児島藩・人吉藩領では、禁制政策が原因で隠れなければならなかったという意味で隠れ念仏は受動的であり、浄土真宗が禁止されていなかった地域の隠し念仏は、本山から異端視されたにも拘らず意図的に活動を実践していたという意味で能動的であるという評価がある。その一方で、浄土真宗の禁制政策に対する能動的な隠れ念仏に対して、浄土真宗の容認地域における慣習的な隠し念仏、との理解もあり得る。対照的な評価だが、いずれにしても両者の実践者はそれぞれの宗教活動に対して主体的に活動していた、という点で区別できないと筆者は考えており、それぞれ「隠れ念仏」「隠し念仏」というように分けて呼ぶのは違和感があるが[7]、ここでは混乱しないように慣習的な呼称を仮に使用しているということでご理解いただきたい。

なお、本章で扱う分析事例は、筆者がこれまで公表してきた研究で扱った内容と少なくない重複があるが、近世日本の宗派化の意味を考えるという趣旨でそれらを再構成したものであることをあらかじめ断っておきたい。

## 一　天草・浦上の潜伏キリシタン

### (1) 潜伏キリシタンの外在的属性と内在的属性

キリシタン禁制という厳しい宗教政策にも拘らず、近世期を通じて潜伏キリシタンが存在したことは周知の事実である。しかし、彼らの存在はまったく知られていなかったのではなかった。彼らの宗教活動が疑われる事件が、一八世紀末から幕末にかけて天草や浦上で断続的に起こっている。これらの事件は彼らの宗教活動や宗教組織が崩壊したという意味で、のちに「崩れ」と呼ばれるようになるが、最後の慶応三年（一八六七）に起こった浦上四番崩れを除いてみな「切支丹」は存在しないという結論で処理されただけでなく、キリシタンの活動そのものはその後も継続されていったから、正確には「崩れ」と呼ぶのはふさわしくない。

その一連の事件では、彼らの外在的属性は「異宗」「異法」の呼称で呼ばれていた。文化二年（一八〇五）に起こった天草崩れでは、当時幕府領天草を預かり地として統治していた島原藩がその前年、事前に幕府に提出した伺いのなかで、「前々ゟ之風俗ニて世間江隠し異法を取行候」[8]と書き記している。彼らの宗教活動は以前からの風俗である「異法」を世間に隠して行っていたものである、と認識された。また、安政三年（一八五六）に起こった浦上三番崩れでは、吟味に当たった長崎奉行が万延元年（一八六〇）に江戸の幕閣に提出した伺いのなかで、「文化度天草郡異法一件吟味相成候ものと差て相替り候儀無之」(9)と述べている。ここでも彼らの宗教活動はやはり、天草崩れと比べて変わりない「異法」と認識された。そして、ここで注目されなければならないのは、キリシタンの「崩れ」事件発生以前から、治者の側から見て怪しげな宗教活動が「異宗」「異法」と呼ばれていたという事実である。潜伏キリシタンもまた、異端的宗教活動の範疇に入るものであったと考えてよい。

潜伏キリシタン自身の内在的属性はどうであったか。彼らは隠匿するのを基本とした。したがって、その違法性を認識していたものと思われる。天草崩れの際の彼らの証言によれば、「本尊は天地の主デウス、右母はサンタマルヤと申す仏」であって、「異仏」を秘密に所持していた(10)。また、同じ天草崩れの吟味の進行中、信徒・非信徒混在の村方一統で提出された歎願書では、今後は村内申し合わせて五人組が互いに改めあい、心得違いがないよう慎むので、ご憐愍をもってこれ以上の吟味はご容赦願いたいと記されている(11)。つまり、キリシタンであろうがなかろうが、村民結束して隠匿しようとしたといえる。

慶応三年（一八六七）に起こった浦上四番崩れは、潜伏していたキリシタンたちが檀那寺聖徳寺との関係を断つことを宣言したことから始まったが、彼らから長崎奉行所へ提出された申し立て書には次のようにある。彼らにとっては、先祖から伝えられてきた教えである「天主教」のほかはどんな宗派も決して来世の救済を保証してくれないが、これまで「天主教」が禁止されていたのでやむなく檀那寺聖徳寺の引導を受けてきたという。したがって、今後は「天主教を持、旦那寺引導に不及、自分共取置いたし候様被仰付度」とし、「天主教」のもとで、檀那寺の引導を受けず埋葬を自分たちで行いたいと申し立てた(12)。このときのリーダーの一人であった高木仙右衛門は、

「わたくし《私》どもハ、キリシタンであるゆへブツ《仏》ヤシントウ《神道》やぼうず《坊主》をよぶ《呼》事あいかないませんゆえに、むらおとな《村乙名》としよう《庄屋》やにうつた《訴》へて、そふしき《葬式》いたしました」(13)と役人に対して主張したと述懐している。

さらに、明治期の教会洗礼台帳を分析したマルタン・ノゲラ・ラモスの研究によると、浦上や外海・平戸の潜伏キリシタンたちは婚姻関係で結ばれていたという。(14)この事実は、彼らの集団がそれぞれ孤立して存在していたのではなかったということと同時に、その宗教活動を実践する人びとがそれを意識的に隠匿して継承するべきものであると考えていたことを示している。

四番崩れを除けば史料上、彼らがキリシタンであることを認める文言はどこにも見られないが、四番崩れ以前の隠匿行為と四番崩れの際の信徒の発言を総合して考えれば、彼らがキリシタンとしての内在的属性を意識していたことは確かだと思われる。もし、彼らの宗教活動が単に先祖からの慣習を継承したにすぎないと考えていたならば、隠匿する必要はない。天草崩れや浦上崩れの吟味調書には、キリシタンの宗教用語や「異仏」に関わる証言も多数見られることから、潜伏キリシタンが彼らの宗教活動をキリシタンとして自覚していなかったとは考えにくく、そうした見解は成り立たないものと考える。

### (2) 幕藩権力の対応——「異宗」「異法」という外在的属性の重視

天草崩れや浦上崩れ（四番崩れを除く）において、潜伏キリシタンの宗教活動は「切支丹」とは異質な「異宗」「異法」として処理された。つまり、「切支丹」は存在しないという結論であったから、表面化しない内面の信心については問題にされなかった。内在的属性がどうであろうと、「異宗」「異法」という外在的属性が重視されたということである。

これに対して、文政一〇年（一八二七）に起こった京坂「切支丹」一件や慶応三年（一八六七）に起こった浦上四番崩れは事情が異なる。この両事件で被疑者が処罰されたのは、彼らの内在的属性が表面化したからである。

京坂「切支丹」一件の被疑者の一人、さのは吟味のなかで、彼女たちが実践していた活動は「天下御厳禁之宗門切支丹天帝如来を念」じるものであると明言した。そして、信仰心の高揚から「切支丹」であるがゆえにその神「天帝如来」を一目拝みたく、人形遣いの一行に加えてもらって長崎に行き、踏み絵を踏んだと証言した。「切支丹」であるにも拘らず踏み絵を踏んだ事情について、さのは次のようにいう。「天帝如来」を拝むためには、絵踏みの行事の季節に長崎に滞在して、踏み絵を踏まなければならない。逆にそれができなければ「天帝如来」を拝むことができない。そこで、「信心之念ゟ踏候ハヽ、却而如来ニ者ケ程迄之信心与感し、罰ハ不蒙筋」とあるように、信心の念から踏んだということならば「天帝如来」はそれほどの深い信心から踏み絵を踏んだと考えてくれるに違いなく、罰は蒙らないものと思ったという[15]。

このさのの証言は幕府を困惑させた。「切支丹」であることを理由に踏み絵を踏んだということは、絵踏みはキリシタン禁制を徹底する手段として機能しないだけでなく、かえって逆効果であるからである。しかし、いまさらこれを「切支丹」でないとしてしまえば、禁教政策の弛みにもなってしまう。そこで老中は、評定所へ次のように指示した。この踏み絵の件については「吟味書之内更ニ相除」とあるように、正式な吟味書から削除することにし、「掛り見込之通切支丹宗門ニ差極」める、すなわち担当の見込み通り「切支丹」として処分するのがよいとした[16]。

浦上四番崩れの場合、最初は長崎代官・長崎奉行によって吟味が行われたが、まもなく幕府が倒れたため彼らの処分は、キリシタン禁制をそのまま引き継いだ新政府に委ねられた。その際、先に見たように自らキリシタンを告白したため、結果として三〇〇〇人あまりが諸藩に分散して配流となった。

このように、京坂「切支丹」一件や浦上四番崩れで被疑者が厳しく処分されたのは、彼ら自身が内面の信仰を表明したからである。つまり、彼らの内在的属性が表面化したため、幕府と新政府はそれを無視できなかったのである。

## 二　鹿児島藩・人吉藩領の隠れ念仏

### (1) 隠れ念仏の外在的属性と内在的属性

次に検討したいのは、鹿児島藩領とその隣の人吉藩領で盛んであった異端的宗教活動、いわゆる隠れ念仏についてである。周知のように近世を通じて鹿児島藩・人吉藩では、キリシタンとともに浄土真宗が厳しく禁止されていた。にも拘らず、領内には多数の真宗門徒が存在した。隠れ念仏とは、近世期にこの両藩領で活動していた真宗門徒のことを指す。ここでも先の潜伏キリシタンの場合と同じように、隠れ念仏の外在的属性と内在的属性を検討してみよう。

目を引くのは、鹿児島藩・人吉藩が禁止の対象とした宗派を一貫して「一向宗」と呼んでいたことである。鹿児島藩の真宗禁止関連の触書を集めた、安永九年（一七八〇）一二月作成の「時々被仰渡候御書附写」[17]という史料には、享保一〇年（一七二五）八月付の文書に「一向宗之儀、前々ゟ御禁止被仰渡候」との文言がある。人吉藩の「万雑集」[18]という史料でも、寛政八年（一七九六）七月付の記事に「一向宗之儀者、毎年申渡候御制禁之第一、切支丹宗ニ並へ、往古ゟ之御大禁候」とあり、ここでも「切支丹」と並んで「一向宗」が厳禁されていることがわかる。

特に鹿児島藩の享保一〇年八月付の文書で、「行脚托鉢躰などいたし、方々行廻り候類之者共、不謂占祈禱いたし一向宗之心宗抔と申触し右宗旨勧入」とあるように、藩が問題視していたのは、托鉢など各地を遍歴して回る宗教者で、正統性のない占い・祈禱をする者が「一向宗」の勧誘にくることであった。人吉藩の場合も、「万雑集」のなかで、「家内ニ仏像を安置し、或ハ文字茂不分下賤ニ而法談等致し候儀、御制禁之宗旨ニ而無之共、以之外之悪事ニ候」とあって、家内に仏像を安置して、文字も読めない下賤な者が法談などをすることは、禁止されていない宗教活動であってももってのほかの悪事である、とされている。

もちろん、両藩には近世を通じて浄土真宗寺院が一つもなかったことや、隠れ念仏の信徒たちが法話を聞くため真宗が認められていた近隣領域の真宗寺院へしばしば出向いたり、密かに本願寺と直接・間接に連絡を取ったりしていた事実からすれば、真宗そのものが禁止の対象とされていたことは疑いない。しかし、従来指摘されているように、そもそも「一向宗」とは真宗のみを指すのではなく、浄土宗系・時宗系の諸門流が自称・他称する包括的な呼称であった(19)。

また、戦国期の「一向宗」の実態について検討した神田千里によれば、「一向宗は中世にあって、何よりも山伏・巫女を始めとする呪術的宗教者を中心とするもの」であった(20)。先に見たように、近世の鹿児島藩・人吉藩においても、怪しげな占い・祈禱を含めた異端的宗教活動全般が「一向宗」と見なされていた。鹿児島藩・人吉藩が禁止していた宗教の外在的属性とは、このような「一向宗」というカテゴリーであったといえる。

これに対して、隠れ念仏の信徒はどのような内在的属性を自覚していたであろうか。彼らはしばしば本山（西本願寺）に冥加を上納していた。それは彼らが集団でその活動を継続するために結成した講の単位で行われたが、本山への願書のなかで彼らは藩が使用する「一向宗」という語を使わず、「御法義」「御本山」「御宗門」「御当流」という語を使って本山の宗教活動を表した。これが彼らの内在的属性であったと判断してよいだろう。

たとえば、西本願寺の諸国別活動記録である「薩摩国諸記」の安永一〇年（一七八一）の記載には、下甑嶋講中から毎年金二両ずつ上納されていたことが記されている。この願書では、それまでその冥加金は「御祖師様《（親鸞）》御影」を下され、その法儀を相続することを許してもらうためのものであったが、今後は「永代御本山様へ燈心代」として納めるものとし、講名を燈心講としたい旨、申し出ている。[21] 天明三年（一七八三）七月二二日付で西本願寺家司の嶋田勝富が講中に宛てた書状にも、「今度依願、信證院様《（蓮如）》御影被成御免候間、難有安置可有之候」[22]とあるように、講中の願いにより本山（西本願寺）から「信證院様《（蓮如）》御影」が下されている。このように、講中が本山（西本願寺）に期待したのは、親鸞や蓮如の絵像など本山公認の「御影」「御書」「御本尊」を下されることであった。それは「御法義」「御本山」のもとに帰属することを彼らが強く意識していたからである。

### （2）本願寺・鹿児島藩の対応――「自訴」という解決方法

隠れ念仏に対して、本山（西本願寺）と鹿児島藩はどのように対応したのか。

本山（西本願寺）の基本姿勢は、「王法」「国法」という世俗秩序を前提として信仰の継続を求めるというものであった。文化五年（一八〇八）四月付の西本願寺家司の上田織部から十八日講に宛てた書状では、「王法を相守、国法無差支様、可被相心得候」と書き記されている。[23] また、同じく「薩摩国諸記」の天保三年（一八三二）四月七日付の本山（西本願寺）から薩摩国諸講中に宛てた書状のなかでも、「地頭領主江対し麁略の儀なく、年貢所当日々に沙汰いた」すよう促されている。[24] 浄土真宗に厳しい態度を取る鹿児島藩においても、その世俗の支配秩序に決して背いてはならないというのが本山の方針であった。

一方、「一向宗」を禁止した鹿児島藩の基本姿勢は、表向き「胸替」することを前提に、「自訴」する者を許すというものであった。たとえば、同藩領出水郷の現地責任者の噯役であった税所家の史料（鹿児島県出水市立出水歴史民俗資料館蔵）によれば、宝暦二年（一七五二）に同地で多数の「一向宗」関係者が発覚したとき、「御憐愍を以自身より御断於申出には御咎目の儀被遊御用捨」とあるように、自分から申し出た者は処罰しないと申し渡されたという。そして、「胸替の誓詞」を提出することを命じられ、ひとまず決着したとされる。(25)

こうした解決方法は、一八世紀初めまで遡ることができる。先に見た「時々被仰渡候御書附写」のなかの、享保一〇年（一七二五）八月付文書に「自身申出之儀、宝永五年十二月委曲書附を以申渡、同六年七月再篇申渡、其以後自身ゟ申出候者ハ誓詞申付、一往者相減候」とあって、宝永五年（一七〇八）一二月に「一向宗」の者に対して自分から申し出るようにと文書によって命じ、翌六年七月にも再度申し渡したとされる。そして、彼らに改心の誓詞を申し付けた結果、いちおう「一向宗」の者は減ったと指摘されている。(26)宝永期の件についてはこれ以上詳しくわからないが、一八世紀初め以来、「一向宗」の者が露顕した際には、「自訴」と「胸替」をセットに命令し、それに応じた者についてはそれ以上その罪を追及しないというのが一貫した方針であったことがわかる。

鹿児島藩では天保期に一斉検挙があり、たとえば「薩摩国諸記」には、拷問を含む厳しい吟味が行われたと記されている。しかし、この史料は浄土真宗の本山の記録であり、法難がことさら強調されている可能性を否定できない。地元の史料のなかには、この天保期法難の際も右と同じく「自訴」した者を寛大に扱っていたところもあったことが窺える。(27)

串木野郷横目で、修験者でもあった奥田善行院が書き記した「横目勤御用向覚留」(28)の、天保六年（一八三五）

四月一二日付で藩の宗門改役から回ってきた通達には、「表向キ自訴之御届可申出候」とあるように表向き「自訴」するように促したうえで、そうすれば「別段之御吟味を以、御咎目等之及御沙汰間敷候」として、特別の吟味をもって刑罰を科さないと伝えられた。その結果、郷士五人と百姓ほか郷民都合一五四四人が過ちを認め「自訴」してきたという。そして、「自訴御断申上候者者、被仰渡候通、御咎目等も不被仰付、胸替誓詞被仰付候迄ニ而候」とあるように「自訴」した者には通達の通り刑罰を科さず、「胸替」の誓詞の提出を求め落着したとされる。

また、吉松郷内小野寺の修験者愛甲隆洞が書き記した「一向宗崩日記」(29)でも同様のことを確認できる。このなかの、天保六年三月二九日付の藩からの通達には、「自身申出候ニ付而者、御咎目等不被仰付候」とあって、自分から「一向宗」の者であることを申し出た者については刑罰を科さない旨、申し渡されていたことがわかる。ただし、天保期法難はそれまでと比べて大勢の者がいっせいに摘発されたという意味で、規制が厳しくなったと認識されたようである。川内の十八日講が天保一一年一〇月付で本山に送った書状には「其以前とは取分厳敷御糺に相成」とあって、今回の吟味は以前と違って厳しい取り締まりであったとされている。(30)

本山から鹿児島藩領に派遣されて潜入した使僧の天保六年三月付の報告書にも、「全躰此節の法難は兎角だましうちの様なる事、間々在之候」とか、「此節は先例有之候法難とは違候由」などとあって、今回の藩の態度はだましうちのようなところがあり、これまでの法難とは大きく違うと感想が述べられている。(31)これらの記録は、天保期法難がやはり厳しいものであったと同時に、それ以前の取り締まりはとても緩いものであったことを示している。(32)

結局、藩には近世期を通じて隠れ念仏の信徒が大勢いることがわかっていて、問題が起こったときに藩は「自訴」のうえ「胸替」の誓詞を提出させることを繰り返していたことになる(33)。これに関連して、同時代の史料ではないが次のような幕末期のころの伝承の聞き書きもある。

露見して津口番所でされる笞打ちは「オイガ叩ツ真似オスツヂ、ワヤアイタアイタチオラベヨ」といった具合に、番所の囲いの中で地面を竹で叩き、それに「痛い々々」と声を合わせればよかった、という風であった(34)。

以上のことから、「一向宗」への帰属（外在的属性）は許されないが、「王法」「国法」を優先する浄土真宗本山（西本願寺）への内面的な帰依（内在的属性）は一定程度放置されていたということになろう。「自訴」という解決方法は、表向き「一向宗」を放棄するという意味で、これも外在的属性を重視する対応であったと見ることができる(35)。

## 三　対馬藩田代領の隠し念仏

### (1) 隠し念仏の外在的属性と内在的属性

次に検討したいのは、同じ浄土真宗に関連する宗教活動でも、本山である本願寺から援助を受けることができなかった異端的宗教活動である。鹿児島藩・人吉藩領以外の、浄土真宗が禁止されていなかった地域では、隠し念仏と呼ばれる宗教活動がしばしば摘発された。教えの内容そのものは、蓮如の「御文」などを用いていることから、浄土真宗の枠組みを逸脱するものではなかったといえるが、おもに俗人を導師（これを「善知識」という）として活動していたことが問題視された。プロの宗教者が関係していることもないわけではなかったが、俗人のみによる活動が多かったことも、潜伏キリシタンや隠れ念仏とよく似ている。

ここで具体的に検討したいのは、肥前国基肄郡・養父郡における対馬藩田代領の隠し念仏である。この地域では近世期を通じて隠し念仏が盛んで、その集団的な露顕事件が元禄期、宝暦期、嘉永・安政期の三回起こっている。その事件の際に記録された吟味調書によって、この宗教の属性を確認してみよう。

吟味調書には、「異法」のほか、「正應寺法」「新後世」「新後生」の呼称が使われている。このうち「正應寺法」は元禄期の事件の際のみ登場する呼称で、活動の拠点であった正應寺という地名を由来とする。それ以前に正應寺という寺院があった可能性は否定しきれないが、この事件が起こったとき、その地名の由来はすでにわからなくなっていたとされる。

そして、一八世紀末以降、「新後世」「新後生」の呼称が登場する。これは、田代領代官の日記、宝暦七年（一七五七）九月一一日条に「真宗之内、新後世と相唱候義有之由、以前ゟ無之近来之異名と相聞候」[36]と登場するのが最初である。この「日記抜書」は寛政期にまとめられたもので宝暦期の同時代史料ではない。したがって、寛政期に宝暦期を振り返って書き記した可能性も否定できない。少なくとも使用例としては一八世紀末には確認できるということになる。

これに対して、隠し念仏の信徒はどのように自己の宗教活動を認識していたのか。長忠生によれば、「寺信心」という寺院の宗教活動に対する語として、「内信心」という語があったとされる。ただし、近世期の史料ではこの語を確認することができない。「内信心」は現代における関係者の自称であり[37]、いつから使用されているかはわからないが、「異法」や「正應寺法」「新後世」「新後生」などの外在的属性とは異なる、信徒の内在的属性の存在を示唆していると考えられる。

## （2）対馬藩の対応――穏便処置から教諭へ

対馬藩は田代領の隠し念仏に対してどのように対処したのか。藩の重臣と藩主は、あまり騒ぎ立てて大事になるのを避けたいと考えていた。国許重臣は、田代領代官から宝暦八年（一七五八）八月に宝暦期の事件の第一報を受け取った際、次のような返信を送った。疑わしいかどうかもわからないうちに吟味を進め、田代領では「邪宗門」問題が起こったのかと隣国に疑われてしまっては不本意であるが、手遅れになってもよくない。そこで、「先当節ハ表向隠《（ママ、穏）》便ニ取鎮め、少も騒立不申、随分無事なる躰ニ而、安堵致させ」るのがよいという。つまり、当面は表向き穏便に取り鎮め、少しも騒ぎ立てず、なにごともないかのように彼らを安心させるべきだとする。しかし一方で、「内々ニハ少も油断手抜無之様心掛、尚又弥異仏を致信仰候哉否之所を、尽心力探り見可被申候」として、内々は少しも油断なく手抜かりなきよう「異仏」を信仰しているのかどうか念入りに捜査することを指示していたから、適当な吟味で落着させようと考えていたわけではない。その後、国許重臣が絵踏みを実施することを模索するのもそれが「邪」でないことを証明するためであったが、絵踏みという手段にこだわったのは、疑わしい宗教活動が「切支丹」かどうかが最大の問題であったからである。したがって、外在的属性が「切支丹」でないことが確認できれば、穏便な対応を志向していたといってよい。

これに対して、田代領代官は国許重臣とは対照的に厳しい対応を要求した。国許重臣宛の宝暦九年一月一七日付の書状で、田代領代官は次のようにいう。このまま放置しておけば「何程之害を生し可申段も難計」と述べ、どんな害が起こるかわからないと指摘する。そして、「何レ是迄之通ニ穏ニ被召置候而ハ、相済申間敷次第与乍恐奉存候」と述べる。つまり、これまでの通りに穏やかには済ませられない問題であることを強調した。[38]田代領代官は、外在的属性とともに内在的属性にも踏み込んで対応するべきであるという認識であった。

結果的には、もっとも主要な指導者が国許に召喚された上、配流者を多数出すほどの処分が下されたが、すべてを徹底して摘発するというところまではいかなかった。全体としては、外在的属性を重視する国許重臣の意向にそって対応したといえる。外在的属性に問題がなければ、それ以上追及しないというのが宝暦期の結論であった。ただし、宝暦期の事件で見せた田代領代官の国許重臣への提言は、外在的属性を重視する方法とは異なる姿勢からのものであり、新しい動向として注目される。

それから約一世紀後の嘉永・安政期の事件で注目されるのは、檀那寺や村・町役人による教諭の重要性が強調されるようになるということである。当時、田代領副代官であった佐藤恒右衛門の日記の安政二年（一八五五）三月二七日条には、このような事件が起こったのは、寺院の僧侶が「毎年宗門人別帳証拠印形もいたしなから斯異安心之者令超過、手入相生候迄安閑」として、宗門人別帳に檀那である旨の印形をしながら、「異安心」の者を超過せしめて、このような事態になるまで放置していたせいであるとする。したがって、以後「宗意心得違」の者がいて、ほかから露顕するようなことがあれば、その檀那寺は厳しく刑罰が与えられるであろうと明言する。また、村・町役人についても同様に、こうした事態になるまで放置していたのはもってのほかであり、もし「宗意心得違之者」がいたならば、その地の役人の「越度」になることを申し渡したという(39)。

それまでも、檀那寺や村・町役人の責任が問われたことがなかったとはいえないが、疑われた宗教活動が「切支丹」あるいは「邪」であるかどうかが焦点であった宝暦期の事件に比べると、藩が彼らをまとめて教諭したという点に特徴がある(40)。これは、外在的属性に問題なければ放置された段階から、内在的属性にまで踏み込んで統制しようとする段階への転換を示唆するものではなかろうか。

## おわりに

以上、本章で提示した材料には新事実があるのではないが、従来、別個に検討されてきた潜伏キリシタン・隠れ念仏・隠し念仏を横断的に並べてみると、信徒の態度や治者の対応はおおむね共通していることがわかる。総じて近世は、中世と比べて宗教的属性のカテゴリー化が進行した時代であるといえるが、実際には個人の宗教的属性は重層的であり、特に本章で検討したような異端的宗教活動を実践する人びとのそれには、外在的属性と内在的属性にずれがあった。それに加えて、彼らにはもう一つ別の宗教的属性があった。それは、毎年人別に寺院が檀那であることを請け負うことによって「切支丹」でないことを証明する、宗門改によって確認される宗派である。

本章で検討した天草・浦上の潜伏キリシタンの場合、天草崩れで摘発された村民は禅宗の江月院、浦上の村民は浄土宗の聖徳寺が、それぞれの檀那寺であった。また、対馬藩田代領の隠し念仏を実践する人びともそれぞれ領内に檀那寺を持っていた。その宗派が彼らの宗教上の公的な外在的属性である。寺請制度を採用せず、数年おきに交付される手札によって宗門改を実施していた鹿児島藩の場合でも、俗請によって宗教の公的な外在的属性を確定していた。(41)

そもそも属性とは複数のものが想定されるので、宗教の外在的属性も一つとは限らない。異端的宗教活動を実践する人びとにとっては、宗門改で確定される公的な外在的属性のほかに、内面の信心が周囲（治者）からどのように見られていたかというもう一つの外在的属性があった。このような重層的な宗教的属性のなかで、近世の治者にとって、秩序を維持するための手段が公的な外在的属性を管理することであったといえる。

そして、宗門改で確定された檀那寺の宗派という公的な外在的属性のほかに別の宗教的属性を持っていたとしても、近世治者の基本姿勢は、外在的属性が「邪」でなければ、内在的属性に踏み込まないというものであった。その背景には、明快な「邪」と曖昧な「正」という対照的な「邪正」の感覚が存在した。近世日本では「邪」の宗教とは「切支丹」のことであったが、「正」の宗教が指定されたことはなかった。[42]このような条件のもとで、重層的な属性の曖昧性が保たれていたのが近世という時代である。

右の「邪正」の感覚は幕末まで保たれていたと思われるが、もちろん幕末にいたるまでなにも変化がなかったのではない。近世後期、怪しげなものはなんでも「切支丹」的なものとしてとらえられる、「邪」の曖昧化が進行するとともに、秩序を維持しようとする治者の側の姿勢にも変化が生じていった。治者にとって内在的属性が怪しげなものであった場合、それも含めて「正」の属性に近づけるべきだとする志向の萌芽を、一八世紀中後期以降一九世紀中期にかけて、断続的に展開した異端的宗教活動をめぐる事件に見ることができる。その延長線上に、国家が個人の内在的属性に踏み込んで外在的属性との一致を企図し、その結果、境界の明確化と固定化が促されるという段階がやってくる。そこに至るまでには複雑な過程が存在したのはもちろんだが、近代への見通しを筆者はこのように想定している。

注

（1）踊共二「宗派化論――ヨーロッパ近世史のキーコンセプト」（『武蔵大学人文学会雑誌』四二―三・四、二〇一一年）。

（2）藤井学「近世初期の政治思想と国家意識」（『岩波講座 日本歴史10 近世2』岩波書店、一九七五年）。また、近年、湯浅治久『戦国仏教 中世社会と日蓮宗』（中央公論新社、二〇〇九年）のように、積極的に「戦国仏教」の名称を押し出そうとする研究も見られる。

（3）金龍静「一向宗の宗派の成立」（『講座 蓮如 第4巻』平凡社、一九九七年）。

（4）引野亨輔『近世宗教世界における普遍と特殊』（法藏館、二〇〇七年）。

（5）大橋幸泰『キリシタン民衆史の研究』（東京堂出版、二〇〇一年）。

（6）大橋幸泰『潜伏キリシタン 江戸時代の禁教政策と民衆』（講談社、二〇一四年、二〇一九年に講談社学術文庫として再刊）。

（7）鹿児島藩・人吉藩領（現、鹿児島県全域・宮崎県南部および熊本県人吉市）では、よく知られているように近世期に浄土真宗が禁止されていたが、藩権力による禁教下でも実際には多くの信者がいた。彼らは領外の真宗寺院と関係をもっていたばかりでなく、本山の本願寺とも連絡をとっていたとされる。彼らは藩権力という世俗権力においては、世俗秩序の異端として排除される存在であったが、浄土真宗の教団組織においてはむしろ保護されるべき対象であった。

また、浄土真宗の異端といわれる宗教活動は日本各地に存在するが、対馬藩田代領（現、佐賀県鳥栖市・基山町）では「異法」「宗意違」「新後世」などと呼ばれた宗教活動がさかんで、一七世紀末期と一八世紀中期、および幕末期にその存在が問題化する事件が起こっている。その宗教活動は檀那寺の指導から離れて行うものであったので、その地の真宗寺院から問題視されるとともに、対馬藩による捜査が行われた。浄土真宗の本山本願寺とそれにつらなる末寺という教団組織からすれば、この宗教活動は異端であり、対馬藩からも世俗秩序を脅かす可能性があるとしてしばしば問題視された。

両者は、世俗権力である藩による浄土真宗そのものに対する姿勢と、宗教者である浄土真宗教団による右の宗教活動に対する姿勢とが、それぞれ異なっていることから、これまで異質な宗教活動として捉えられてきた。鹿児島藩・人吉藩領における異端としての浄土真宗は、藩の真宗禁制政策に反して活動する隠れ念仏と呼ばれるのに対して、対馬藩田代領における浄土真宗の異端は、寺院を介さない宗教活動で、東北地方をはじめ各地に存在した隠し念仏と呼ばれる宗教活動に類似している（ただし、対馬藩田代領における「異法」を検討した従来の研究では、積極的にこの呼称は使用されていない）。

　そもそも隠れ念仏・隠し念仏のいずれも近世に使用された呼称ではないので、これらの呼称を使用することによって近世期の両者を区別するのは慎重であったほうがよい。また、従来の研究ではそれぞれの実態について明らかにされてはいるが、個別に検討されるに留まっており、両者を対比しながら検討した研究はまだほとんどない。その点からも、両者を隠れ念仏・隠し念仏という呼称で分断せず、むしろ横断的に比較しながら異端の問題を考察するのは意味があると考える。

（8）　肥後国天草郡高浜村庄屋上田家文書九―六。
（9）　『日本庶民生活史料集成18 民間宗教』（三一書房、一九七二年）八五二～八五三頁。
（10）　同右。
（11）　『天草古切支丹資料』一（一九五九年）三一～三二頁。
（12）　『日本近代思想大系5 宗教と国家』（岩波書店、一九八八年）二八三頁。
（13）　高木慶子『高木仙右衛門に関する研究――「覚書」の分析を中心にして』（思文閣出版、二〇一三年）一一一～一一二頁。本書によれば、この「覚書」は明治一〇年（一八七七）末から同一二年一一月までの間に作成されたものであるという（同三三頁）。
（14）　マルタン・ノゲラ・ラモス「幕末・明治初期のキリシタン民衆社会の地域的構造についての一考察」（『日本史攷究』三六、二〇一二年）。
（15）　大橋幸泰校訂「大坂切支丹一件」（『研究キリシタン学』四、二〇〇一年）一〇一～一〇三頁。
（16）　「邪宗門一件書留」坤、東京大学史料編纂所蔵。
（17）　鹿児島県立図書館蔵。
（18）　熊本県立図書館蔵。
（19）　新行紀一「一向一揆と民衆」（『日本史研究』二六六、一九八四年）、金龍静前掲注（3）論文。
（20）　神田千里『一向一揆と戦国社会』（吉川弘文館、一九九八年）。
（21）　「薩摩国諸記」同注（9）四八一頁。

(22) 同右、四八二頁。
(23) 同右、四八七頁。
(24) 同右、四九二頁。
(25) 「税所文書 出水に於ける一向宗禁制史料」同注(9)四四一頁。
(26) 『鹿児島県史料集Ⅳ 一向宗禁制関係史料』(鹿児島県史料刊行会、一九六四年)三三頁。
(27) 森田清美『霧島山麓の隠れ念仏と修験 念仏信仰の歴史民俗的研究』(岩田書院、二〇〇八年)、所崎平「鹿児島藩・天保度の一向宗取締り――自訴不罰・宗旨替えを中心とした取締り」(『地方史研究』三四〇、二〇〇九年)。
(28) 鹿児島県いちき串木野市立図書館蔵。
(29) 鹿児島県歴史資料館黎明館寄託、愛甲隆昭所蔵文書。
(30) 「薩摩国諸記」同注(9)四九八頁。
(31) 同右、四九七頁。
(32) 天保期に取り締まりが厳しくなった理由については、これまでの研究では、逼迫した藩財政のなかで西本願寺へ多額の布施が上納されていることが問題視されたというのが有力である。この点も含めて、天保期以後の問題については今後の課題としておく。
(33) 星野元貞『薩摩のかくれ門徒』(著作社、一九八八年)、開教百年史編纂委員会編『本願寺鹿児島開教百年史』(浄土真宗本願寺派鹿児島教区教務所鹿児島別院、一九八七年)。
(34) 『志布志町誌』上(一九七二年)三七四頁。
(35) なお、人吉藩の場合は、現存する史料を見る限り、「自訴」を促して解決するという方法が取られた形跡はない。また、山田村伝助などの殉教者が出ている一方で、隠れ念仏信徒が大勢いた痕跡はいたるところにあり、武家女性など藩関係者にもかなりの数の信徒がいたこともわかっている(井上道代「相良領内隠れ真宗の女性たち」『江戸期おんな考』一四、二〇〇三年など)。そうしたことは、鹿児島藩の場合と同じように、人吉藩当局も了解済みであったと思われる。伝助のような殉教は無視できない重要な事実であるが、その一方で、大勢の隠れ念仏の信徒が存在したことも確かな事実であり、これらを総合的に位置づけることが求められる。今後追究していきたい。

(36)『鳥栖市史資料編第一集日記抜書〔田代代官所日記〕』（一九六九年）一二九頁。
(37)長忠生『内信心念仏考 佐賀県きやぶ地域における秘事法門』（海鳥社、一九九九年）。
(38)以上、「田代宗旨一件記録 一番」（長崎県立対馬歴史民俗資料館蔵宗家文庫）、大橋幸泰「近世宗教の「邪正」——肥後国対馬藩田代領における「異法」考」（『早稲田大学大学院教育学研究科紀要』二〇、二〇一一年、のち『近世潜伏宗教論——キリシタンと隠し念仏』校倉書房、二〇一七年に所収）を参照。
(39)『鳥栖市誌資料編第5集 佐藤恒右衛門毎日記』（二〇〇三年）一五二～一五三頁。
(40)大橋幸泰「幕末期における異端的宗教活動の摘発——対馬藩田代領「新後生」の場合」（『早稲田大学教育学部学術研究 人文科学・社会科学編』六三、二〇一五年、のち同注（38）『近世潜伏宗教論——キリシタンと隠し念仏』に所収）。
(41)桃園恵真『薩藩真宗禁制史の研究』（吉川弘文館、一九八三年）。
(42)大橋幸泰「「邪」と「正」の間——近世日本の宗教序列」（『〈江戸〉の人と身分6 身分論をひろげる』吉川弘文館、二〇一一年、のち同注（38）『近世潜伏宗教論——キリシタンと隠し念仏』に所収）。

# 第七章　近世秩序における「邪」の揺らぎ

## はじめに

歴史における宗教の問題を考える際には、いくつもの柱を立てることが可能であるが、その重要な論点の一つに「邪」をめぐる問題がある。「邪」とはもちろん「正」の側から見て、その枠組みからはみ出るものを一方的に貶めるレッテルであって、「邪」とされた側の認識ではその宗教活動こそ彼らにとって信じるに値するものであるから、「邪」か「正」かの基準は立場によって可変的である。それだけでも「邪」をめぐる問題を考えるのはなかなか難しい作業であることがわかるが、さらに厄介なのは、対象の宗教活動を「邪」と見なす主体には、世俗の治者の立場と宗教者の立場とがあるということである。両者の見方が一致するということもあり得るが、どの時代のどの宗教の問題も一致するとは限らない。

近世日本の場合、近年の研究では、世俗権力である幕府・藩が東照大権現や藩祖を祀る祭祀などに積極的に関与していたことに注目し、そうした幕藩権力の宗教活動をどのように位置づけるかが重要な論点となっている。(1)

その議論は重要であるが、幕府や藩が直接関与した宗教活動以外のそれが「邪」として位置づけられていたかといえば、そうではなかった。近世日本における絶対的「邪」は「切支丹」であり、幕藩権力は「切支丹」を徹底的に排除するため宗門改制度を整えたが、「切支丹」（および不受不施派・悲田派）を除く、その他多くの宗教活動についての規制は比較的緩いのが原則であった。[2]

その一方で近世日本には、世俗権力からの規制とは別に、宗教者の立場で〝異端〟が問題視されるケースも存在した。一八世紀後期から一九世紀初期にかけて、浄土真宗本願寺派において真宗の教学をめぐって論争となった三業惑乱がその代表例である。本章ではこの問題を扱うことを目的としていないが、浄土真宗をめぐる問題は、それに対するスタンスが世俗の治者の立場と宗教者の立場とで完全に一致するとは限らないことから、近世秩序における「邪」の問題を考えるうえで興味深い材料である。もちろん本章のみでは全体像を提示することはできないが、浄土真宗と「邪」をめぐる問題を検討するということは、近世秩序における「邪」を考える糸口となり得る。

筆者の関心は近世日本の「邪」に注目することによって、近世秩序がいかなるものでそれがどのように変容して近代秩序へ転換していったのか、という点にある。本章はそこに近づくための一つの試みである。以下、具体的な材料として、一八世紀中期（宝暦期）における対馬藩田代領の隠し念仏[3]と鹿児島藩出水郷の隠れ念仏[4]をめぐる問題を検討する。[5]

なお、浄土真宗の異端といわれる隠し念仏と、浄土真宗禁制藩における隠れ念仏についての筆者のスタンスは前章の通りである。

# 一　藩権力による異端的宗教活動の掌握

## （1）対馬藩田代領と鹿児島藩出水郷の異端的宗教活動

対馬藩田代領と鹿児島藩出水郷において、異端的宗教活動が一八世紀中期に問題化した際、藩権力はどのように対応したのか。両藩とも、まずはその宗教活動がどのようなものなのかを詳細に把握しようとした。

対馬藩では、現地責任者である田代領代官の提案で間者を送り込み、かなりこまめに間者から代官へ報告させている。二人の間者のうち、一人は直接「異法」仲間へ加わって内部の情報を集め、もう一人は「異法」仲間には加わらず風説などの聞き込みをしてさまざまな情報を集めた。

この事件は、宝暦八年（一七五八）八月に、田代領代官から対馬藩国許重臣へ「異法」問題の第一報が知らされ、宝暦一三年（一七六三）一二月一七日に一通りの処罰が申し渡された上、翌年八月晦日に事件解決に尽力した田代領代官の田嶋左近右衛門・小田儀左衛門へ褒美が下されて一応の決着となったものである。この間、田代領代官は間者からの報告をもとに、宝暦一二年（一七六二）一一月二日付（同年一一月二六日提出）で「愚意之書附」という表題を付けた報告書を国許重臣に提出した。この報告書には、同年一〇月付「御尋問拾壹ケ條御答覚書」と同年一〇月二六日付「御尋問御答覚書」という、間者から直接聞き取った問答集も添えられた。これらの文書には、「異法」の内容や関係者・指導者などが詳細に記されている。

たとえば、「御尋問拾壹ケ條御答覚書」の第一条では、「異法」の勧めを受ける場合、どういうことを行うのかという問に対して、間者は次のように報告している。

すなわち、「異法」の勧誘は山奥や岩穴、または座敷でも行う。勧めを受ける者を「行人」といい、その指導者を「善知識」という。始めに「善知識」が説法をする。仲間が取り囲む中央に「行人」を配置し、両手に額を当てて畳にそれをつけさせ、両脚を屈ませる。そして、「真宗掟之御文章」の一節に、

此アミタ仏ノ御袖ニヒシトスカリマイラスル思ヲナシテ、後生ヲタスケタマヘトタノミ申セハ、コノアミタ如来ハフカクヨロコヒマシ〳〵テ、ソノ御身ヨリ八方四千ノ大キナル光明ヲハナチテ、ソノ光明ノ中ニソノ人ヲオサメイレテヲキタマウヘシ

とあるのを(6)「善知識」が「行人」に読み聞かせたあと、直ちに「たすけ給へ」と数千回も唱えさせる。背中から腰・手足までさすって、ときには逆上し、ときにはものを吐いたりしながら、何度も繰り返し半ば気絶した状態になったときに光明を拝むことができるという。まわりを取り囲んでいる仲間も「行人」同様声高に「たすけ給へ」と繰り返し叫ぶ。その場にいる者たちがみな、「只今御たすけ有ルぞ」「それ助り候ぞ」と途切れることなく「行人」に対し声をかける。「行人」が疲れてしまえば少し休み、また同じことを繰り返す。一回につき半時（約一時間）ほどかかるとのことであるが、これを何度も行うことから、気の小さい女性のなかには実際に乱心してしまったかのように見える者もいるという。

このように報告書には、たいへん具体的にこの宗教活動に加わる際の儀式の様子が記されている。この情報をもたらした喜三次（仲間に潜入した間者だと思われる）は、この年の五月二九日と六月一日の夜、八度にわたってこれを行い、心身ともに疲れ果てたので、八度目に光明を拝したと偽りを申した結果、「成就」したことになっているという。こうして「異法」仲間は喜三次に隔たりなくすべての情報を与えてくれるようになったといい、この証言から、報告書が信用できるものであることが確認できる。

個別の活動内容についても、関係した者の人名をあげながら具体的に記されているほか、関係者・指導者につ

いては、それぞれの村別に人名が報告されている。これが対馬藩国許重臣へも提出されているという事実から、対馬藩当局は現地責任者である田代領代官ばかりでなく、国許の藩上層部もこの異端的宗教活動を細部にわたって掌握していたといえる。

## (2) 鹿児島藩出水郷の異端的宗教活動

鹿児島藩出水郷ではどうであったか。基本的には対馬藩と同じように、この問題が起こったとき鹿児島藩も隠横目による内偵を進めた。出水郷の現地責任者、噯《あつかい》(7)役であった税所《さいしょ》家が藩に提出したと思われる報告書の案文から、以下のことを藩が把握していたことがわかる。

鹿児島藩出水郷では、宝暦二年（一七五二）夏に藩から宗門改衆が派遣されてきて吟味が行われた際、浄土真宗が禁止されているにも拘わらず、「一向宗」の者が数百人露顕し、さらに探索した結果、一七〇〇人もの者が「一向宗」であるとして自ら申し出た。そこで、翌年春に再び派遣された宗門改衆の指導で、「胸替の誓詞」つまり転宗の誓詞を提出することが命じられたという。これによってひとまず治まったかに見えたが、実際にはその活動を継続していた者が多く、その探索のために、衆中（郷士）から三人、町人から二人が隠横目に任命され、詳細にその活動内容と関係者が調べられた(8)。

出水郷は浄土真宗が禁止されていない肥後国熊本藩領の国境に接する地域であった。出水郷の「一向宗」の者は、隣接している熊本藩領水俣の真宗寺院の西念寺・源光寺と関係を持っているということも鹿児島藩当局に把握されており、隠横目は出水から水俣への街道沿いに潜んでそこへ抜け参りに行く者を詳しく調査した。

もちろん隠横目は、すべての者の顔を確認することができたのではなかったが、水俣濱町に一宿した際、自身も寺参りに来たと偽り、現地の「肥後人」に酒を呑ませて「薩摩人」の情報を得ようとした。このとき、「薩摩人」は真宗寺院では下座の奥座敷に通されているという情報を得、その翌日にほかの信者に紛れて西念寺へ入りこみ説法の場に同席して下座の奥座敷に注意していると、右の情報通り、そこには鹿児島藩領の者が男女を問わず多くいたという。名前がわからない者もいたが、はっきり名前がわかる者もおり、衆中・百姓のいずれもがいたことを確認している。

右は、隣接する熊本藩領水俣の真宗寺院へ説法を聞きに行くという活動であるが、指導者の自宅で活動することもあった。平松（出水郷中の地名）の村中で造った酒を持ち寄り、吐師勘助・右田善八、両人のところへ集まって「一向宗」の活動を行っていたという。これ以外にも、村々にて一七日《ひとなのか》（一週間）信者が集まって活動していたことが隠横目によって把握され、出水郷役人を通じて藩当局に報告されている。

また、衆中の信者の一人遠竹武右衛門に対するこのときの吟味で、その活動内容が詳細にわかった。遠竹の証言からいくつか拾ってみれば、以下のようなことがあったという。

第一に、宝暦三年（一七五三）春に「胸替の誓詞」を命じられたことにともなって、信者の衆中・百姓あわせて五〇人余が鹿児島に召喚され召し籠められたあと、一、二か月は活動を控えていたが、指導者たちの相談により活動を再開した。第二に、「馬まじない」などを仕事としている萬左衛門のところを活動の場として、毎月七日・二七日の夜、それぞれ米三合程ずつ持ち寄って「一向宗」の活動を行っていた。このとき持ち寄った米のうち、少々は萬左衛門へやり、残りは肥後国の「一向寺」へ送っていたという。第三に、水俣濱町の「一向寺」（源光寺）が火事で焼失した際、信者の者は残らず一家族につき銭四八文を下限に、上は六四文・一〇〇文・一貫文などのように志次第に差し出した。その寺再建の際、水俣には竹木が乏しいので、出水郷の信者が出水から水俣へ竹木を運ぶことを申し出て実行したという。また、鍛冶を生業としていた者のなかには釘を提供した者もいた。第四に、当時、水俣陣町にあった「一向寺」（西念寺）から智林・智海という僧侶を出水に招いて説法を実施した。その際、「一向宗」指導者の一人村山弥五右衛門が、出水郷内の加志久利神社の別当寺幸善寺の観音堂に止宿のうえ両僧を出迎え、多くの男女が待っていた弥五右衛門宅まで案内した。両僧は終夜説法を行い、夜明けころ水俣へ帰っていったという。水俣の「一向宗」寺院の僧侶が信者の案内で密かに出水に来て説法を行ったのは、この一回限りではない。

以上のように、異端的宗教活動が問題化した際には、対馬藩においても鹿児島藩においても、現地責任者による詳細な調査によって、その内容が藩当局に掌握されていた。何か問題が起こったときに、詳細な調査が行われていたのは宗教問題に限らないが、近世における藩権力による情報収集能力はもっと注目されてもよい。ただし、そうして集めた情報をもとに、どのような対応をとるかは、判断材料の情報が同じであっても、一致するとは限らない。むしろ、そのときの状況やその判断を下す立場によって差異が存在した。次節で検討してみよう。

## 二　異端的宗教活動をめぐる藩内の矛盾

### (1) 対馬藩当局の不一致

前節で見てきたように、異端的宗教活動に関する情報は詳細に藩上層部にも報告され、彼らはその内容を現地責任者とともに把握していたと思われる。しかし、結論を先にいえば、それに基づいてどのように対応するかという点に関しては、藩上層部と現地責任者の対応は異なっていた。それは、対馬藩でも鹿児島藩でも基本的には同じである。

対馬藩では、そもそも宝暦期の事件の際に間者を入れることを提案したのは田代領代官である。この件が対馬藩当局内で問題にされ始めたのは宝暦八年（一七五八）であるが、しばらくは現地のほか長崎と田代領周辺の他領域で噂などが立っていないかどうか、水面下で調査が進められ、表立っては何も動きはなかった。それは、国許重臣が事の重大さを認識しつつも、できるだけ穏便にかつ内々に解決する方法を模索していたからである。重臣たちは、その宗教活動が「切支丹」ではないことがはっきりすればよいというのが基本的な考えであり、むしろ無理に吟味を進めて騒ぎが大きくなるほうを恐れていたといえる。

しかし、現地責任者である田代領代官の意見は異なっていた。田代領代官はこの問題をこのまま放置せず、関係者を厳しく罰するべきであると考えた。穏便かつ内々に解決しようと模索してなかなか態度をはっきりさせない国許重臣に対して、この問題の現実を突きつけるべく田代領代官が提案したのが間者を入れることであった。それが提案されたのが宝暦一一年（一七六一）二月、重臣の許可が下りたのが同年八月である。そして、その間者からの報告をもとに、翌々年三月にその「異法」の中心人物と見なされた五人が召し捕られ、対馬藩国許に召喚された。

この五人を国許に召喚するにあたっては、国許重臣も田代領代官も細心の注意を払っている。田代から対馬国許への道中は、博多から船を使用しなければならない。国許重臣からの命令で、博多役（博多常駐の対馬藩役人と思われる）の柚谷源左衛門が確実に船便を確保し、その警固の者として国許から派遣された四人と、田代から派遣された一人の計五人で右の「囚人」を護送した。その際、博多役に命じられたのは、この「囚人」が「宗意違」、すなわち怪しげな宗教活動の吟味のために護送されている、という情報が広がらないようにすることであった。

博多役には、このことはあくまで極秘に進められていると伝えられており、もしどこからか彼らはいかなる科人なのかと尋ねられても、多くは年貢に関することで国許に呼ばれている、などのように答えるよう命じられている。これは国許重臣による指示であったが、これを除けばあとは田代領代官の積極的姿勢が目立つ。

三月一六日、この五人を召し捕って国許に護送する警固の者が到着したのを受けて、田代領代官は彼らと召し捕りの配置について入念に打ち合わせたうえで、翌一七日未明に召し捕りを実行した。そして田代領代官は、一行に対して人目につかないよう夜中に行動するよう指示し、その日の暮れに彼らを田代から出発させた。一行は一八日明け方に事前の予定通り博多役が整えていた船に乗船し、対馬に到着した。

こうしていよいよ国許において、「異法」の中心人物に対する吟味が始まったが、その際の尋問の内容は田代領代官から示されたものであった。これは間者と密に連絡をとっている田代領代官のほうが詳しいという理由からであったと思われる。その内容は五か条あった。第一に、この宗教活動は元禄のときの事件(9)で問題となったものを継承するものなのか、それとも新規のものなのか、第二に、この宗教活動に入信した者は老若ともに「異様」なものを崇敬していると聞くが本当か、第三に、この宗教活動は誰から教えられたものか、第四に、この宗教活動を人びとに勧めれば、渡世が自由にできるのか、第五に、念じる仏は何仏か、というのがそれであった。これは、そもそも重臣の俵平磨から、何を尋問したらよいか申し上げるようにと命じられたことに対する返答であったが、そうであったにしても、国許における尋問も田代領代官が主導していたことになる。

ただし、国許に召喚された五人が彼らの宗教活動について素直に白状するかといえば、それは難しいとの見通しを、間者からの情報をもとに召し捕り当初から田代領代官は国許重臣に示している。「異法」の者は、すでに隣接する久留米藩領・福岡藩領でも類似の吟味が進められていた事実を知っており、田代領でも吟味が行われるだろうということは予想していた。元禄期の事件の際、吟味が行われた長崎にて申し訳が立ち、その後も広くこの宗教活動が行われていたことから、これを参考に指導者たちは予め申し開きの工夫を考えている、との情報を、田代領代官は間者から得ていた。間者からの情報によれば、「異法」の者たちは現地の田代で吟味が行われると予想していたようで、対馬国許に召喚されたことは意外であるとの評判であったが、申し開きの準備をしているとのことなので、召喚された者たちはさまざまな理屈を立てて、差し支えのない「正キ宗意」を行っていた旨返答するに違いない、という。田代領代官は、そうした見通しを持ったうえで中心人物の国許召喚を提案し、実行した。

次に田代領代官が画策していたのは、さらなる指導者の国許召喚であった。田代領代官は、中心人物五人の国許召喚後、そのまま放っておけばこの宗教活動は再起する可能性があるとし、それを防ぐためにも、さらに五、六人の者を国許に召喚するべきであると国許重臣に提言する。これ以上、召喚者を増やすことは人の手当や牢舎などの点で出費が嵩むだろうが、いまこのチャンスを逃したら事態はもっと悪くなる、というのが田代領代官の見通しであった。これに対する国許重臣の対応は、後日指示するというのみであり、結局さらなる指導者の召喚は実現しないのであるが、田代領代官はその後、何度もこの提案を繰り返しており、国許重臣の消極的な姿勢が対照的である。

関係者の処罰についても田代領代官が主導権を握っている。国許重臣に宛てた書状において、田代領代官は次のようにいう。すなわち、一通りのお叱りで血判をもって誓旨を差し出したところで、それ以上の命令がなければ、厳罰が科されるほどのものではないと彼らは心得て、安心して「異法」を行っているとし、これまで仲間でなかった者もそのような心得でだんだん加わってきているという。このまま放置しておけば、下賤の者であるから前後を弁えず、勧めにしたがって近年のうちにさらに多人数になり、そうなってはどれほど「御領中之害」になるのかも測りがたいというのである。

田代領代官は問者の報告をもとに「異法」を放置しておくことは許されない旨の確信を持ったものと思われる。というのは、国許重臣に宛てた田代領代官の「愚意之書附」のなかで、この件が長崎奉行に届けられて、その吟味によって「邪宗門」でないとされた場合でも、次のようにいうからである。すなわち、長崎奉行所によって吟味が行われても、これまで通り許されて帰郷してきたならば、「異法」の者たちはこのままでかまわないと心得て、なおさら遠慮なく「異法」を行い、近年のうちに領中の「本宗」はまったくの建前になって、みなこの「異法」に傾いてしまうのではないか、という。そのうえで、対馬藩は領地が少なく、耕作に油断があれば成り立っていけないところであるのに、「下賤不相応之仏信仰」のみに拘泥する者を見まねて、そうしたことがよいことだとする者がだんだん増えては耕作が成り立たず、領内衰微の基となる、とする。したがって、幕府（長崎奉行）から放免されても対馬藩の「国法」によってこの件を処理したい旨、幕府に願い出てはどうだろうか、というのがここでの提案である。

また、長崎奉行に届けないことになった場合でも、田代領代官は厳しい処分を提案する。すなわち、長崎奉行に届けずこれまで通り穏便に処理されることになっては、その後の害がどれほどか想定しがたいので、「異法」の頭人三、四人を国許に召喚のうえ流罪か永牢の処分にすれば、仲間の者たちもやっと心底を翻すことになるだろう、というのである。

結果、この件に関しては田代領代官に任せる旨、国許重臣から伝えられ、宝暦一三年（一七六三）一二月一七日に国許に召喚された五人の指導者を除き、関係者へ処分の申し渡しが田代領代官より行われた。その内容は、居所の変更、他方への縁組養子の禁止、などというものであった。対馬藩上層部より田代領代官に対して明和元年（一七六四）八月に褒美が与えられ、一応の決着となったかに見えたが、これで「異法」が消滅したのではなかった。その後も問題が継続したことについては改めて別稿で検討したいと考えるが[10]、ここでは、この問題を穏便にかつ内々に処理したいと考えていた国許重臣と対照的に、現地責任者である田代領代官は一貫して厳格に処理する方向で国許重臣にはたらきかけていたことを確認したい。

では、幕府はこの事件に関してどのような態度をとったのか。田代領代官から関係者への処分が申し渡された宝暦一三年（一七六三）一二月まで、この事件について幕府へ何も伝わっていなかったとは考えにくいが、表立って幕府から問い合わせなどがあった様子はない。ただし、その月の初め、長崎奉行石谷備後守とともに江戸から長崎に派遣されてきた支配勘定方二人、普請方二人が休息のため田代に留まったとき、次のようなやりとりがあったという。田代領代官小田儀左衛門の病気のため、田代領代官の使者として幕府役人一行に面会した中原只五郎が、普請役の一人内藤源八郎から、「田代領ではこの夏（実際は三月）紛らわしい宗教活動を行う者がいて、その吟味のため対馬国許へ数名が召喚されたと聞くが、その後それはどうなったのか」と質問された。只五郎は、「自分はこの夏に田代に来たばかりなので詳細は知らない」とした上で、「田代は小さな町場であるので不行跡の者がしばしば現れ、悪事を働いた者を懲戒するため国許に召喚することはある」と答えた。そして只五郎は、「この夏のこととはそうした者たちのことではないか」と重ねて答え、これ以上の表立った質問はなかったという。

この事実から、五人の者を召喚したことによって怪しげな宗教活動が行われているという風聞が立っていたことは間違いなく、幕府にもその情報が伝わっていたことを確認できる。しかし、このやりとりから、この件については幕府役人との世間話に留まっており、幕府がこのような宗教活動を表立って問題にすることはなかった、ということがわかる。

## （2）鹿児島藩当局の不一致

鹿児島藩出水郷の場合はどうであったか。宝暦二年（一八五二）出水郷の「一向宗」信者の存在が大勢明らかになったとき、鹿児島藩は次のような態度をとった。

まず、出水郷の地頭はまだ残党がいるはずであると予測し、万一あとから露顕した場合は自身はもちろん親類や組中の者も重い処罰が科されるが、自ら申し出るならば大目に見る旨を表明した。その結果、一七〇〇人もの信者が申し出てきたので、翌年春に再び派遣された宗門改衆の指導により、彼らに「胸替の誓詞」を書くことを命じてひとまず決着させようとした。

ところが、現地責任者としての郷役人はそれでは甘いと感じたようである。彼らは次のようにいう。「一向宗」を志す者は分別がなく、彼らの過半は数十年にわたって活動してきた者であるので、転宗の誓いをするように申し渡しても、それが藩の「御憐愍」であるとの弁えもない。これまで「一向宗」を信仰してきたことの後悔もないので、そのうち再発するのは目に見えている。したがって、以後の取り締まりを厳しく命じてほしいと地頭に申し上げたという。そうしたところ、地頭がいうには、少しくらい取り締まりを強化しても大きな差異はないと思うが、どのようにしたらよいか郷役人のほうでよく考えて申し出れば、そのとき取り締まりの命令もあるだろうという。そこで、郷役人はいろいろ考えた結果、次のように提案した。改宗の誓いを命令した以上、みな前非を改め当分は静まっていようが、何の訳も知らない者に対して新規に改めることを命令するだけでは実際に改めることは難しいので、このたびは信頼できる者を隠横目に命じて調べさせたらどうかという。

この経緯から、隠横目による詳細な調査は現地責任者からの発案であったことがわかる。逆にいえば、任地にいない出水の地頭を含めた藩上層部は、「胸替の誓詞」の提出、すなわち改宗の誓いをたてるだけでこの件を処理しようとしていたということになる。

そして、隠横目の調査によれば、先に見たように、「胸替の誓詞」の提出後も水俣の真宗寺院へ説法を聞きに行ったり、指導者宅でその活動を実行したりしていることが確認されるので、「一向宗」の者が引き続き多数存在することは確実であった。郷役人は重ねて次のようにいう。これでは出水郷が鹿児島藩の境目の役割を果たしたことにならない。このままでは臨藩の熊本藩にとってもこの件が難題となるかもしれず、気の毒である。「一向宗」をいっそう厳しく規制する命令が下されなければ、郷役人がいくら厳しく指導したとしても治まるものではない。このように郷役人は指摘したという。

これに対して藩上層部がどのように反応したのかは明らかではないが、この宝暦期の事件では処刑を含む厳しい処分が下された形跡はない。現地責任者としての郷役人が全体的に取り締まり強化の志向性を持っていたのに対して、藩上層部は消極的であったように見える。なお、幕府にこの事件の情報が届いていたかどうかは定かではないが、史料を見る限り幕府が関わった形跡はない。

以上のように、本節では異端的宗教活動に対して藩権力がどのように対応したのかという観点から検討した。ここで確認しておきたいことは、間者や隠横目によって詳細にその活動に関する情報を得て、藩上層部と現地責任者とで同じ知識を共有していたとしても、それをどう判断するかは両者の間では同じではなかったということである。全般的に、前者ができるだけ穏便に処理しようとする志向性を持っていたのに対して、後者は厳しく対応する志向性を持っていたといえる。

## 三　異端的宗教活動を実践する人びと

### (1) 対馬藩田代領における異端的宗教活動の抵抗

ここまでは異端的宗教活動に対する藩権力の対応について検討してきたが、次に考えたいのは、この活動を実践した人びとの、こうした取り締まりに対する対応についてである。

対馬藩田代領では、表面的にはあまり動揺が見られなかったものの、間者からの報告によれば、藩の指導を素直に受け入れて改心したとはとてもいえるようなものではなかったことがわかる。

宝暦一三年(一七六三)三月、中心人物と見なされた五人が国許に召喚された直後の、国許重臣宛田代領代官の書状には、彼らの妻子が嘆き悲しむ様子は少しも見えないと記されている。間者からの報告書を抜き書きして国許重臣に提出されたと思われる文書のなかに、久留米藩領内にある善導寺(浄土宗筑後大本山)から授かった名号を召喚された者に持たせてあるとあり、それを根拠に怪しげな宗教活動ではない旨、申し開きができる、というのがその理由であったようである。

また、信者のなかの数人の女性にはしばしば「御慈悲」といわれるお告げがあったようで、三月二九日夜に松右衛門女房と藤内女房に対して下された「御慈悲」は、以下のようなものであったという。このたび一〇〇人ほどの者が捕らえられることになるので、みな熱心に念仏を信じるようにと伝えたうえで、来る三月晦日にはそれぞれ家に引き籠もり、線香一本が燃え尽きることを一区切りと定め、その間、怠らず念仏を唱えれば、役人が現れてもその念仏の功徳により、荒穂宮・祇薗宮・老松宮（いずれも田代領にある神社）の神が現れるはずだと説く。そして、馬に乗ってやってきた荒穂宮が口に含んだ神水を馬の頭に吹きかけ、馬が身震いしてその神水が八方へ飛び散って役人にかかってしまえば、役人はみな引き揚げていくだろうという。

五人の者が国許へ召喚されたあと、田代領では関係者の吟味が進められ、その結果白状する者が現れた一方で、内心においてこの「異法」のありがたい「本願」を捨てて懺悔する者はいない、と間者は田代領代官に報告している。いずれにしても、こうした報告を受けて、田代領代官が「異法」の宗教活動は継続していると認識していたことは間違いない。

田代領代官が宝暦一三年（一七六三）一二月一七日に関係者へ処分を申し渡したあとも、間者は「異法」の内偵を継続していて、詳細に報告していた。たとえば、翌年五月二二日付、国許重臣宛の田代領代官の書状には、それぞれの地域の指導者の問題行動が指摘されている。これによれば、彼らは、昨年一二月の処分申し渡し以来、非を認めて「本心」に立ち帰ろうとする者を「異法」の宗教活動につなぎ止めようと、さまざまな偽りを申し立てていたという。白状した者に対して非難したり、連れ戻そうとしたりする説得工作が頻繁に行われた。したがって、近年この「異法」に加わったばかりの者は、白状したいと思っていても、指導者から批判されたり説得されたりするのを目の当たりにして、白状することをためらっているという。

また、間者の報告によると、中心人物と見なされた五人の者が国許へ召喚されたあと、同じ夜に四人の者へ以下のようなまったく同じ「御慈悲」のお告げがあったとされる。国許に召喚された五人はその日までに七度吟味され、初めは下役の者による吟味であったが、その後上役の者による吟味となり、その次には藩主による直々の吟味となった。五人は役人たち列座の前を「ナンマミダブツ」と繰り返し唱えながら登場し、予め用意していた善導寺から受け取った名号を差し出した。そこで藩主は「天下之御判」に恐れ入って困り果てたという。「如来様」がいうには「心配するな、(五人は) 直ちに帰るぞ」とのことであり、いずれにしても近日中にこの五人は田代へ帰郷するとのことなので、この宗教活動が以後ますます繁昌するものとみな喜んだとされる。その後もすぐに帰郷する旨のお告げが繰り返されている。これは「異法」の一般信者が五人の帰郷を期待していたということを意味しており、信者には彼らの宗教活動が大きく変化するという自覚はなかったようである。

## (2) 鹿児島藩出水郷における異端的宗教活動の抵抗

鹿児島藩出水郷の場合は、一度棄教を表明して取り締まる側についた者が、信者に取り締まりの情報を流していた事実に注目したい。彼らは「一向宗訴人」と呼ばれている。

隠横目が水俣の真宗寺院 (西念寺・源光寺) に出張し、自藩の者が来ていないか探索しようとした際、結局一人も見つけられなかったことがしばしばあったようである。その理由は、「一向宗訴人」の川邊長右衛門という者が事前に水俣の両寺へ隠横目が探索に行く日を知らせ、鹿児島藩領の者を保護してもらうよう要請していたからであったと、隠横目が出水に帰ったあとにわかったという。「一向宗訴人」は「一向宗」を取り締まるのが第一の職務なのに、長右衛門はそれとは反対に信者の手助けをして、内々には金銭・米類を「一向宗」の者から受け取っていたとされた。隠横目が水俣の両寺へ行っても自藩の者を発見できないでいるとき、その日に限って長右衛門がそこへ行っているようなので、長右衛門が情報を流しているという風説は間違いないのではないかという。また、宗門改衆が鹿児島城下から出水へ出張してくる前には、村の「一向宗」の者から長右衛門に金銭が渡されているとのことなので、彼を詳しく吟味のうえ処罰するべきである、というのが郷役人の見解であった。

また、宝暦三年（一七五三）に地頭から自訴を促された際、多くの村では自分から申し出てきたのであるが、長右衛門が居住する下知識村からは申し出る者が一人もいなかった。いろいろ詮議したところ、この村の衆中が一人正直に郷役人へ申し出てきたが、その情報が村に伝わると、長右衛門のところに、二、三人の指導者と思われる者が寄り集まり、自訴を申し出たこの衆中を呼びつけた上、ことのほか叱りつけ、組頭のところへ行って先ほど申し出たことは偽りであるとして撤回してくるよう強く迫った。このように、正直に「一向宗」の者である旨申し出ようとする者は長右衛門から差し止められてしまうので、「一向宗」を根絶することは難しい。長右衛門は「一向宗」の指導者に間違いない、とされた。

このときの内偵では、それぞれの地域の指導者の名前も明らかにされ、長右衛門は清左衛門という者とともに、そのなかでももっとも重要な頭取だとされた。長右衛門の行動は「一向宗」関係者が発覚後もしぶとく活動を継続していた事実の一端を示している。

## 四　異端の象徴「切支丹」への言及

### (1) 相手を批判するための異端の象徴

対馬藩田代領の吟味で国許重臣が慎重な態度をとっていたのは、怪しい宗教活動が蔓延しているという風説が広がることを気にしていたからであった。もっとも恐れていたのは、それが「切支丹」ではないかという風説である。問題化した当初、国許重臣は「切支丹」検索の手段に使用する踏絵を、長崎奉行所から内密に借用できないか模索していた。これを実行するには、なぜ踏絵を借り出そうとしているのか長崎奉行所に説明しなければならず、そうすれば田代領で宗教問題が起きていることを幕府に知られてしまうので、結局断念せざるを得なかった。

それでも国許重臣は絵踏みを実施することにこだわった。その一人平田将監は、田代領代官が問者を入れることを執拗に提案してきた際、問者を入れるのは「秘仏」を取り上げてその災いを絶つことをねらってのことであろうが、もしそれが本当に「異法」であるならば、「秘仏」のみを取り上げてもその宗教活動は消滅しないであろうと考えていた。絵踏みを実施することと問者を入れることは矛盾することではないように思えるが、国許重臣の意向としては、この宗教問題が幕府や他領に評判となって問題化する前に、早く「切支丹」ではない確認をとりたかったものと思われる。半世紀前の元禄期の事件においても、最終的には絵踏みによって長崎奉行が問題なしと確認したことを前提に、それと同じかたちで解決することを国許重臣は望んでいたということである。藩権力にとってもっとも問題となるのは「切支丹」であり、そうでなければ騒ぎ立てるべきではないというのが本音であった。「切支丹」がいるのではないかという評判が立つことだけでも警戒するほど、藩権力にとって「切支丹」は近世秩序を脅かす異端の象徴であったといえる。

一方、「異法」を実践する人びとにとっても「切支丹」は相手を非難するための手段であった。国許に召喚された指導者の五人のうちの一人明覚坊は、吟味のなかで彼らがこの事件に協力していると見なした領内の光蓮寺・光徳寺・上行寺・西法寺の四か寺の僧侶を、「きりしたんあく僧」と訴えたのである。驚いた国許重臣はすぐさま田代領代官にその確認を求め、田代領代官は問者からの報告をもとにそのような事実はない旨を返答している。もちろん、右の四か寺の僧侶たちがキリシタンであったとは考えにくい。明覚坊は、自分たちに災いをもたらした者たちを貶める手段として「きりしたん（切支丹）」を持ち出したのであろう。

## （2）異端的宗教活動を貶める役人に対する批判の手段

鹿児島藩出水郷の事件では、史料のうえで、藩当局が「一向宗」の者を「切支丹」ではないかと疑ったり、絵踏みを実施して「切支丹」ではないことの確認をとろうとしたりした形跡はない。しかし、注目されるのは、「一向宗」の者がこのたびの吟味を積極的に推進した郷役人に対して大きな不満をいだき、その延長線上に郷役人を「切支丹」であるとして告発していることである。

郷役人の藩上層部への報告書によると、宝暦三年（一七五三）春に鹿児島城下から宗門改衆が出水にやってきて、「一向宗」の者に「胸替の誓詞」を書くことを命じて宗門改衆が旅宿をあとにしたとき、その旅宿に書付が残されていたという。そこには、郷役人が「切支丹」で、肥後の「一向寺」へ参詣していたかのように書き記されていたとされる。この書付は宗門改衆の居間の奥へ落としてあったというので、外部からその旅宿に侵入して置いていくことは困難であった。したがって、それを実行した者は「一向宗」の「訴人」、つまりかつてはその信者であったが改心して「一向宗」を摘発することに協力する「訴人」となった者がやったことであろうと推測されている。

それほどこのたびの摘発のことで郷役人が怨まれているということであったらしい。実際、その後も郷役人の役所や上使が通る道筋に落書が立っていたことがあり、そこには、このような吟味を進めるのでは出水は暗闇になるという指摘のほか、噯役や横目役などの郷役人の悪口などが書き記されていたという。

そうしたなかで、噯役であった武宮喜兵衛の次男で、当時、黒木柴右衛門の養子になっていた黒木角之助のほか、伊藤四郎左衛門・是枝七兵衛という郷役人の家の者が、「一向宗」であるとして吟味の対象とされた。郷役人によれば、衆中のなかの「一向宗」の指導者が右の者たちを偽訴したのではないかということであった。その理由は次のようなものであった。黒木角之助については、父の武宮喜兵衛は物言いが荒く特に宗教については厳しく取り締まりを進めてきた上、兄の武宮與左衛門も今回の「一向宗」露顕以前から宗門方加役を勤め、宗教問題に厳しく対処してきたことから怨みをかった。伊藤四郎左衛門は武宮與左衛門の前任の宗門方加役として、郷内を厳しく取り締まったから同じく怨みをかった。是枝七兵衛は亡父林兵衛が郷役人として勤めていたなかでこの事件が起こったので、親の仇とされた、というのが郷役人の推測である。

# おわりに

以上、一八世紀中期の対馬藩田代領と鹿児島藩出水郷の異端的宗教活動を検討してきた。両藩の浄土真宗に対するスタンスの違いとも関わって、両者は別個の宗教活動と捉えられてきたが、その差異はどれほど明快なものであったか。もちろん、活動内容が同じであったとはいえず、寺院の関わり方も大きく違っていた。しかし、藩権力の対処の仕方から見える藩権力内部の矛盾や信者の動向など、共通する点も少なくない。

藩権力内部の矛盾については、対馬藩も鹿児島藩も、藩上層部と現地責任者は異端的宗教活動の内容についての詳細な情報を共有していたにも拘わらず、藩上層部と現地責任者の志向性は同じではなかった。宝暦期の異端的宗教活動をめぐる問題の処理について、両藩とも、できるだけ穏便に内々で済ませようとする藩上層部に対して、現地責任者のほうが厳しく対処しようとした。責任ある立場であればあるほど、表面的に問題なければ深入りせず、現状を保つことを志向するのに対して、現地の民政を担う者ほど在地社会の矛盾に直接関わるが故に、現地の秩序を保つために厳しい態度をとろうとしたということである。この時期、幕府が積極的に介入しなかったのも、同じ理由からではないだろうか。

信者の動向については、いずれの場合も、藩による取り締まりに対して強く抵抗した。ただし、それは吟味を妨害したとか、実力で役人を追い返したとか、表立って抵抗したというのではなかった。異端的宗教活動を実践する人びとは、一見従順に吟味を受け入れた様子で、信仰を白状した者も少なくなかったが、白状した者への説得が活発に行われるなど、その活動を維持しようとする志向性も強かった。実際、藩による取り締まりが進められたあとも、異端的宗教活動が継続されている様子は間者や隠横目の探索によって藩に報告されており、その活動が絶えていなかったことは明らかである。本章で検討した異端的宗教活動を実践する人びとは、いずれも能動的に活動していたと評価するべきである。

本章で検討した、一八世紀中期の両藩の異端的宗教活動への対処をめぐって表れた藩権力内部の矛盾と、その信者の動向は、異端的宗教活動が「邪」の範疇に入るのかそうでないのかという問題について、藩上層部・現地責任者・信者のそれぞれの立場を明快に示すものであったということができる。すなわち異端的宗教活動について、藩上層部は警戒するべきではあるが「邪」の範疇には入れたくない、現地責任者は「邪」の範疇に入れるべきである、信者は「邪」の範疇には入らない、というのが基本的認識であった。近世秩序は「切支丹」を明快な「邪」として成り立っていたはずであるが、近世中期、「邪」の枠組みが曖昧になってきたことの一端がここにも表れている。(11)

注

（1）　近年のまとまった論考として、大桑斉「近世国家の宗教性」（『日本史研究』六〇〇、二〇一二年）を参照。

（2）大橋幸泰「異端と属性――キリシタンと「切支丹」の認識論」（『歴史学研究』九一二、二〇一三年、のち『近世潜伏宗教論――キリシタンと隠し念仏』校倉書房、二〇一七年に所収）。なお、序章注（1）にしたがって、本章においても、キリシタンと「切支丹」の標記を区別して用いる。

（3）長忠生『内信心念仏考――佐賀県きやぶ地域における秘事法門』（海鳥社、一九九九年）、大橋幸泰「異端的宗教活動と近世秩序――元禄期肥前国きやぶ地方における正應寺法一件を事例に」（井上智勝・高埜利彦編『近世の宗教と社会2 国家権力と宗教』吉川弘文館、二〇〇八年、のち『近世潜伏宗教論――キリシタンと隠し念仏』に所収）、同「近世宗教の「邪正」――肥前国対馬藩田代領における「異法」考」（『早稲田大学大学院教育学研究科紀要』二〇、二〇一〇年、のち『近世潜伏宗教論――キリシタンと隠し念仏』に所収）。

（4）研究成果は多数あるが、さしあたり、かくれ念仏研究会編『薩摩のかくれ念仏――その光りと影』（法藏館、二〇〇一年）、ウイズ仏教文化研究会編『人吉・球磨の隠れ念仏』（探究社、二〇〇五年）を参照。

（5）対馬藩田代領の異端的宗教活動の検討は、長崎県立対馬歴史民俗資料館蔵宗家文庫の「田代宗旨一件記録 一番」および「田代御内用書物 二番」「田代御内用書物 三番」を典拠とする。一番と二・三番とは表題が微妙に異なるが、内容から判断してこれらは宝暦期の事件を扱った一連の史料である。一方、鹿児島藩出水郷（現、鹿児島県出水市）の異端的宗教活動の検討は、鹿児島県出水市立出水歴史民俗資料館蔵税所《さいしょ》家文書を典拠とする。これを翻刻したものとして、『出水郷土誌資料編第四輯 出水に於ける一向宗禁制史料』（出水市、一九九二年［第二刷］）、『日本庶民生活史料集成18 民間宗教』（三一書房、一九七二年）がある。以下、史料の詳細な典拠は示さないが、すべて右の史料を検討したものである。

（6）笠原一男校注『蓮如文集』（岩波文庫、一九八五年）には、「一心一向に弥陀如来をふかくたのみたてまつりて、このたびの後生をたすけたまへと、一すじに弥陀に帰命するこころをもて、うたがひのこころはつゆちりほどもなくば、かならず阿弥陀如来は八万四千の大光明をはなちて、その身を光明のなかにをさめとり」とある（九三頁）。

（7）鹿児島藩の外城制度では、各外城（郷）の現地責任者として、噯・組頭・横目が置かれた。その最高責任者は地頭であったが、地頭は基本的には任地に居住せず、現地は噯役以下の現地責任者によって管理されていた。なお、正式には天明四年（一七八四）に外城から郷へ改称されたので、本章で検討する宝暦期は出水外城というほうが正確かもしれないが、ここでは煩雑になるのを避けるため、地域名称として出水郷と呼ぶことにする。鹿児島藩の領内支配の仕組みについては、『藩史大事典7 九州編』（雄山閣、一九八八年）五四八頁参照。

（8）税所家文書の年代について、前掲（注5）『日本庶民生活史料集成18 民間宗教』の「解題」では、寛保二年（一七四二）を中心としたものとする（同書、四三九頁）のに対して、前掲（注5）『出水郷土誌資料編第四輯』の「解題」では、宝暦四年（一七五四）を中心としたものとしている（同書、一頁）。出水歴史民俗資料館蔵の原文書を確認したところ、『日本庶民生活史料集成18 民間宗教』で「壬戌二月」と翻刻されているところは、『出水郷土誌資料編第四輯』で翻刻されている通り「戊壬二月」の誤りであることがわかった。「壬」は「閏」の意であり、「閏二月」があるのは宝暦四年（一七五四）であるから、『出水郷土誌資料編第四輯』が正しい。したがって、史料本文の文脈で考えると事実関係としては、藩から派遣されてきた宗門改衆の吟味によって「一向宗」の者が数百人露顕した上、一七〇〇人もの者が「一向宗」であるとして自ら申し出たのが宝暦二年（一七五二）夏。再度宗門改衆が派遣され、「胸替の誓詞」の提出が命じられたのが宝暦三年（一七五三）春。隠横目が探索し、郷役人を通じて藩に報告したのが宝暦三年（一七五三）八月頃～翌年二月。と確定できる。

なお、史料上、問題視された宗教活動は「一向宗」と表現されており、浄土真宗ではなく、「一向宗」の呼称が使用されているところに鹿児島藩の意識が反映されていると考えられる。この点については、本書第六章参照。

（9）元禄一一年（一六九八）、指導者とされた百姓五人が長崎に召喚され、長崎奉行によって吟味を受けたが、最終的には浄土真宗の「了簡違」とされ無罪放免となった事件。同注（3）大橋幸泰「異端的宗教活動と近世秩序」。

（10）大橋幸泰「幕末期における異端的宗教活動の摘発――対馬藩田代領「新後生」の場合」（『早稲田大学教育・総合科学学術院学術研究（人文科学・社会科学編）』六三、二〇一五年、のち同注（2）『近世潜伏宗教論――キリシタンと隠し念仏』に所収）。

（11）大橋幸泰「「邪」と「正」の間――近世日本の宗教序列」（大橋幸泰・深谷克己編『〈江戸〉の人と身分6 身分論をひろげる』吉川弘文館、二〇一一年、のち同注（2）『近世潜伏宗教論――キリシタンと隠し念仏』に所収）。

# 第八章　近世的共存関係の変容

## はじめに

前章では、一八世紀における隠し念仏・隠れ念仏をめぐる諸属性の動向について検討した。一九世紀における隠し念仏については前に考えたことがある(1)ので、本章では、同世紀の隠れ念仏について考察したい。

これまでの筆者の研究で指摘したように(2)、キリシタン禁制が厳格であったために、特に一八世紀以降、「切支丹(3)」イメージの貧困化が進むとともに、現実のキリシタンが見えないために、訳のわからないもの、怪しげなものはみな、「切支丹」的なものであるとの観念が広がった。近世期を通じてキリシタン禁制政策の性格は一律ではないが、キリシタン禁制が緩やかになったなどということはなかった。

こうした状況のもとに、異端的宗教活動というべき怪しげな活動に治者の目が向くようになってくる。異端的宗教活動とは、「切支丹」ではないが、治者にとって警戒される宗教活動の意で、キリシタン禁制の変容を分析するに当たって筆者がカテゴライズした分析概念である。史料上では、しばしば「異宗」「異法」などと呼ばれる。浄土真宗の異端的活動として知られる、隠れ／隠し念仏もこのカテゴリーに含まれると筆者は考える。隠れ／隠し念仏の信徒たちは、表向きには近世秩序において「正」に属する宗教活動を行っていたから、隠れ／隠しの活動は潜伏活動であった。その点で潜伏キリシタンの活動と変わらない。治者は外在的属性を重視する一方で、内在的属性にまで踏み込まないという態度でこれら潜伏宗教に対応していた。潜伏キリシタンの場合も、隠れ／隠し念仏の場合も、治者と被治者の関係には共通点がある。(4) その条件のもとで、異なる諸属性（宗教活動・非宗教活動を含む）は併存状態にあった。このような治者・被治者の関係を含めて、こうした状態を、筆者は近世的共存関係と呼ぶ。(5) ただし、そうした秩序関係は長くは続かず、近世後期に変容していった。

本章では、近世後期の鹿児島藩領の隠れ念仏をめぐる動向を材料に、近世的共存関係の変容の様子を検討する。

## 一　諸属性の併存から動揺へ

### （1）世俗秩序における諸属性の併存状態

鹿児島藩領の隠れ念仏信徒は宗教活動のグループである講を結成し、活動していたことが知られている。その諸講は、領外の浄土真宗末寺（本願寺派）を通じて、本山（西本願寺）の指導を仰いでいた。たとえば、「今度依願、信證院《蓮如》様御影被成御免候間、難有安置可有之候」(6) とあるように、諸講から本山へ冥加を上納し、その見返りに本山から諸講へ、信仰対象となる「御影」「御書」「御本尊」を下付してもらっていた。

その点で、真宗が禁止されていない他地域の真宗門徒と変わりないが、諸講は取次寺を介して本山の保護を受けつつも、「御影」などに接することが不自由な状況であったことが他地域とは異なるところである。川内十八日講では、文政五年（一八二二）に次のような願書を本山に提出している。

> 薩州国川内十八日講中へ先年御開山様《（親鸞）》・信證院様《（蓮如）》御影奉蒙御免難有御法義相続仕罷在候、然る処、私共所は城下往来の宿にて講中一統打寄御法座相勤申候義は、一切相叶不申候得共、深夜に相成候へは、最寄の同行打寄、御法義相続会合仕候、依之右講内川東又は南北と三方に分り、一ヶ月の間十日つゝ日割を以御巡在被為遊候節、夜半過より御開帳奉申上拝礼仕候事に御座候故、老人又は女子供抔は、毎月御逮夜御命日にも拝礼仕候事も難相叶、毎々歎入罷在候間、何卒格別の以御慈悲、今度奉願上候御開山様《（親鸞）》・信證院様《（蓮如）》弐尊像にて、御免被成下候はは、重々難有仕合奉存候[7]

これによれば、諸講の一つである川内十八日講は城下往来の宿場なので、みないっしょに法座を勤めることはできないが、深夜になれば近所の仲間が寄り合って法義を続けてきたという。この講では、三つのグループに分かれて一か月に一〇日ずつ日割りによって「御開山様《（親鸞）》」と「信證院様《（蓮如）》」の「御影」を巡回し法座を行っている。しかし、夜半過ぎから開帳することになるため、老人や女性・子どもは毎月の親鸞の逮夜・命日に拝礼することができない状態であるので、「御開山様《（親鸞）》」と「信證院様《（蓮如）》」の「御影」をもう一枚ずつ下付してほしいという。ここでは、「御影」のさらなる下付の理由付けに宿場という条件をあげているが、法座を深夜にしかできないのは、真宗禁止という状況であったからだろう。「御影」に接することが不自由であるからこそ、信仰心を高める手段を求めていたということなのではないか。

絶対他力による来世救済の実現という真宗教義と、一向宗禁制という世俗秩序の現実という矛盾した状態に置かれていたことが、他地域の真宗門徒と比べて決定的に異なっていた点である。そこで法座の際は、次のような状態であったという。

法座はおゝくは深山中、但しは辺土にして夜中のみたて御座候、併五重の遠見を入置参詣し、人数をあらため、若不審の事候は、竹かひをあひつと仕候[8]

このように、法座は「深山」や「辺土」にて夜中に行い、見張りを付けたという。彼らは潜伏という選択をせざるを得なかった。しかし、それは彼らが隠れ念仏という形の真宗門徒であるとともに、一向宗を禁止する藩秩序のもとに生活する鹿児島藩領民でもあったということである。彼らは、そうした矛盾する複数の諸属性の併存状態のなかで生活していた。

この状態は、本山にとってあるべき姿ではないと考えたくなるが、本山の態度は実はこの状態の維持を後押ししていた。本山からの指示は、「王法を相守、国法無差支様、可被相心得候[9]」であったり、「地頭領主江対し麁略の儀なく、年貢所当日々に沙汰いた[10]」すべきであるというものであった。なぜならば、「法難（を）引起」しては、「(本山の）御称号を穢」すことになる、というのが本山の考えであったからである[11]。つまり、一向宗を禁止するという藩当局の方針に逆らってはならないというのが本山の立場であった。

そうした本山の指導のもと、隠れ念仏信徒は潜伏状態を保ち続け、近世期を通じて代々その信仰を継承していった。これに対応する藩の態度も外在的属性を重視するというものであって、内面にまで厳しく踏み込むというものではなかった。深刻な法難は、天保期（一八三〇年代）以降に限られる。それ以前の藩の基本的な対応は、隠れ念仏の疑いが表面化すると「自訴」を促し、「胸替」することを前提に赦免するというものであった。また、天保期の法難においても、一律、隠れ念仏が摘発されて厳しく処罰されたというのではなく、地域によってはそれ以前と同じように「自訴」と「胸替」を促され、赦免されている例がある[12]。いずれにしても、天保期とそれ以降の厳しい法難をもって、同じことが近世期を通じて行われていたとはいえない。内在的属性にまで踏み込まな

いという治者の態度のもと、近世的共存関係が保たれていたといえる。(13)

## （2）混乱状況の惹起

一九世紀に入るころになると、講内の信徒同士、諸講同士の確執が見え始めるようになる。加えて、天保期に三業派(14)が流入して以降、そうした確執・混乱状況が複雑に展開していった。動揺の契機をまとめれば、次のようになる。

第一は、講同士の対立により、下付された「御影」などの扱いが不安視されていったことである。従来、「御影」などは複数の講へ共同下付されていた場合が少なくなかったが、その講同士の不和により、「御影」などの扱いについて本山の意向が示される場合があった。次の史料は、諸講への取次寺であった大坂の西教寺に伝えられた本山からの通達である。

十八日講、廿八日講、御鏡講より依願、御法義為御引立、御書御染筆被成下候……近年右講々不和合の趣達御聴歎敷被思召候、有躰不和合にては自然に御報謝も疎々敷可相成哉、向後三講共、一同和合致し、右六字名号并御書、右三講月々順番に致守護、如実に法義相続有之、信の上より弥増御馳走被申上候はゝ、御満足可被思召旨、被仰出候間、此段右三講江可被申達候也(15)

これによれば、十八日講・二十八日講・御鏡講には「御書御染筆」が下付されていたが、近年講同士の不和の情報が本山にもたらされたという。これでは仏への報謝も疎々しくなるのではないか。今後、「六字名号」と「御書」を三講で月々順番に守護して法義を続けていくべきである、というのが法主の意向であるとされる。

第二は、藩に擦り寄る背教者と、隠れ念仏信徒に寄り添う藩重臣の存在である。

天保期、「四魔族」と呼ばれる背教者が登場した。本山役人宛の諸講惣代の報告書には次のようにある。

宗門目付役相勤候者にて、講中見知ある鬼塚龍右衛門、此者は四魔族の壱人にて、外三人、藤井道伯・肥後喜左衛門・吉井實右衛門右四人は元来法頭器量絶倫にて、各々五、七度上洛致、講々の献上惣代相勤、……世間の世渡に御法義を取曖候悪党に御座候(16)

これによれば、いま藩の宗門目付役を勤めている鬼塚龍右衛門は「四魔族」の一人で、他三人は藤井道伯・肥後喜左衛門・吉井實右衛門という者であるという。彼らはもともと講の責任者だった者で、数度上洛して講の献上品を本山へ上納することもあったが、いまは隠れ念仏の信仰活動を取り締まる側にいるとされる。したがって、世渡りに隠れ念仏の法義を利用している「悪党」だといい、この後のくだりでは、彼らを「国中の大法敵」と罵倒している。それまで講の代表として本山への取りなしに奔走していた講頭のなかに、藩の宗門方の手先として隠れ念仏取り締まりに協力していく者が現れたということである。

一方、鹿児島藩重臣のなかに、隠れ念仏の理解者が存在した。史料上に登場するのは、日置但馬守・新納武蔵守の二人である。

日置但馬守（御宗門にして禄三万石余）新納武蔵守（御家老にして禄三万二千石）此等の人々申され候は、民窮しては国窮するの、只今迄の如くにては、国民罪におち入、国禁とは申なから、邪法邪道にあらず、かゑつて是を信するの輩は、人道を能弁候、然るものを、是非につみするは、是にして非なりと申出され候(17)

これによれば、日置但馬守と新納武蔵守は民が貧窮では国も貧窮になるといい、現在の真宗禁止の状態では民を罪におとしめていることになるとの考えを持っているという。そして、隠れ念仏は「邪法邪道」ではなく、この信徒はかえって人の道をよく理解しており、これを否定することこそよくないことだと言ったという。

家老クラスの上級藩士に隠れ念仏の理解者が存在したことは注目していい。実際、藩内の郷士には多くの隠れ念仏信徒がいたようである。いずれにしても、治者と被治者とで、取り締まる側と取り締まられる側とに単純に二分することはできない。

第三は、三業派の流入である。鹿児島藩領に三業派が流入してくるのは、同派の大魯という僧侶が天保元年（一八三〇）に潜入してきたことが契機である。その後、大魯は同地域の隠れ念仏諸講を指導し、天保七年に同地で死去した。三業派が実践する、三業（身口意）をあげて阿弥陀仏に極楽往生を頼むという行為は、非三業派から、親鸞が否定する自力と見なされた。本山ではこれを異義と判定したが、鹿児島藩領の隠れ念仏信徒には、三業派に対する態度として、受容と反発の両方が存在した。

三業派を改心させようと鹿児島藩領に潜入した探玄（詳しくは後述）は、本山に対して次のように報告している。

香花講・御蠟燭講・下方御煙草講、呼出様子召合候処、三講共に三業にて、……右三講、薩州四引て壱つを持可申、且又鹿子島城下大名町人八部は右三講の内御座候[18]

これによれば、香花講・御蠟燭講・下方御煙草講はみな三業派であるという。そして、三業派はこの三講によって鹿児島藩領の四分の一の勢力を保っており、鹿児島城下の有力者の八割はこの三講に属しているとされる。三業派がいかに浸透していたかがわかる。

これに対して、三業派への反発もあった。詳しくは次節で検討するが、鹿児島藩領の隠れ念仏諸講は決して一枚岩ではなく、近世後期、内部対立の様子が徐々に顕在化してきたといえる。信仰活動が活発であればあるほど、真宗禁止という条件のもと、諸講の内側と外側の両方から彼らの活動が揺さぶられていった。

## 二　動揺から分裂へ

### (1) 使僧による混乱の促進

本山の立場としては、三業派を異義と判定した以上、これが広がっているのを見過ごすことはできない。そこで、鹿児島藩領への三業派の流入に対して、その改心を促すための使僧が本山から派遣されることになる(19)。ただし、三業派を否定するための使僧の派遣は、教義上の問題として本山が必要と認めたから実現したことである一方で、地元鹿児島藩領の一部の隠れ念仏諸講からの要請でもあったことに注意しなければならない。

次の史料は、隠れ念仏諸講が本山へ使僧派遣を求めたものである。

筑前名勝寺探玄様、肥後表江学文に御滞留の由承り、度々私共罷出御請待申上候処、去(弘化四年)冬の頃御差入被遊厚御教諭被成下私共は勿論、一統の者共、十余年来存命の仕合、乍併是偏に仏祖善知識様の御大恩と心肝に銘して、誠に難有奉存候、随て国柄の義に御座候へは、土地不案内の事故、何卒今一応探玄様御差向にて御教誡被成下候はは、唯今迄打絶候諸講の口も御組立に相成、弥増潤敷御法義御繁昌に相成可申候(20)

これによれば、これまで探玄という僧侶が肥後に滞在している間、たびたび隠れ念仏信徒がそこに出向き指導を受けていたが、昨年(弘化四年)冬に探玄自身が薩摩に入国し教諭してくれたという。隠れ念仏信徒が生きながらえているのは、ひとえに本山法主の恩恵だとありがたく思う。当地では真宗禁止という国の事情があり、他の者ではこの土地に不案内だと思うので、再び本山から探玄を遣わして教戒してくれれば、いま絶えている諸講も再建され、いよいよこの法義もさかんになるだろう、と訴えている。

次の史料にも、隠れ念仏諸講関係者と思われる者が本山へ使僧を求めている様子が窺える。

私国本、三業大路《大魯》とや申人、身をかくし居候土地にて、彼徒弟も大分に御座候、十劫邪義或は機なけき等の異安心の固執の者も多く候へは、是等も当節御書様幷御使僧様として明勝寺《探玄》様御差向被下候はは、御威光を以やわらき可申と奉存上候(21)

これによれば、鹿児島藩領は三業派の大魯が身を隠して活動している土地であり、その弟子が多数いるとされる。この影響により異安心に固執する者が多くいるので、使僧として探玄を派遣してくれれば、そうした状況を改善することができるのではないかという。三業派改心のための使僧派遣要請である。隠れ念仏諸講が使僧として探玄の派遣を切望したのは、非三業派への教諭ばかりでなく、三業派の改心を推進するためでもあった。

その一方で、彼らのなかには使僧の派遣について慎重に実施するように求める意向も存在した。次の史料は、内場仏飯講の講頭が上京して本山に訴えている場面である。

昨《嘉永三年》年来筑前明勝寺《探玄》御使僧として下向の処、近頃漸法難相治り、追々同行上京も出来候砌に向ひ有之に付、暫御延引被下度旨、段々同寺へ申入候得共、取上無之、講々割れ〳〵に相成、ケ様の取計有之に付、何時法難差起り候も難計、一同大心配仕、直純寺へ申出候へ共、御本山より御差向の人体を引上被申様の事は出来不申趣被申候に付、此度外講同道にて上京、是非共御歎申上、御引戻願度(22)

これによれば、昨年（嘉永三年）来、使僧として探玄が薩摩へ下向してきているが、近年ようやく法難が治まり、同行が上京することができるようになったところなので、しばらく薩摩への下向を見合わせてほしい旨、探玄本人へ申し入れたという。しかし、探玄は聞き入れず、そのことをめぐって諸講が分裂するようになったので、いつ法難が再発してもおかしくないような状況になった。そのことをみな心配しており、取次寺の直純寺（日向）へ申し入れたが、直純寺の返答は本山から差し向けられた使僧を引き上げるようなことはできないとのことであった。そこで、内場仏飯講他諸講同道にて上京し、探玄引き戻しの件を嘆願したという。

実際、非三業派と本山からの使僧による改心運動はスムーズにいかなかったようである。三業派の改心という同じ目標があったとしても、近隣領域の非三業派僧侶と本山からの使僧は非協力的であった。隠れ念仏信徒の齋藤紹甫らからの訴えには、次のようにある。

兄明正寺は不案内、弟探玄は三、四ケ度入薩致し手馴罷在候風情にて、三方に手分有之弘通有之候処、終には同行共何歟争論仕出し、西性寺方より出訴露顕仕候様風評の義有之候、其根本は明正寺兄弟、狐疑の言弁より流言致しものと承及申候(23)

これによれば、探玄の兄の明正寺は薩摩地域について不案内だが、探玄は三、四回入国したことがあり、手馴れているように見受けられ、協力者の西性寺（天草光明寺の留守居の僧）を含めて三方に手分けして薩摩に教えを広めようとしたという。そうしたところ、信徒たちが何か争論を始めた。その内容は、西性寺から出訴に及び、信徒露顕の風評があるというものであった。そのもとは、明正寺・探玄の兄弟が西性寺に対して猜疑心を持って根拠のない噂を流したからであったとされる。三業派を改心させようとした非三業派の僧侶同士でも、確執があったことがわかる。また、三業派否定を志向する隠れ念仏諸講・信徒たちも、使僧派遣をどのように受け止めたかは、一律ではなかった。

## (2) 探玄の活動をめぐる混乱

ここまで見てきたように、三業派改心のため本山から派遣された使僧のなかでもっとも活発に活動したのは、探玄（寺号、明勝寺・重誓寺）という僧侶である。彼が最初に鹿児島藩領へ潜入したのは弘化四年（一八四七）のことであった。このときはまだ使僧という立場ではなく、私的に潜入したのであったが、本山からの正式な使僧として活動したのは翌年以降である。

前節でも垣間見られたように、この探玄の活動は、確かに様々な確執を引き起こした。たとえば灯明講の講頭で、隠れ念仏非三業派の藤崎孫七らは次のように本山に訴えている。

> 先年御指向被為在候御用僧重誓寺殿（探玄）ニ随従仕候若党、川崎半右衛門ト申者、昨（嘉永五年）冬当国伊筑（市来）講内へ入込、御殿ヨリ御差向ノ御用ト偽リ頂戴ノ上下ヲ着用致、御直命御披露御座候抔、相開キ所々徘徊仕候……半右衛門申開候ハ、御殿ヨリ御用被仰出候ニテハ無御座候得共、重誓寺殿ヨリ示談仕候テ、御用ノ威儀ヲ以法儀引立候ハヽ、一遍ニ御為筋ニモ相成可申ト存候ユヘ、御用儀ト偽リ方便ニ仕候間申開候……是全ク重誓寺殿虚言ニ御座候、私事灯明講ノ講頭被相背候抔、種々悪様ニ被申上候(24)

これによれば、先年薩摩に下向してきた探玄の従者の川崎半右衛門という者が、昨年（嘉永五年）冬に当国市来の講内へ入り込み、法主から拝領したという裃を着用し、本山からの御用と偽って法主からの直接の命令を披露するなど、各地を徘徊したとされる。これに対して、半右衛門の申し開きは、次のようであった。本山から御用を直接命令されたのではないが、探玄から指示されたとおり、本山御用の威厳をもって法義を引き立てれば諸講のためにも本山のためにもなると考え、本山からの御用という方便を用いたとのことであった。孫七が探玄について不信感を持ったのは、探玄が半右衛門にこのような嘘をつかせたり、孫七が講中に信頼されていないなどと探玄が本山に言いふらしたりしたからであるということらしい。

これに対して探玄はそうした指摘を否定しつつ、次のようにいう。

> 灯明講孫七事、……四、五年前不快事在リ灯明講ト別立仕候、夫ヨリ仏飯講ト今以不快ニ御座候、……我意

ノ振舞不少、何レ法難ノ基ト存、同行大ニ恐ヲナシ、子年（嘉永五年）春頃ヨリ鹿児島城下御世話方長治郎・同清吉同行引連灯明講引離候体ニテ、何分法儀引立モ難成、依テ御旧跡巡拝ト称シ出国仕候、同十月藤枝長治郎献上々京ノ上、右始末巨細物語リ、何分鹿児島法儀及退転候間今一度御出役被下ト、即同人ヨリ島田様御役所江願書差上候、……拙寺（探玄）ト孫七ハ従来入魂ノ事故、講内不帰依門徒退散ノ様子打明申出、右ノ様子ニテ講内入込モ首尾不能候間、此節御使僧御案内ト申趣意ニテ入込可申間、役前ヨリ和合取計呉候様頼候得共、何分私事病中ニテ入国難成間、川崎半右衛門ヨリ正光寺へ含取計候様取組、其日旅宿ニテ酒ニ成、芸子抔呼大酒ト相成、私儀ハ病中故相断、病間江引籠候処、正光寺同若党福田并川崎・孫七、四人同道ニテ博多柳町ト申遊所江罷越、遊女ノ事ヨリ両人不快ノ事出来候様子ニ候[25]

これによれば、もともと仏飯講にいた孫七は四、五年前に講内でトラブルがあって灯明講に分かれ、いまもって仏飯講とは疎遠であるという。孫七は自分勝手な行動が目立つので、講中の者がこうしたことでは法難のもとになると恐れをいだいている。こうして、昨年（嘉永五年）春ころ、鹿児島城下の世話方長治郎と清吉が仲間を引き連れて灯明講から離れ、親鸞の「御旧跡巡拝」と称して国を出て行った。その年の一〇月長治郎は本山への献上のため上京し、この子細を本山へ報告した。こうして長治郎は、鹿児島の隠れ念仏の活動が行き詰まっているので、今一度使僧を派遣してほしいと本山へ要請したという。

一方、同年一二月に、探玄が拠点としている筑前博多まで、孫七が正光寺とともにやってきて、以下のようなやりとりがあったという。もともと探玄と孫七とは親しい間柄であり、探玄は孫七から、講中の者が孫七を信頼せず退散したと聞いた。この状況では講内に入り込むことはできないであろうから、孫七が使僧を案内するという趣旨で鹿児島に入るというようにしたい、と孫七は考えた。ついては探玄に対して、孫七と講中との和解の橋渡しをしてほしいとのことであった。しかし、探玄はこのとき病気だったので鹿児島に入国することは難しい。そこで、探玄従者の川崎半右衛門から正光寺を通じて、孫七と講中との和解の件を取りはかろうとした。その日、旅宿で酒宴になり、芸子を呼ぶなど大酒になった。探玄は病気なのでその酒宴を断り引きこもったが、その後、正光寺とその従者の福田、半右衛門、孫七の四人で博多柳町という繁華街へ行き、そこの遊女をめぐってトラブルになったという。その詳細は不明であるが、探玄が言いたかったのは、孫七はいろいろ問題のある人物だということだったのであろう。

## （3）探玄の認識

いずれにしても、隠れ念仏諸講の内部でさまざまなトラブルが起こっていたことが確認できる。そうしたトラブルの原因について、探玄と反探玄派とでは認識が大きく異なっていた。

探玄の認識では、第一に講中の門徒同士の争いがその発端であったとされる。本山への報告のなかで探玄は次のようにいう。

（孫七と）川崎（半右衛門）ト不快ノ根本ハ、市来戸登金助ト申者ト仁助ト申者ト、門徒争ヨリ事起リ(26)

これによれば、もともと半右衛門と孫七のトラブルは、孫七が講内の者とトラブルを起こしたことが原因であったとされる。

また、探玄から本山家老島田への伺書には、次のようにある。

一川東十六日講、……出地角右衛門と申者、講頭と称し、我意の振舞不一方、御差向等も不引請、講内は不及申隣講迄大に迷惑仕居候、然所同人行状悪敷に付、講内争論弥増、昨九月より法難差起……

一内場焼香講、……辰右衛門と申者、講頭にて、我意の振舞甚敷……十月より当春に及、追々領主より吟味と成……

一只今通行仕候御煙草講、当春早々法難差起り居候得共、是は同行争論に付、……(27)

これによれば、講頭の「我意の振舞」が問題になっているという。川東十六日講の講頭出地角右衛門の場合、講内ばかりでなく近隣の講まで迷惑が及ぶとともに、同人の行状の悪さが原因で講内の対立が増え、法難が起こったとされる。内場焼香講でも、講頭辰右衛門の「我意の振舞」により領主の吟味を受けることになったという。御煙草講でも講内同行の対立により法難があったとされる。

第二に、探玄は講の指導者（講中では法談者でもある）相互の嫉妬心を指摘する。本山宛、探玄の報告には次のようにある。

内場仏飯講・内場煙草講、右両講の所講三つ四つに相分、互に相論止時なく、依て和談の取計致呉候様、度々歎願等差出候、右其講内は法談抔致者数多有之故、互に嫉妬心挟、夫故の事々候へは、御殿へ向如何様に申立事難計候(28)

これによれば、内場仏飯講と内場煙草講では、三つか四つに分裂し、相互に批判することが絶えないので、和解の仲介を探玄に依頼したいと嘆願してきたという。その講内では法談する者が多く、互いの嫉妬心から訴えてきたという事情なので、どのように本山に申し立てたらよいかわからない、としている。

また、別の報告では次のようにいう。

内場仏飯講ノ儀、大ナルトハ申ナカラ、内々三、四ツニ相分甚昆新《ママ》ノ由、……内場焼香講ノ儀同様、尤同講ノ三、四人弓家多右衛門同様ニテ、法談抔仕人物有之、何右ノ者共互ニ嫉妬ノ心挟、夫ヲ本イタシ相乱候

事ト相聞候(29)

これによれば、内場仏飯講は大きな講であるとはいえ三つか四つに分裂しているとのことである。内場焼香講も同様であるが、この講の三、四人の者が講の指導者である弓家多右衛門と同じように法談をするので、これらが互いに嫉妬心を持っている。そうしたことが原因で講内の秩序が乱れているという。

探玄の認識の第三は、他の使僧の入国がトラブルの原因であるというものである。本山への探玄の報告書で次のようにいう。

一昨申年（嘉永元年）井関久兵衛ト申者、石田様ヨリ添状持参候テ、御本山御使者ト称シ、弓家多右衛門・正右衛門薩州引廻ニテ、且又明勝寺（探玄）ハ島田様御一存ニテ御差下、御本山御差向ト申次第ニハ無之、尚上納抔同寺へ取次相頼候共、御殿へ相届候儀ハ無之様、種々悪口イタシ候由(30)

これによれば、井関久兵衛という者が、天保期の西本願寺の財政処理担当者であった石田敬起(31)の添状を持参し、本山の使者と称して薩摩に入国して、講の指導者である弓家多右衛門・正右衛門により諸講を案内されたという。そして弓家は、探玄について本山家老の島田が一存で薩摩に差し向けた僧侶であって、本山の正式な使僧ではないばかりか、諸講から取次を依頼された上納金を本山へ届けていないなどと悪口を言ったとされる。その上で、探玄は次のように指摘する。

多右衛門ハ五十日余モ拙寺へ随身イタシ、法語聴仕居候、其後井関久兵衛引入、又々已前ノ故執申立、秘伝安心ヲツノリ、明勝寺（探玄）ハ異儀、御殿御差向ノ井関氏コソ正意ニ候由申立(32)

これによれば、弓家多右衛門は探玄に頼って法語を聴聞していた時期もあったが、井関久兵衛を引き入れてからは、以前の「秘伝安心(33)」をつのり、探玄の方が「異儀」で、本山から派遣された井関こそ「正意」である旨、

申し立てているという。このような悪口は、

名勝寺《（探玄）》ヲ落、再御差向モ無之様取計、思ノ侭異儀ヲ弘メ、己等カ渡世ノ便ニ仕度存念ノ由[34]

とあるように、探玄を貶めて、探玄が再び薩摩に入国できないようにするための策略であるという。井関久右衛門や弓家多右衛門らが思いのままに「異儀」を広め、自分の渡世の方便にしようとしているとされる。

探玄から本山家老島田への伺書には、他にも多くの入国僧がいることが指摘されており、これらについて次のようにいう。

ケ様に多人込入候ては、追々惣法難の基と相考られ、二には後を顧ず当座凌にて、往々怪事を企て、施財を貪のみ、甚に到ては御殿御内命抔申立、愚夫愚婦をあさむく由[35]

探玄は、薩摩に多くの僧侶が入り込んでしまっては、追々「惣法難」の原因になると指摘する。そして、彼らはその後のことを考えずに当座しのぎで怪しいことを企て、施財を貪るだけで、本山からの内命などと申し立てて信徒たちを欺いている、とされる。したがって探玄は、「已後誰ニテモ御差向ノ節、御差支ニ可相成ト愚考仕候[36]」といい、以後誰であろうと本山から薩摩へ使僧を派遣するべきでないと訴えている。薩摩での活動は自分だけで十分である、と探玄は言いたいのであろう。

### （4）反探玄派の認識

これに対して、反探玄派の認識では、探玄が入国したことそれ自体に混乱の原因があると考えていたようである。内場仏飯講惣代久太郎らの本山への報告書では、次のようにある。

焼香講・煙草講・仏飯講、右三講古来より何事も相談仕来候所、明勝寺《（探玄）》殿御入込に相成候節より、右講内何

所となく混雑仕候(37)

これによれば、焼香講・煙草講・仏飯講の三講は以前から何事も相談しながらやってきたが、探玄が入国したころから講内が混乱するようになったという。

別の史料（仏飯講久太郎他二人からの情報であるという点では右に同じ）には、次のようにある。

元来御煙草講・焼香講・仏飯講等、信明院《本如》様御書御染筆被成下、右三講一和仕、御法義相続仕来申候処、重誓寺《探玄》依怙の取計有之、講内機辺損、相互に争、一和不仕、終に法難の基にも可相成と歎ケ敷奉存候(38)

これによれば、元来、煙草講・焼香講・仏飯講は、本山から本如（本願寺派第一九代法主）の染筆を共同で下付されて、三講一致してこの信仰活動を継続してきたという。しかし、探玄には依怙贔屓するところがあったので、講内に機嫌を損なう者が生まれて対立するようになった。これがもとで法難にもなるかもしれない、と久太郎らは不安を訴えたという。

以上のように、一九世紀に入って幕末維新期まで鹿児島藩領の隠れ念仏諸講・信徒の間で様々な確執があり、混乱状況が深刻化していった様子が窺える。この過程で、このままでは法難が起こる恐れがあると感じた者は多かったし、実際、天保期以降幕末にかけて、断続的に信徒が摘発された。その際でも処罰が一律であったのではないが、それ以前に比べれば、鹿児島藩は信徒の内在的属性にまで踏み込んでくるようになったといえる。

鹿児島藩領では廃仏毀釈を経て、廃藩置県後の明治九年（一八七六）に浄土真宗が公認されることになった。そして、この地域では浄土真宗が最大勢力となる。近世期、真宗寺院が一つもなかったのに、近代以降、こうした転換が可能だったのは、やはり隠れ念仏信徒がねばり強くその信仰活動を継承していったからであろう。それに加えて、鹿児島藩領では近世期に寺請けによる宗門改が行われておらず、廃仏毀釈が徹底して実施されたことも、近代に浄土真宗以外の宗派が廃れ、真宗が勢力を伸ばすことができた要因といわれる。

しかし、本章で検討してきた混乱状況は、その後、隠れ念仏信徒たちの分裂に結実していくことになる。すなわち、真宗解禁後、近世以来、指導を受けてきた浄土真宗本願寺派へ属する者がいる一方で、三業派のなかには浄土真宗大谷派へ流れる者が生まれ(39)、さらにそれとは異なる第三の道として隠れ状態の継続（カヤカベなど）を選択する者もいた。こうして、鹿児島藩領における諸属性の近世的共存関係は解消していった。

## おわりに

最後に、潜伏状態にあるということの意味について触れる。潜伏して活動する人びとの生活態度は、表向き、世俗秩序にしたがっていくのが基本であったとすれば、彼らにはその現実の秩序を破壊しようという志向性はなかったと考えるのが妥当である。意識しているかどうかは別として、潜伏して活動した人びとは諸属性の併存関係を保持しようとしていたといえる。近世日本では、被治者の外在的属性が表向きその秩序を乱すものでなければ、内在的属性がどのようなものであろうと、治者からは放置されていた。ともに、被治者の態度は、総じて併存を受け容れるというものであった。こうした治者と被治者の関係から、近世的共存関係が保たれていたといえる。

ところが、この状態はやがて動揺していった。近世後期になると、教団を含む治者は正統を強調して異端を糾そうとする行動が目立つようになる。その背景には、宗派意識の自覚化(40)や、世俗秩序の矛盾の進行などが想定される。こうした治者の介入は、混乱状況を促進した。隠れ念仏の場合の使僧、隠し念仏の場合の密偵、潜伏キリシタンの場合の庄屋・宣教師がそれに当たる。こうして、近世的共存関係の動揺から解消へ向かい、代わって曖昧な状態を許さない新たな秩序が形成されていく、というのが筆者の見通しである。

注

（1）大橋幸泰『近世潜伏宗教論――キリシタンと隠し念仏』（校倉書房、二〇一七年）。
（2）大橋幸泰『潜伏キリシタン 江戸時代の禁教政策と民衆』（講談社、二〇一四年、二〇一九年に講談社学術文庫として再刊）。
（3）「切支丹」とは、現実のキリシタンとは異なり、厳しい禁教政策のもとに荒唐無稽なイメージで語られた想像上のそれである。序章（注1）参照。
（4）大橋幸泰「近世日本の異端的宗教活動と宗教的属性――潜伏キリシタンと隠れ／隠し念仏」（『歴史学研究』九四一、二〇一六年、本書第六章）。
（5）大橋幸泰「近世日本の異端的宗教活動と秩序意識」（『人民の歴史学』二一三、二〇一七年、本書序章）。
（6）天明三年七月二二日付薩州諸講中宛島田讃岐守《(西本願寺家司島田勝富)》書状（「薩摩国諸記」『日本庶民生活史料集成18 民間宗教』三一書房、一九七二年、以下『史料集成』と略す）四八二頁。
（7）文政五年一一月付本山役人宛川内十八日講惣代鮫島善右衛門「乍恐申書附御歎奉申上」（「薩摩国諸記」『史料集成』四九九頁）。
（8）嘉永元年本山宛差出人不明（隠れ念仏諸講関係者か）「口上覚」（「薩摩国諸記」『史料集成』）五〇六頁。
（9）文政五年四月付十八日講中宛上田織部《(西本願寺家司)》書状（「薩摩国諸記」『史料集成』）四八七頁。
（10）天保三年四月七日付薩摩諸講中宛本山役人書状（「薩摩国諸記」『史料集成』）四九二頁。
（11）嘉永元年本山役人中宛（何国何寺法名）雛形「誓詞の事」（「薩摩国諸記」『史料集成』）五〇五頁。

（12）同注（4）。

（13）浄土真宗が禁止されていない地域における隠し念仏の場合も、類似の状態にあった。この宗教活動の実践者が強く望んでいたのも来世救済である。彼らの活動から、頼むという行為と信心獲得の自覚を重視している様子を確認できる（大橋幸泰「近世秩序における「邪」の揺らぎ」『シリーズ日本人と宗教――近世から近代へ6 他者と境界』春秋社、二〇一五年、本書第七章）。また、たとえば江戸の隠し念仏の場合、願望成就の後、指導者から「東の門徒ならば、今日浅草御掛所へ御礼を申、築地御坊の御門下ならば、明日早く参詣致」すとともに、「此度誠の信を得られたる事なれば、御坊は猶更手次の御寺へも疎略あるべからず」と指示されている（「庫裏法門記」『日本思想大系17 蓮如・一向一揆』岩波書店、一九七二年）五〇一頁。つまり、現実の秩序については尊重する立場を取っていた。これが、彼らが潜伏して活動していたことの理由である。隠し念仏は寺檀関係寺院の直接指導を回避するという点に特徴がある。教義や活動については、隠れ念仏と通底するものがある。

（14）浄土真宗本願寺派の教学論争である三業惑乱（本願寺史料研究所編『増補改訂 本願寺史』二、本願寺出版社、二〇一五年、三三三～三七五頁）において、最終的に異義であると判定された教義を支持する僧侶。

（15）文政六年九月付大坂西教寺（諸講への取次寺）宛上田織部（西本願寺家司）「達書」（『薩摩国諸記』『史料集成』）四八七頁。

（16）天保一四年八月付本山役人宛諸講惣代書状（『薩摩国諸記』『史料集成』）五〇〇頁。

（17）嘉永元年本山宛差出人不明（隠れ念仏諸講関係者か）「口上覚」（『薩摩国諸記』『史料集成』）五〇五頁。

（18）嘉永四年一二月一四日付本山宛探玄伺書（『薩摩国諸記』『史料集成』）五三三頁。

（19）瀧川哲哉「薩摩藩の真宗門徒」（第七七回民衆思想研究会レジュメ、二〇一三年）。

（20）嘉永元年本山宛薩摩・日向国諸講世話方「奉願上口上書」（『薩摩国諸記』『史料集成』）五〇四頁。

（21）嘉永元年本山宛差出人不明（隠れ念仏諸講関係者か）「口上覚」（『薩摩国諸記』『史料集成』）五〇六頁。

（22）嘉永四年七月四日付記事「薩摩国諸記」（『史料集成』）五二六頁。

（23）嘉永二年二月付本山役人宛齋藤紹甫ら書状（『薩摩国諸記』『史料集成』）五一四頁。

（24）嘉永六年六月付本山宛灯明講講頭藤崎孫七・世話方金助・番頭幸作書状（『薩摩使僧日記・手控』『史料集成』）五五八頁。

（25）嘉永六年二月一九日付献上物御役所宛探玄「口上控」（「薩摩使僧日記・手控」『史料集成』）五五九頁。
（26）嘉永六年二月一九日付献上物御役所宛探玄「口上控」（「薩摩使僧日記・手控」『史料集成』）五五九頁。
（27）嘉永四年正月付本山家老島田役所宛探玄「奉伺条々」（「薩摩国諸記」『史料集成』）五一八頁。
（28）嘉永四年八月本山宛探玄「奉言上口上の覚」（「薩摩国諸記」『史料集成』）五二七頁。
（29）嘉永四年本山宛探玄「奉言上口上ノ覚」（「薩摩使僧日記・手控」『史料集成』）五四九頁。
（30）嘉永三年本山宛探玄報告書（「薩摩使僧日記・手控」『史料集成』）五四七頁。
（31）本願寺史料研究所編前掲書注（14）二二四〜二三五頁。
（32）嘉永三年本山宛探玄報告書（「薩摩使僧日記・手控」『史料集成』）五四七頁。
（33）嘉永二年閏四月付と思われる、本山宛探玄「内密御尋の旨乍恐奉言上口上覚」（「薩摩国諸記」『史料集成』）五〇九〜五一〇頁によれば、弓家多右衛門は次のような経歴であったという。生まれは「薩州外道院（祁答院）大口」で、「国法に付落度」があった（詳細不明）ので、「弓家庄右衛門」を「弓家多左（ママ）衛門」と改め、肥後に二、三年ほど身を隠していた。その間、浄土真宗の法義を学び、薩摩へ戻って法談するようになった。こうして、二、三度本山へ赴くため上京し、大口椎茸講の世話方を務めたり、他の講へも法談をしたりしたが、諸講の同行には違和感を与えた。その理由は、その法談の内容が「初起安心受得の時は、心有其印、或は身の毛いよたち、或は闇中に光明を拝し、仏語を聞抔の奇瑞、種々有之由勧方仕」というものであったからで、同行たちは「不承知」としてこれを「邪義」と申し立てたという。その後、弓家は探玄にしたがって「改心」したが、井関を引き入れてから再び「異儀」を唱えるようになった、というのが探玄の主張である。なお、弓家が説いた法談の内容は、各地に見られる隠し念仏の秘儀に似ているようである（大橋「近世秩序における「邪」の揺らぎ」同注（13）本章第七章参照）。彼が肥後で学んだ法談がそれであったとは断言できないが、隠れ念仏と隠し念仏とがつながっていた可能性が示唆されていて興味深い。
（34）嘉永三年本山宛探玄報告書（「薩摩使僧日記・手控」『史料集成』）五四七頁。
（35）嘉永四年正月付本山家老島田役所宛探玄「奉伺条々」（「薩摩国諸記」『史料集成』）五一九頁。
（36）嘉永三年本山宛探玄報告書（「薩摩使僧日記・手控」『史料集成』）五四八頁。

(37) 嘉永四年七月付本山宛内場仏飯講惣代久太郎・金助・徳次「乍恐以書付奉申上候」(「薩摩国諸記」『史料集成』) 五二七頁。
(38) 嘉永四年七月八日「献上物懸伺」(「薩摩国諸記」『史料集成』) 五二六頁。
(39) 星野元貞『薩摩のかくれ門徒』(著作社、一九八八年)、瀧川前掲レジュメ注(19)。なお、大谷派(東本願寺)への転派の経緯については、別に検討する必要がある。探玄は日向の直純寺との間でも確執があり、その延長線上に直純寺が隠れ念仏諸講とともに大谷派へ転派しようとしたという事実がある(星野『薩摩のかくれ門徒』)。これらの考察については、他日を期したい。
(40) 引野亨輔『近世宗教世界における普遍と特殊』(法藏館、二〇〇七年)。

# 第九章　属性論で読み解く潜伏キリシタンと村社会

## はじめに

近年、潜伏キリシタンに関する研究が活発化している。二〇一八年、「長崎・天草地方の潜伏キリシタン関連遺産」がユネスコの世界文化遺産に登録されたが、その運動のなかで先行したキリシタンのイメージと、研究によって明らかにされた実態の差異もうきぼりになっている。

代表的な研究として、宮崎賢太郎『カクレキリシタンの実像――日本人のキリスト教理解と受容』[1]、中園成生『かくれキリシタンの起源――信仰と信者の実相』[2]、大橋幸泰『近世潜伏宗教論――キリシタンと隠し念仏』[3]などがある。とりわけ、潜伏キリシタンの宗教活動について、キリスト教とは異質な宗教活動（宮崎賢太郎）か、神仏信仰との並存（中園成生）か、という論点が注目される。属性論によって潜伏キリシタンの活動を考察する筆者の立場は後者の並存論に親和的である。

属性論でキリシタンを取り巻く村社会を読み解くと、何が見えてくるのか。以下、一八世紀末から一九世紀中期まで断続的に「異宗」事件が発生した、肥前国彼杵郡浦上村山里（幕府領）と肥後国天草郡今富村（幕府領、島原藩預かり地）を具体的な事例として検討する。

# 一　彼杵郡浦上村山里の村社会と諸属性

## （1）墓地における諸墓石の混在

寛政二年（一七九〇）に起きた浦上一番崩れ(4)の吟味の際、長崎奉行は長崎市中とその周辺寺院へ変形墓石の存在について調査を命じた。たとえば、長崎市中の延命寺が長崎奉行所に提出した「御請書之覚」には次のようにある。

一当寺檀那死亡之人、石塔ニ別紙図面之通、形替り戒名年号等不相記、俗名を彫、或者右之形ニ而一向無名之石塔茂有之哉之事

此儀当寺檀家石塔相調子申候得共、右体形替石塔無御座候(5)

これによれば、戒名・年号などを記さない俗名の変形墓石、あるいは無名のままの石塔があるか、との長崎奉行所からの問いに対して、当寺ではそのような石塔はないと延命寺が回答したことがわかる。同じ時期に、類似の文書が他寺院からも提出されている。長崎奉行所は変形墓石の存在をつかんでいたからこそ、こうした調査を行ったと見るべきだろう。

実際、浦上村山里村民の墓地には、仏教式墓石の他に、野石を墓に見立てた墓石が混在していた。村民の多くが檀那寺としていた聖徳寺から長崎奉行所に提出された「乍恐口上覚」では、次のようにある。

郷方之儀者、多分者葬送之節、野石を臥置候已ニ而、戒名俗名等彫付候儀者不得仕候、右不見馴石塔之儀者、寺法通与申儀茂難申上奉存候(6)

これによれば、村では葬送するときに野石をふせておくだけで、戒名や俗名を彫りつけることができない者が多くいるという。また、このような見なれない石塔は寺法にかなったものとはいえないことも指摘している。この史料から、潜伏キリシタンの檀那寺であった聖徳寺が変形墓石の存在を認識していたことを確認できる。

安政三年（一八五六）に起こった浦上三番崩れの吟味では、当該期潜伏キリシタンの指導者であった吉蔵が次のように証言している。

墓所は戒名彫付候を嫌ひ、野石を据置、又は他見を厭ひ碑を建候ものも有之候(7)

これによれば、彼らの墓所では戒名を彫りつけることを嫌って野石をすえておいたり、他見を避けて石碑をたてたりしている者がいるという。キリシタン当人も野石式墓石が「異宗」関係者のものであると認め、長崎奉行所でもそのように認識していた。

長崎市中の寺院では野石式墓石について、次のように見なしている。

（本蓮寺）貧賤之檀家死亡葬り候後、建塔之営難出来、向々者唯墓印迄ニ、野石等を当時建置候類者格別(8)

（大音寺）下賤之墓ニ□野石を建、戒名者勿論俗名年月等茂不得相記、墓印而已ニ仕置候ものハ有之候得共、是ハ石塔与者不称、墓印与申迄ニ御座候(9)

これによれば、野石式墓石を建立したのは、「貧賤」・「下賤」の者であるという。また、

（大音寺）建塔之営ミ茂難出来もの共、野石等ニ而墓印ニ致置候儀者制外ニ可仕歟と奉存候(10)

（禅林寺）野石を以石塔ニ建置候類者、何れ茂無銘ニ候得共、全く貧窮ニ而費を厭ひ、無是非自然石ニ而塔之

形ニ致候、……縦令野石無銘之塔を建候共、宗法ニ差支候儀者無御座候(11)

とあるように、彼らは経済的に石塔を建てることが難しいので、野石を墓印にしているにすぎないとの認識である。したがって、それを石塔とはいわないし、寺院が規制するべきことではなく、「宗法」にも不都合ではないという。

浦上村山里村民の見解はどうか。変形墓石について吟味を受けた村民の返答(12)は以下のとおりである。

（彦太郎・次右衛門）右塔ハ私共先祖之もの葬有之候由ニ候得共、先祖ハ誰葬送有之、如何様之子細ニ而形変候塔建置候哉、委細之訳ハ及承不申候

彦太郎らは、自分たちの先祖を葬ったものであると聞いているが、誰を葬送したのかはわからないと回答した。なぜ形の変わった墓石なのかも詳細は不明という。

（貞次郎・八三郎・伝次郎）盆祭等ハいたし来候得共、誰葬有之候と申儀申伝も無御座、如何様之訳ニ而形変候塔建置候哉、委細之訳ハ不奉存候

これによれば、これまで供養はしてきたけれども、誰を葬ったのかは申し伝えがなく、なぜこのような形が変わった墓石を建立したのかもわからないという。

（五平）私父孫右衛門幷母葬有之候、右石弐ツ共父孫右衛門存生之内、自分夫婦之墓石ニいたし候積、石工ゟ貰請置候由ニ而、居宅脇ニ有之候付、死去いたし候節、墓所江持越建置候

五平の証言によれば、自分の父母である孫右衛門夫婦を葬ったものであるという。その二つの石は、孫右衛門が生前に自分たち夫婦の墓石にするつもりで、石工からもらい受けたものだとする。しばらく居宅の脇に置いてあったものを、父母が亡くなったとき墓所へ持って行き、建立したものだという。

このように、詳細は不明といいながらも、被葬者を確定できるものと不明なものとがある。なかには、本人が生前に確保しておいた墓石の場合もあった。また、次の新三郎の証言のように、親族でなくても、供養を行っていたケースもある。

（新三郎）右塔ハ誰葬有之候哉不奉存候得共、元家野郷弥惣と申もの之墓地ニ有之、同人相果無縁墓ニ相成候付、隣家之儀ニ付、私父新左衛門盆祭等いたし遣来候処、拾五年以前父新左衛門相果申候、父存生之内盆祭等いたし遣候様兼而申聞置候間、今以盆祭いたし遣候儀ニ付、如何様之訳ニ而右体之塔建有之候哉不奉存候

これによれば、この墓石は誰を葬ったものかわからないが、以前、家野郷弥惣という者の墓地にあったもので、弥惣が亡くなったときに無縁墓になったので、隣家のよしみで自分の父である新左衛門が供養してきたという。その父も一五年前に亡くなり、父が存命中、自分が亡くなっても供養してほしいと申し聞かされていたため、子の新三郎がそれを受けついだとされる。

以上のように、野石式墓石が存在する理由が、貧困によるものか、別の理由によるものか、明快な回答は避けられているようにも見えるが、寺院も村民も、仏教式墓石と野石式墓石の混在を当然視していた。村社会において、両者の混在は自明であったが、一八世紀末に起こった一番崩れまで、この状態について誰も問題にしなかったということであろう。

## （2）村社会における村民と被差別民

浦上村山里は家野郷・本原郷・中野郷・里郷・馬込郷によって構成される村で、この内の馬込郷に被差別民が居住する皮屋町があった。従来の研究では、馬込郷以外に居住する村民（多くは潜伏キリシタン）と、彼らを監視

する役目を負った皮屋町の被差別民とが反目し合っており、その結果、慶応三年（一八六七）に起きた浦上四番崩れの際、両者の間に暴力的なやりとりがあったとされてきた。(13)もちろん、被差別民が行刑役や警察の機能を担うことは一般的に知られており、不思議なことではない。しかし、浦上村山里における村民と被差別民との対立状況がそれ以前から存在したかといえば、それは疑問である。この点、前稿でそうした見通しを示したが、(14)別の史料で確認してみよう。

寛政二年（一七九〇）に起きた一番崩れは、最終的には寛政八年に「切支丹」はもちろん「異宗」も存在しなかったとして決着した。この間、「異宗」を摘発しようとした庄屋高谷永左衛門と、庄屋の「私欲」を告発しようとした村民とが激しく対立した。ここで検討するのは、この事件の決着がつく前年の寛政七年に起きた牛屠畜一件である。

この事件の史料として、長崎奉行所の記録『犯科帳』に、次のようにある。

一　浦上村中野郷　徳　松

丑正月廿一日入牢、同八月廿七日数日入牢申付置候付、咎之不及沙汰

右之者、大村領利兵衛より黒牛壱疋、無宿八三郎世話を以代銭五貫八百文ニ買取、間もなく煩付殞候付、損失を厭ひ八三郎申合、解牛ニ致し皮を剥、皮角は穢多利八江売払、肉は油を煎是又売払候積之由申立、異宗祭事ニ相用候迚被頼候儀ニは無之趣は、吟味之上相分リ候得共、牛馬ハ実々相煩候は丶、療治心得候ものへ見セ、得と薬用等之手当も可致処、丸薬為給候而已ニ而、手当疎ニ致し候上は、全相煩殞候との申口も難取用、不埒ニ付咎可申付処、数日入牢申付置候付、咎之不及沙汰旨申渡候(15)

これによれば、浦上村中野郷の百姓徳松が黒牛一疋を無宿八三郎の仲介で大村藩領の利兵衛から購入したが、

その牛が間もなく死亡した。このままでは損失になるので、それをきらって解体し、その皮を皮屋町の利八へ売り払ったという。肉は油で煎じ、別の者に売るつもりでいたとされる。したがって、牛を解体したのは、「異宗祭事」に用いるためではないと徳松は証言した。長崎奉行所はその点、理解はしたが、本来なら牛馬の治療に心得のある者に見せ、しかるべき手当をするべきであったのを、丸薬のみを与えて手当を疎かにしたのはけしからんという考えであった。結果として不埒であるので、咎めを申しつけるべきであるが、数日すでに入牢しているので、これ以上の罪は問わないとされ、徳松は釈放された。

皮を購入した皮屋町の利八に対する判決は以下の通りである。

一　利《皮屋町》八《穢多》

丑正月廿二日他参留、同八月廿七日無構

右之もの、八三郎・利左衛門より牛之皮壱枚角二本買取候儀ニ付、口書申付候得共、申口相分リ付、構無之旨申渡候[16]

ここでは、利八が八三郎・利左衛門から牛の皮一枚と角二本を購入したことになっている。利左衛門は浦上村本原郷の百姓である。徳松は八三郎と利左衛門の協力により牛を解体したので、こうした書き方になっているのだろう。いずれにしても、長崎奉行所は利八が皮と角を購入した事実を確認した上、利八に対してしばらく外出禁止を命じた後、罪に問わないとした。

この一連のやりとりから注目されるのは、牛屠畜の目的を「異宗祭事」に関係があるかと浦上村山里の村民の徳松に問い詰めたのは長崎奉行所であって、皮屋町の利八ではなかったことである。利八が牛屠畜について、「異宗」に関係しているかどうかと徳松を責めた形跡はない。単純に、被差別身分の利八が百姓身分の者から皮を購入した事実が確認されているだけである。

牛屠畜が「異宗祭事」に関係しているかどうかを問われたのは、キリシタンの習俗としてしばしば牛肉が祭壇に供えられることが知られていたからであろう。実際、天草でも類似の事件が起きている[17]。もし近世期を通じて、浦上村民と馬込郷内の皮屋町に居住する被差別民とが対立関係にあったとすれば、この事件の際、利八が牛の皮の購入を持ちかけられたとき、牛屠畜が「異宗」に関わりあるのかどうか、まずは利八が徳松を責め立てたであろう。その形跡がないというのは、そもそも両者に対立関係が存在しなかったからなのではないか。右の牛皮の売買から考えても、浦上村民と皮屋町被差別民は、むしろ共存関係にあったと考えるべきではなかろうか。

## (3) 近世秩序のなかの浦上村山里

いうまでもなく、浦上村山里は江戸時代の秩序のもとに運営された近世村落である。地方文書が失われている現状では、この村で近世期にどのような日常があったのかを詳しく知ることができない。しかし、その痕跡はある。ここでは、同村庄屋の「高谷家由緒書」[18]に見る村社会の日常を探ってみよう。

この史料は、慶長期から宝暦期まで（一七世紀初期〜一八世紀中期）、浦上村山里の村社会の一端を描写している。冒頭部分では、高谷氏の出自が「藤原鎌足公之後胤菊地肥後守武重」であるとされ、高谷を最初に名乗る菊地蒲三郎正重が浦上村に居着いたいきさつを解説している。正重は諸国を放浪した後、一時、大友氏に仕え、牢人の後、浦上村にやってきた。慶長一〇年（一六〇五）の検地の際、正重は惣庄屋を命じられ、高谷小右衛門と改名し、徳川家康に拝礼の上、朱印状を下付された。しかし、寛永五年（一六二八）三月三日の火事によって、その朱印状をはじめ系図なども失ったという。この史料では、その後の当主を幕末までたどっているが、この部分は幕末に書かれたのではないかと考えられる。後に続く浦上村山里の概要は宝暦期までの内容となっているので、冒頭部分はこの文書をまとめる際に付け加えられたものだと推測できる。

この由緒書が作成された目的ははっきりしない。しかし、最後の部分が、延享元年（一七四四）に当主となった高谷源次右衛門重範によって、子孫へ教訓を語るという形式の文書となっていることから、源次右衛門の代のときに村落運営上の家訓として作成されたものではなかろうか。

源次右衛門は子孫に遺す教訓として、特に次の三か条を強調している。

一子々孫々迄、御役儀ニ掛り、芥毛頭私欲致へからす

一はくえきニ携申へからす

一只今迄持来候田畑、他人江譲申間鋪事

但、右ニ携候得者、子孫断絶之儀無疑

第一に役儀を勤めるにあたって私欲をもってはいけない。第二に博奕に関わってはいけない。第三に先祖伝来の田畑を他人に譲ってはいけない、の三つである。いずれも家を継承するための教訓としては目新しいものではなく、通俗道徳を強調する点で近世秩序の枠組みに収まっているといえる。

そうした方針のもとに記された「高谷家由緒書」から、近世村落ならどこにでもありそうな日常が浦上村山里でも展開していたことが窺える。たとえば、「伝馬」「川普請」「郷蔵」「土橋」「船株」「夫食」「井関」「山留」「年始歳暮」「年貢米」「田畑損毛」「米拝借」「救米」「定免」「国々巡見上使」など、一般的な近世村落の日常生活を示す語を容易に拾い出すことができる。

ここではそのなかから、三点、注目してみよう。第一は村民の檀那寺・鎮守の活動、第二は享保飢饉の際の御

救、第三は巡見使への直訴、である。

第一は村民の檀那寺・鎮守の活動である。

聖徳寺幷圓福寺普請、村中ゟ人足差出ス
山王社祭礼諸物入、村中貫銀ニ而いたす
聖徳寺幷圓福寺米麦年ニ二季、村々ニ而貫立遣ス
無凡山金毘羅三所権現勧請有之、麓ニ屋鋪分切畑求候
無凡山吉祥院依頼、神宮寺と寺号御免願書奥印、庄屋高谷孫市

これらはそれぞれ別々の箇条であるが、村民が村内宗教施設の普請に人足として動員されたり、祭礼の経費を負担したりしている様子が記されている。この内、聖徳寺は浄土宗の寺院で宗門改の際、檀那寺として村民に寺檀関係を証明した。圓福寺はこの村の鎮守山王社の神宮寺である。明治政府の神仏分離政策で取りつぶされ、山王社のみが残されたが、それまで村民の信仰を集めた真言宗寺院である。無凡山には金毘羅宮が勧請された。そこに僧侶が神宮寺建立を求め、その願書に庄屋が奥印をしていたことがわかる。潜伏キリシタンが多数存在したとはいえ、近世秩序のもと、神仏習合の宗教環境が保たれていたといえる。

第二は享保飢饉の際の御救である。

一享保十七子年、田作閏五月より虫付、六月ニ至不残皆無ニ相成、当所者不及申、十七ケ国程之皆無と伝承候、
昔古ゟ無之損毛ニ而、諸国共ニ困窮不大形
一田作皆無ニ付、御上使柴村藤右衛門様、国々御巡見被成候、九月廿七日長崎御着被成、……
一右ニ付、百姓共以之外困窮及難儀ニ付、夫食米御願申上候得共、御奉行所ゟ江戸御伺ニ成由ニ而延引、十

月御救免被成、一日男一人ニ弐合宛、女壱人壱合宛、子十一月朔日ゟ丑三月廿九日迄五ケ月之積ニ被仰出、月々ニ御米御渡被成候

この地域では、享保一七年（一七三二）閏五月より田方に「虫付」の被害が出て、六月には一七か国ですべて収穫が見込めなくなった。これまでに経験したことのない損耗で、諸国ともおおいに困窮している。九月には幕府上使が長崎に巡見に来て、田方の被害状況を確認していった。このように百姓が困窮し難儀しているので、夫食米を下付してもらいたい旨、長崎奉行所にお願いしたが、江戸に伺った上での決定ということでその返事は延引された。一〇月になって御救米が下される旨、返答があり、一日あたり男一人につき二合ずつ、女一人につき一合ずつの計算で、一一月一日から翌年三月二九日までの間、毎月下付されることになったという。

飢饉自体は非日常のことであったが、それに対する御救米の申請と下付は、百姓の生活維持のために実施される常識的行為である。これは、被治者に対して仁政や安民を施すことが治者の役割とされた近世秩序にそう、治者と被治者の関係を示す。

第三は巡見使への直訴である。「高谷家由緒書」には、幕府から派遣された巡見使が当村にも来訪している様子が記されている。その際、百姓から訴状が提出されているのは興味深い。

（延享三年五月）十四日当村御巡見、……百姓共直訴状差出、……御取上者有之候、乍然其已後為何儀茂無之、無ニ成ル

これによれば、延享三年（一七四六）五月、巡見使が浦上村山里にやって来たとき、当村百姓が直訴状を提出した。巡見使はそれを受け取ったが、それ以後何も対処しなかったという。

その際、隣村の浦上村渕からも訴状が提出されている。

御料廻御巡見上使之節、人夫出方ニ付、渕ら訴状ヲ以当村ヲ相手ニ、公事ヲ御代官所江申出
人夫の負担方法について不満があったのであろうか、渕が山里を相手に代官所へ訴え出たという。その結果は不詳である。

右の二つの訴状の具体的な内容について史料からは読み取れないが、こうした訴状の提出は負担軽減を求める百姓の行動といえる。前者は山里村民自身の、後者は隣村渕村民の負担軽減を求めるものだが、いずれも潜伏キリシタンが多数存在する浦上村山里の村民の日常生活に関わる動向である。彼らがキリシタンという属性を保持していたことは間違いないが、これらの事例から、浦上村山里が近世村落として機能していたことと、そのなかで近世百姓としての日常生活があったことを確認しておきたい。

## 二　天草郡今富村村方騒動に見る諸属性

### （1）今富村・崎津村断交事件と村民の諸属性

文化八年（一八一一）五月から六月にかけて、天草崩れ[19]の対象村の一つであった今富村で村方騒動が起こった。庄屋上田演五右衛門を糾弾しようという村民が二〇か条もその非法を列挙した訴状を作成し、天草郡を統治する役所のある富岡へ押しかけたのである。この村方騒動についてはかつて筆者も検討したことがあり[20]、その後、児島康子によって詳細に分析されている[21]。前者は潜伏キリシタンの結合意識が経済問題にも関係していることを指摘したものであり、後者はこの事件について経済問題を基本とした第二の天草異宗事件であると位置づけたものである。ここでは、それらの研究を下敷きにしながら、属性論の視座から改めてこの村方騒動を検討してみよう。

発端は隣村崎津村との断交事件である。その経緯について、二〇か条の訴状の第一条冒頭部分で次のように記されている。

去ル午（文化七年）冬崎津村江唐船漂着仕、船舸子不足ニ付、当村江人夫雇ニ参候処、庄屋ゟ申聞候者、此節崎津村江挽船舸子ニ参候者者、銭五貫七百文差出可申と申触候ニ付、壱人茂参り不申候故歟、当村ゟ此後崎津村江者、草伐浜稼等決而為致不申様申来、甚迷惑仕候[22]

文化七年冬、崎津村に唐船が漂着した。崎津村は漁業権を認められるのと引き替えに、漂流船が流れ着いたとき、その船を長崎まで曳航する義務を負っており、その役を果たすために不足分の水夫を今富村に求めた。このとき今富村庄屋上田演五右衛門が、崎津村に水夫に行く者は銭五貫七〇〇文を差し出さなければならない旨の触を出したことから、村民は一人も応じなかった。それ以後、崎津村民は遺恨に思い、崎津村での草刈りや浜稼ぎを今富村民にさせないようにしたので、はなはだ迷惑なことになったという。

演五右衛門は、水夫に行くことに条件を付けた理由について次のように説明している。

長崎江疱瘡流行仕候趣ニ付、……村内江為知不申候而者相成間鋪与、畢竟村方を厭ひ、庄屋上田演五右衛門ゟ本郷年寄八郎兵衛江申談候処、元ゟ村方茂已前疱瘡ニ手懲仕居候故、銭五貫七百文差出候様ニと、庄屋ゟ者不申聞義迄流言仕候而、長崎江唐船挽ニ参候者無御座候[23]

これによれば、演五右衛門は長崎で疱瘡が流行しているという情報を村方に知らせないわけにはいかないと考え、村民をいたわろうとしたのだという。それを（今富村本郷の）年寄八郎兵衛を通じて村民に伝えたところ、もし水夫に行くのであれば銭五貫七〇〇文[24]を差し出さなければだめだという、演五右衛門が言っていないことも流言として村内に広まった。以前、疱瘡が流行したときのことに懲りたということもあり、今富村からは誰も水夫に出て行かなかったという。

　これを受けて、翌年正月、演五右衛門は今富村年寄と、同村本郷の百姓代、枝郷小島の百姓代と連名で、崎津村の非分について富岡役所に訴え出た。その訴状の冒頭で次のようにいう。

　当村百姓共諸作物幷薪等、是迄崎津村江日々持出売払候而、帰ニ者田畑肥幷諸色等調渡世仕来候所、去（文化七年）十二月廿二日朝より、当村之もの江者何品ニよらす売買不仕候様、崎津村申極候之由ニ而追返候ニ付、空敷罷帰申候(25)

　これによれば、これまで今富村民は崎津村へ日々作物や薪などを売り払い、帰りに田畑の肥料や必要品を調えて渡世してきた。ところが、文化七年一二月二二日朝から、崎津村民が今富村民とは一切売買しないと取り決めたというので、今富村民は押し返され、空しく帰村したという。

　この後二三日から二七日までこの断交をめぐり、今富村の村民と崎津村の村民・村役人との間でやりとりがあった。崎津村民が今富村民を妨害しているのは誰の指図なのか、今富村民が詮索しようとした。しかし、崎津村からの返答ははっきりせず、翌年正月一四日、次のようなことが起こった。

　正月十四日当村枝郷小島海辺ニ而、蛎打ニ参居候処、崎津村ゟ船三艘ニ大勢乗組参、馬ノ爪之満隠候程之分ハ、崎津村支配ニ付、浜稼為致候儀不相成、去冬今富庄屋江書状を以菟合置候所、如何ニ而浜稼致候哉、不届之至と大勢口々ニ申立、蛎之分入物共ニ理不尽ニ押取仕、或者海ニ投捨候抔仕候而、向後小島浦ニ而決而浜稼不仕候様、万一相背候得者、今富小島之田畑作物山林等も、崎津村ゟ大勢参荒シ可申段申聞候、……潮満候分ハ崎津村拾六石之高之内ニ而有之候ニ付差留候抔と申之、甚理不尽之申分仕候、尤小島ニ者恨無之候得共、今富之枝郷ニ付、親かにくけれハ子もにくきと申事不知や、夫故ニ右体仕向候と申之(26)

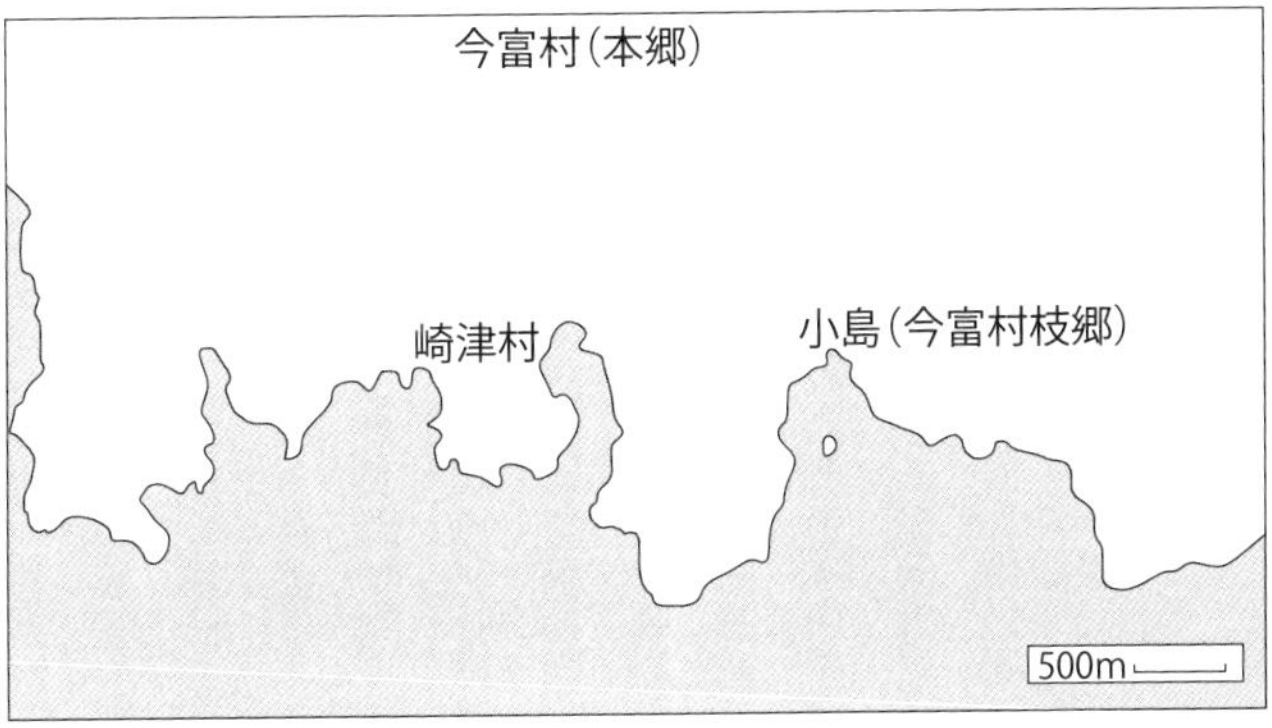

地図　今富村と崎津村

これによれば、今富村本郷の村民が枝郷小島の海辺で蛎打をしていた（地図を参照）ところ、崎津村民が三艘の船に大勢乗り込みやってきて言うには、小島浦の「馬ノ爪之満隠候程之分」は崎津村の範囲内であるという。したがって、ここで今富村の者が浜稼ぎするのは違法行為であり、その点、すでに昨年冬に今富村庄屋へ書面で申し渡してある。にも拘らず、浜稼ぎしているのはどういう了簡なのか。崎津村民は大勢でけしからんことだと口々に申し立て、蛎の入れ物を奪い取ったり、中身を海へ投げ捨てたりした。今後、今富村民が小島浦で浜稼ぎをやってはならず、もしそれに背いた場合には、小島の田畑作物・山林などを崎津村からやってきて荒らすつもりだと脅したという。さらに、満潮の分は崎津村一六石の石高の内に入っているから今富村の分ではない。小島の者に恨みはないが、小島は今富村の枝郷であるので、親が憎ければ子も憎いというのと同じで、こうした行為に出たのだという。

今富村から見れば、崎津村のこのような態度は理不尽に映る。

> 右体理不尽之儀不仕候様御糺被仰付被下候様、且田畑肥諸色売買等、以前之通仕候様被仰付被下置度奉願候(27)

訴状の最後の部分では、崎津村の行為を糾した上で、以前の通り崎津村と、田畑肥料・諸色売買などが行えるようにしてほしい、と訴えている。

以上のように、今富村は本郷と枝郷（小島）の百姓の総意をもって、この訴状を富岡役所へ提出した。ここで属性論の視点から注目するべきなのは、次の二点である。

第一に、訴えられた崎津村も今富村と同様、天草崩れで「異宗」信仰者が多数露顕した村であったことである。天草崩れで「異宗」信仰者と見なされた者はみな「回心」したとして許されているが、そのまま「異宗」信仰は継続されていたことがわかっている。両村の村民のすべてがキリシタンだったとはいえないが、対立する両村民にはキリシタンが含まれていたことは確実であるから、この断交事件ではキリシタン同士が対立していたことになる。

第二に、キリシタンと非キリシタンが混在する今富村民が村方一統で行動していたことである。右に検討した訴状は、庄屋上田演五右衛門が本郷・枝郷（小島）それぞれの年寄・百姓代とともに連名で富岡役所へ提出したものである。村民全員の意志を代表して村役人が訴えたものであるから、キリシタン・非キリシタンが共同で行動したことになる。庄屋演五右衛門は天草崩れの際、村内の「異宗」探索を積極的に行い、その摘発に尽力した人物である。キリシタンの村民は、天草崩れでは対立関係にあった演五右衛門とともに崎津村の非法を糾そうとした。

つまり、文化七年から八年にかけて起きた今富村・崎津村断交事件では、どちらの村民の行動も、その村民としての属性が優先された。特に、今富村民にとって、彼らの生活は崎津村との関係で成り立っていたから、崎津村との断交を解消できなければ死活問題であった。

## (2) 合足組の形成と諸属性

今富村と崎津村とで対立していたことの内、小島浦での漁場争いについては、文化八年六月に今富村庄屋上田演五右衛門・年寄佐次右衛門・小島百姓代長次兵衛・同紋助と、崎津村村役人との間で「済口証文」が交わされて決着する。小島の村民と崎津村民とが、漁場を使用する際の条件を双方納得の上、和解した(28)。

しかし、今富村本郷の村民の一部は、同年五月ころより庄屋演五右衛門を退けようと動き出し、翌年末までの間、村を二分する村方騒動を引き起こしていくことになる。まず、崎津村との断交の原因をつくったのは演五右衛門だという理屈を押し出し、その後、演五右衛門の非法を次々とあげて糾弾していった。

文化八年五月付の表紙がある演五右衛門の「日記(29)」には、五月八日の項(30)に次のようにある。

今晩五八宅江、茂左衛門・種右衛門・浅右衛門・勇左衛門・五右衛門、右五人参、清右衛門証文之儀ヲ申立ニ致、庄屋江難渋申掛、追退候様可致候間、先立人ニ相成呉候様相勧候由

これによれば、五八のところに、茂左衛門ら五人の者がやってきて、清右衛門の証文のことで庄屋（演五右衛門）に苦情を申し立て、庄屋役を退役させたいので、「先立人」を引き受けてほしいと申したという。この清右衛門の証文については後述するが、ここで注目されるのは、五八と茂左衛門ら五人の宗教的属性である。「徒党ニ不加者と相加候者名前帳(31)」には、五八が「素人」とある一方、茂左衛門ら五人はいずれも「異宗」とある。天草崩れで摘発された「異宗」回心者が、そうでない者に対して、庄屋排斥のリーダーになってほしいと依頼したということである。五八はこれを断ったので、グループに加わることはなかったが、合足組（後に庄屋の罷免を求めるグループの呼称）発足の最初の段階で、「異宗」非信仰者に対して、庄屋排斥の先頭に立ってほしいとの声がかかっていたことは、このグループの性格を考える上で重要である。

その後、五月一〇日から晦日まで、庄屋を排斥しようとするグループは集会を持ち、態度を明らかにしていない村民に対して仲間に加わるよう促したり、庄屋宅などへ押しかけて行ったりして、騒ぎが大きくなっていった。この過程で先に紹介した二〇か条の訴状が作成されたものと思われる。その箇条はすべて経済問題であったが、「異宗」回心者である孫左衛門は合足組のことについて、次のように庄屋へ伝えた。

孫左衛門　申口

最初村方之者共申談候ハ、崎津ゟ今富村出入差留難渋ニ差及候ハ、、元来唐船挽船一件ゟ事起り、是迄段々延々ニ相成、村方至而迷惑之筋ニ候間、崎津村江庄屋ゟ断被申入、元々之通被致呉候様可申達、若其儀難成被申候ハ、、庄屋ゟ村中難渋相救被呉候様可致と、村方申談候節迄ハ、私義者相加候居候所、段々右一件永延候ニ付而ハ、七年以前異宗御糺と、幷去年博奕吟味右両条之打返妄念晴シ致、庄屋ヲ追退候様可致之段、永四郎申聞候(32)

孫左衛門は、今富村が崎津村と断交することになった当初の原因が「唐船挽船一件」であったとした上で、その解決が延引して村方が迷惑したので、この状況を何とかしてほしいと庄屋（演五右衛門）へ申し入れるというところまでは自分も同意し、仲間に加わってきた。しかし、この一件が長引くにつれ、庄屋を退役させようとするのは、文化二年の「異宗御糺」（天草崩れ）と文化七年の「博奕吟味」の二つの「妄念晴」しのためだということを、永四郎から聞かされたという。そして、右の史料に続けて孫左衛門は、天草崩れの際には寛大な処置であった恩義があり、自分は博奕もしないことから、合足組に加わることはできないと述べた。

右の事例は、合足組による「異宗」回心者への参加要請であったが、そうでない者への呼びかけもあった。「徒党ニ不加者と相加候者名前帳」には、六月一六日のこととして次のようにある。

伝蔵・兼作・西右衛門、小島へ罷越、庄屋ヲ退役為致候ニ付相加り候様、当時之庄屋相勤居候而ハ、先祖江対難相済と申相勧候得とも、小島之義ハ庄屋へ少も申分無之ニ付、壱人も相加り不申候(33)

これによれば、伝蔵ら三人の者が小島へ行き、庄屋を退役させたいので合足組に加わるように勧めたが、小島の者は庄屋に対して少しも申し分はないので、一人も加わらなかったという。庄屋演五右衛門が小島の村役人との連名で、崎津村の村役人の署名のもとに「済口証文」を交わしたのはこのころである。

さかのぼって、演五右衛門の「日記」五月一二日の項には、次のようにある。

今夜徒党之もの共、氏神拝殿ニ大勢相集組シ候得ハ、崎津出入為致可申、組シ不申者ハ、決而出入不為致と申聞、其外渡世妨候様おどし為聞相勧候而、名前着帳致候(34)

これによれば、この日の夜、合足組村民は氏神拝殿(35)に大勢集まり、これに加わる者は崎津村との取り引きを許すが、加わらない者は崎津村との取り引き不許可はもちろん、その他生活を妨害する旨、態度を表明していない者に対して脅したという。小島への参加要請と合わせて考えると、合足組村民は「異宗」回心者のみに参加を勧めていたのではなく、村民すべてを対象に参加強制を勧めていたことがわかる。

### （3）合足組の論理

合足組が広く参加を呼びかけたのは、演五右衛門の庄屋としての資質を問題にしたからである。確かに、合足組が作成した二〇か条の訴状はほとんどが経済問題であったし、演五右衛門の責任として最初に問題になったのは、清右衛門の証文のことであった。二〇か条の訴状では、第三条に記されている。

当村宅蔵親勘助ゟ庄助江、売置候田地請地仕候処、清右衛門自分銭を差出庄助江申談、……庄屋奥印之証文

ニ而御座候へハ、庄助を清右衛門言語其侭何事茂不申、無是非見合居候処、右之奥印証文を清右衛門剪割き、庄助買主を我買主与名前を替、庄屋之奥印を剪割有之候へ共、清右衛門江者咎茂無御座、其侭捨置被申候(36)

これによれば、宅蔵の親勘助から庄助へ売り渡した田地について、庄助には金銭が不足していたのであろうか、清右衛門が金銭を援助するという申し出があった。その上で、庄屋の奥印がそえてある証文を清右衛門が切り裂き、買主の名前に庄助とあるところを清右衛門に書き替えたが、庄屋演五右衛門は清右衛門を咎め立てることなく、そのままに捨て置いたという。この点、糾してほしいという趣旨である。これに対して演五右衛門は、買主の名前を書き替えたのは清右衛門が勝手にやったことで、「全庄屋不存儀ニ而御座候(37)」として、自分のあずかり知らぬことだと反論した。

文化八年五月に作成された二〇か条の訴状は演五右衛門の失策を並べたものであるが、それに加えて文化九年一二月に富岡役所で吟味が始まった際にも、二〇か条の内容とは別に演五右衛門の非法が重ねて訴えられている(38)。ここには三か条あり、先の二か条が上納銀についての不審、最後の一か条が氏神祭礼の際の事件に関わる不審である。

上納銀についての不審の第一は、富岡役所へ上納しようとした銀に悪銀が含まれていたことである。文化六年一一月、近隣の軍浦に薩州船が到着した際、何かを取り引きしたのであろう、年寄丈蔵がその薩州船から銀を受け取った。丈蔵がそれを演五右衛門に持参したところ、演五右衛門はそれを改めた上、富岡の掛屋に持って行くよう丈蔵に指示した。そうしたところ、その銀には悪銀が含まれていたので、突き返された。薩州船にその悪銀を返そうとしたが、船頭はこの銀には「極印」がないので、自分が渡した銀ではないと答えた。したがって、この悪銀は演五右衛門が所持していた銀だったというのが、村民の推測である。

第二は、文化八年に年寄八郎兵衛が富岡役所へ上納銀を納めようとしたとき、演五右衛門が協力してくれなかったということである。肥後国竹迫の「稽者」（芸者）へは銀を支払うのに、村の上納銀が差し支えても用立ててくれないことに不満を訴えている。

最後の三か条めは、次のようにある。

氏神之祭礼相済、翌日（文化九年九月）廿日ニハ例年村中田畑物宜布様ニ候と、氏神江願立置角力願成就有之候、偖又其日ハ村内之者共相煩ひ候節、氏神へ立置候願数参り之願、日籠之願不残願成就仕候義、是迄仕来りニ御座候、然ル処御庄屋上田演五右衛門殿番頭伊三郎、馬乗出し幷拾九軒方ゟ弁之丞乗出し、外ニ清右衛門悴清四郎乗出し、右之者共社内之馬場ニ馬乗込、一散ニ乗廻し候故、数参り之願成就も難相成……畜類之入たる土俵ニ者如何ニ御座候と、一向願成就相成不申候ニ付、御庄屋上田演五右衛門殿へ、右之次第立会を以申候ハヽ、右之土俵ニ願成就仕候而宜布候哉と訴以候へハ、夫ハ百姓中之心次第と被申候、左候へハ右土俵之内ニ、馬乗込せ候儀も御庄屋申付候歟と存居申候

これによれば、氏神の祭礼が終わった翌日（文化九年九月二〇日）、例年の通り、田畑の作物がよく実るように願いを込めて角力をとるとともに、病気になったときにする願かけを行うことになっているという。そうしたところ、庄屋演五右衛門の番頭伊三郎や弁之丞・清四郎が馬で押し出し、社内の馬場を乗り回したので、願かけもできない状態になった。畜類が入り込んだ土俵で角力をとるのはいかがなものか、と庄屋演五右衛門へ以上の経緯を伝えた。そのような土俵では願望成就は望めないのではないか、と訴えたところ、演五右衛門はそれは百姓たちの心次第だと答えたので、伊三郎たちが土俵へ馬で乗り込んだのは演五右衛門の差図によるものではないか、と村民は疑っているという。

上納銀の件、氏神祭礼の際の事件、いずれも演五右衛門の行動に対する村民の不審から訴えられたものである。前者の場合、富岡役所に上納する銀に関わるという点で、村民という属性から庄屋に対して不審を抱いたということである。後者の氏神祭礼の件で注目されるのは、「異宗」回心者と「素人」が混在する村民が氏神の行事に参加している点と、その村民たちが、この氏神の行事における数名の迷惑行為を放置した演五右衛門は庄屋の責任を果たしていない、と考えていることである。このような庄屋に対する不審は、「異宗」回心者かどうかに拘らず生じたものであり、村民としての属性が優先されることによって押し出されたといえる。

## （4）村社会における「異宗」の位置

この村方騒動は「異宗」回心者が中心となった騒動であったが、合足組が形成される過程では、「異宗」回心者という属性は重要視されていなかったように思われる。しかし、この騒動が「異宗」とは無関係であったとはいえない。実際、天草崩れの「妄念晴」しがその原因の一つであった可能性は否定できず、「素人」のなかにはそれを理由に合足組に加わらなかった者がいたからである。

異宗御糺之遺恨晴ト申義、茂左衛門申出候趣、素人共聞付候而、右企ニ相加り不申候[39]

これによれば、今度、庄屋を糾弾しようというのは天草崩れの遺恨のためである、と「異宗」回心者の茂左衛門が申しており、それを聞きつけた「素人」たちはこの企てに加わらなかったという。

さらに、この過程でキリシタン信仰を継続していた形跡が見える。たとえば、茂左衛門は村内普済庵[40]の庵主東仙に次のような相談を持ちかけていたらしい。

茂左衛門義、異宗御吟味ニ付而、異宗之輩内密ニ信仰致候墓五ケ所、御取崩ニ相成候内一ケ所、同人信仰致候場所ニ而在之候所、御取崩ニ相成候已後、病身ニ相成候ニ付、右場所之土ヲ以先祖之墓所之側ニ取立申度、庵主東仙長老へ内々相頼候……右之心底ニ而ハ内心矢張異宗ヲ行候志と相見、庄屋ヲ追退候上、再興致候存含ト相聞申候[41]

これによれば、天草崩れの際、取り壊された「異宗」の者の墓所の内、茂左衛門が信仰していた墓所の土を先祖の墓所に取り立てたい旨、東仙へ相談したという。それは、墓所取り崩しの後、病身になったからだとされる。東仙は、茂左衛門が内心では「異宗」を信仰しており、庄屋を退役させた上、墓所を再興したいと考えていると推測している。

この計画は実現しなかったが、このことにより合足組は、庄屋演五右衛門ばかりでなく東仙へも攻撃を始めることになる。

徒党之者共弐百人余源蔵宅へ押懸大ニ騒立、夫ゟ庵ノ下通り大音ニ而喚々ハ、庄屋も庵主も大勢ケ様ニ申立候ハ、相立申間敷、庵江ハ斎米散銭等も上ケ不申ト[42]

これによれば、合足組は仲間に加わらない源蔵のところへ押しかけて大いに騒ぎ立てた後、普済庵の側を大声でわめき立てながら通り、庄屋も庵主もこのような態度では村民は納得しない、庵へは斎米・散銭も寄付しないと申し立てたという。

こうした状況のなか、茂左衛門ら三人の「異宗」回心者は普済庵へ、手習いのため庵に預けている子どもを引き取りたい旨、申し出た。これに対して庄屋演五右衛門は、次のように申したという。

不帰依之ものハ子供ヲ引取可申、不帰依ニ無之候ものハ引取候ニ者及申間敷、村方ゟ斎米散銭上ケ不申候ハヽ、庄屋一手ニ而庵ヲ引請御差支無之様ニ可仕ト年寄江も申聞、庵主江も申達候所、徒党之もの共其儀ヲ

聞及症気味悪敷成候哉、子供も引取不申、斎米散銭等も已前之通庵江遣候様相成様子ニ御座候(43)

庵に不帰依の者は子どもを引き取ったらよいが、不帰依でない者は子どもを引き取るには及ばない。村民が斎米・散銭を寄付しないというのなら、庄屋が一手に引き受けよう、と演五右衛門は言った。これを年寄・庵主へ伝えたところ、それを聞いた合足組の者は居心地が悪くなったのか、子どもを引き取ることはやめ、以前のように斎米・散銭を庵へ遣わすことにしたという。

合足組は「異宗」とは無関係ではなかった。しかし、「異宗」回心者という属性だけで成立した組織でもなかった。「異宗」回心者は村内の曹洞宗末寺普済庵に帰依する村民でもあり、それは天草崩れ前後で変化はなかった。「異宗」回心者にとって、「異宗」も属性の一つであったといえる。

## おわりに

宗教的属性・世俗的属性を問わず、諸属性は重層的に存立している。本章では近世後期の浦上村山里と今富村を事例に検討したが、諸属性の重層性はこの時期のこの地域だけの特徴ではない。どの時代のどの地域に生きる人びとも保持しているものである。ここに、秩序の変化（その兆しを含む）が起これば、重層的に存在している諸属性の内、特定の属性が顕在化する。そして、その属性同士の確執が大きな騒動に発展する場合がある。戦争がそのもっとも深刻な典型例である。

一方、その諸属性が並存している場合もある。諸属性の間に確執が起きなければ、諸属性が共存しているということになるが、それは無条件には成立しない。近世日本の場合は、「切支丹」という排除対象の共有、外在的属性の重視、「正」の曖昧性、の三つの条件が必要であった。[44]そのもとで近世的共存関係は成り立っていたといえる。しかし、それは矛盾を内包しているが故に、時間の経過とともにその共存関係を支える条件に変化が起こっていき、崩れの事件につながった。[45]

キリシタンはキリシタンという属性だけで生きていたのではない。このことが明かである以上、今後のキリシタン研究は、信徒を取り巻く諸属性を意識して、多角的に議論するべきである。

注

（1）宮崎賢太郎『カクレキリシタンの実像――日本人のキリスト教理解と受容』（吉川弘文館、二〇一四年）。
（2）中園成生『かくれキリシタンの起源――信仰と信者の実相』（弦書房、二〇一八年）。
（3）大橋幸泰『近世潜伏宗教論――キリシタンと隠し念仏』（校倉書房、二〇一七年）。
（4）浦上村山里では、寛政二年（一七九〇）一番崩れ、天保一三年（一八四二）二番崩れ、安政三年（一八五六）三番崩れ、慶応三年（一八六七）四番崩れ、と呼ばれる「異宗」事件が発生している。四番崩れを除いて「切支丹」は存在しなかったという結論であった。しかし、四番崩れにおいて信徒たちの多くが自ら信仰を告白したという事実から判断すると、近世期を通じて潜伏キリシタンが存続していたことは確実である。一番崩れの詳しい経緯については、大橋幸泰『キリシタン民衆史の研究』（東京堂出版、二〇〇一年）を参照。
（5）寛政六年閏一一月付、長崎奉行所宛、延命寺「御請書之覚」（長崎歴史文化博物館蔵長崎奉行所関係史料、11/171-1/186）。
（6）寛政六年閏一一月付、長崎奉行所宛、聖徳寺「乍恐口上覚」（長崎歴史文化博物館蔵長崎奉行所関係史料、11/171-1/16）。
（7）吉蔵証言「肥前国浦上村百姓共異宗信仰いたし候一件御仕置奉伺候書付」（『日本庶民生活史料集成18　民間信

仰』三一書房、一九七二年）八三五頁。
（8）寛政六年閏一一月付、長崎奉行所宛、本蓮寺「口上之覚」（長崎歴史文化博物館蔵長崎奉行所関係史料、11/171-1/25）。
（9）寛政六年閏一一月付、長崎奉行所宛、大音寺「口上之覚」（長崎歴史文化博物館蔵長崎奉行所関係史料、11/171-1/63）。
（10）同右。
（11）寛政六年閏一一月付、長崎奉行所宛、禅林寺「口上之覚」（長崎歴史文化博物館蔵長崎奉行所関係史料、11/171-1/123）。
（12）寛政八年一〇月一八日付、彦太郎外申口（長崎歴史文化博物館蔵長崎奉行所関係史料、11/171-1/141）。
（13）浦川和三郎『浦上切支丹史』（全国書房、一九四三年）一四七～一四八頁。
（14）大橋幸泰「近世日本の異端的宗教活動と秩序意識」（『人民の歴史学』二一三、二〇一七年、本書序章）。
（15）『犯科帳』五（犯科帳刊行会、一九五九年）四五頁。
（16）同右。
（17）同注（4）『キリシタン民衆史の研究』。
（18）長崎歴史文化博物館所蔵（13/162-2）。この史料は罫線付用紙に書かれているので、近代以降の写と考えられる。なお、大橋幸泰編『二〇一七～二〇二〇年度科学研究費補助金（基盤研究（B）（一般）17H02392）「近世日本のキリシタンと異文化交流」中間成果報告集』（二〇二一年）に全文翻刻した。
（19）文化二年（一八〇五）、天草下島西目筋の大江村・今富村・崎津村・高浜村で「異宗」を信仰している者が吟味を受けた。結果、「切支丹」ではないと判断されたが、その後の経緯から潜伏キリシタンが多数存在したことは確実である。以下、天草崩れと今富村村方騒動の事実関係は、平田正範『天草かくれキリシタン 宗門心得違い始末』（サンタ・マリア館、二〇〇一年）を参照。
（20）同注（4）『キリシタン民衆史の研究』。
（21）児島康子「今富村村方騒動にみる庄屋存続体制の確立」（『長崎純心大学大学院人間文化研究科 人間文化研究』

七、二〇〇九年）。

(22)「今富村出入一件ケ条毎ニ差分覚書」（上田家文書、5-72）。高浜村庄屋上田家文書の目録として、『上田家古文書調査事業報告書 天草上田家文書目録』（天草町教育委員会、一九九六年）がある。

(23) 同右。

(24) 三百目とする史料もある。しかし、崎津村が浜稼ぎなどの過料として今富村に課したのが三百目であったので、それを混同したのではないか。

(25) 文化八年正月付、富岡役所宛、今富村庄屋・年寄・百姓代「乍恐以書付申上候事」（上田家文書、5-364）。

(26) 同右。

(27) 同右。

(28) 文化八未六月八日付、「崎津村ト今富村枝郷小島と海浜之儀ニ而、論合内済取替証文写」（上田家文書、5-330）。

(29) 文化八年五月付、上田真親（演五右衛門）「日記」（上田家文書、5-70）。

(30) 演五右衛門が、文化一一年一〇月付でまとめた「出入差発候砌ゟ百姓共合足仕候節迄之始末日々相記置候日記写」（上田家文書、9-53）では、五月九日のこととされている。

(31) 文化八年六月付、「徒党ニ不加者と相加候者名前帳」（上田家文書、5-69）。

(32) 文化八年五月付、上田真親（演五右衛門）「日記」（上田家文書、5-70）。

(33) 文化八年六月付、「徒党ニ不加者と相加候者名前帳」（上田家文書、5-69）。

(34) 文化八年五月付、上田真親（演五右衛門）「日記」（上田家文書、5-70）。

(35) 今富村の十五社宮。鶴田文史編『天草寺院・宮社文化史料図解輯』（西海文化研究所、二〇〇四年）参照。

(36)「今富村出入一件ケ条毎ニ差分覚書」（上田家文書、5-72）。

(37) 同右。

(38) 文化九年一二月付、富岡役所宛、今富村百姓中「乍恐書付を以奉願上候事」（上田家文書、5-73）。

(39) 文化八年六月付、「徒党ニ不加者と相加候者名前帳」（上田家文書、5-69）。

(40) 曹洞宗江月院末。注（35）鶴田前掲書参照。

(41) 文化八年六月付、「徒党ニ不加者と相加候者名前帳」(上田家文書、5-69)。上田演五右衛門「出入差発候砌ゟ、百姓共合足仕候節迄之始末、日々相記置候日記写」(9-53)にも同じ茂左衛門による墓所再興計画の記述がある。

(42) 同右。

(43) 同右。

(44) 同注(14)。

(45) 「高谷家由緒書」には、宝永五年(一七〇八)に宣教師シドッチが屋久島に単身潜入し、すぐに捕らえられた情報が記されている(「高谷家由緒書」長崎歴史文化博物館所蔵、13/162-2)。

一宝永五年子十一月、松平薩摩中将様ゟ異人被召捕、当地江被送候、薩摩やくの島江隠レ居候とも申、又異国ゟ島迄つれ来捨置候とも申風聞有之、何レなんはん人之様ニ風聞有之、姿は阿蘭陀ニ似たるものに候、惣而右之異人江戸江御召被遊、入牢被仰付候

キリシタン宣教師がすぐ近くまでやってきたことが、浦上村山里にも伝わっていることがわかる。しかし、村民がこれに反応した形跡はない。近世的共存関係の条件が保たれている状況では、崩れの事件は起こりにくかったといえるのではないか。

# 第一〇章　潜伏キリシタンの明治維新

## はじめに

本章では前章に引き続き、属性論により潜伏キリシタンの村を検討する。

幕末期に起こったキリシタン事件といえば、浦上四番崩れが知られている。この事件は長崎近郊の幕府領浦上村山里（および浦上村渕の一部）で多数の潜伏キリシタンが、親族の死亡に際して自ら弔うことを選択した上で檀那寺聖徳寺の引導を受けない旨を表明し、潜伏状態から信仰表明へ態度を転回させた画期的な出来事であった。その点で、潜伏状態を維持しようとした三番崩れ以前とは、まったく異なる事件であったといわなければならない。

キリシタンであることを表明した村民の処分については、倒幕後の維新政府が判断することになった。主要信徒を処刑するべきだとの意見もあったが、結局、維新政府は信徒を説諭して改心させようと、西日本諸藩に二回に分けて分散して配流した。第一次として慶応四年（一八六八）五〜六月に主要人物一一四人を、第二次として明治二年（一八六九）一二月に一般信徒三三〇〇人余を対象とした。

これに対して、外国公使から抗議の声が上がった。政府は配流先での待遇配慮を約束したが、明治三年一二月、外国公使は重ねて配流信徒の待遇改善を要求した。政府は明治四年四〜七月、外務省の楠本正隆と中野健明を配流先に派遣し、待遇と説諭の状況を調査することになる。この間、配流先での信徒の従順な態度が、「切支丹」の怪しげなイメージを緩和させ、政府の宗教政策に影響を与えたことが、先行研究において指摘されている。(1) ただし、信徒自身と彼らを取り巻く村社会への影響については検討の余地がある。

そこで本章では、四番崩れにおける村民の対応や配流先での実態、および彼らの帰村後の状況を検討しようと思う。信徒の配流を含めた四番崩れという経験は、信徒自身とその後の村社会に何をもたらしたのだろうか。(2)

## 一　四番崩れ直後の浦上村山里村民の態度

四番崩れは村民の自葬が発端であった。親族が亡くなったとき、檀那寺の弔いを受けることを拒否する者が次々と現れた。そして、キリシタンとして自己認識する者の名簿が作成され、庄屋に提出されたようである。

もちろん、信仰表明した村民がそのままその態度を貫いた場合もあったが、すべてがそうした態度をとったわけではない。その後の彼らの対応は一律ではなく、改心（再び神仏信仰に戻る）した者や改心・再改心を行き来する場合も少なくなかった。ここでは、「慶応丁卯浦上耶蘇徒囚獄名簿」(3) と表題のある史料をもとに、四番崩れ直後、明治政府による配流が始まる前の村民の状況について検討する。この史料から、代表的ないくつかのケースを抽出してみよう。

第一は、家族の遺言で寺院の引導を受けないと主張したケースである。イセは母と息子、三人で暮らしていたが、母フシが病死したため、檀那寺を頼まず自分で埋葬したいと村役人に申し出た。村役人はそれは心得違いである旨申し聞かせたが、イセは納得せず、勝手に埋葬するとして庄屋高谷官十郎に届け出たので、庄屋が長崎代官高木作右衛門にその旨を報告した。幕府の法を守って改心し、檀那寺の引導を受けることを承知しなければ長崎代官から長崎奉行所へ通報せよとのことだったで、長崎代官は十分にその旨説得したが、イセがいうには、檀那寺に頼まず自葬したのは母フシの遺言であるから、檀那寺の引導を受けることはできないとのことであった。このケースは自分の意志ではなく家族の遺言であると言い張って、改心を拒否したものである。

第二は、信仰心希薄の者が改心したケースである。三番崩れの際、安政四年（一八五七）七月以来、村預けとなっていた幸次郎ほか八人が、教諭によって慶応三年（一八六七）六月に家族一同改心し、信仰をやめると申し出た。また、梅吉ほか二人は、一度は信仰を表明したが、朝夕よく考えたところ、まったく心得違いであることを理解し改心したので、名簿から除外してほしい旨申し出た。その際、梅吉は持っていた数珠を差し出している。

このケースには次のような場合もある。福松ほか二人は、キリシタンについて心から信仰していたのではなかったが、信徒である旨表明する者が多くなるにしたがい自分だけが仲間に入らないのは心細く思うようになったので、信徒の連判帳に印形したという。したがって、本心では信仰していないと申し出た。

第三は、説得により改心して、檀那寺の「正宗」を守ることを誓うケースである。喜三郎ほか四人は、一度は心得違いをして法に背いたが、改心して檀那寺の浄土宗聖徳寺の教えを守ることにした。そこで、格別の慈悲によって助けてくだされば、今後永遠に「正宗」を守って農業の稼ぎに専念すると誓っている。

第四は、家族から説得されて改心したケースである。久五郎はキリシタンではなかったが、その息子寅次郎が親の目を盗み密かにキリシタンを信仰している様子であった。いっしょに捕まった久五郎が牢内で寅次郎を説得したことから、寅次郎は納得し改心した。

第五は、キリシタンの信徒であると表明したが、その後自らそれを取り消し、改心したことを申し出たケースである。サノは一度は信仰を表明したが、よく考え直した結果心得違いであったと理解し、自分の名前を信仰者名簿から除外してほしいと庄屋に申し出た。

このケースには、家族のなかで対応が異なっていた場合がある。佐重は彼女の祖父母から兄弟まで信徒であったので本人も一度は仲間に入ったが、法に背いてはいずれは咎めを受けることになると理解して、自分一人だけ改心すると申し出た。こうした状況では家にいることはできないので庄屋に助けを求めた。また、ワヒの両親も信徒であることを表明したので、四年前に縁づいた栄次郎方から親元へ返された。ワヒは幼年から奉公に出されたこともあって、キリシタンの信仰については知らないことだったと主張した。たとえ両親に勘当されても構わないので、自分一人だけでも助けてほしいと庄屋のところに駆け込んだ。

市三郎のケースはもう少し複雑である。市三郎ほか家族が信徒名簿に記載されたのは母カメが調印したものであった。これについて市三郎は承知しておらず、家の頭人は自分であるから、親兄弟が何を言おうと自分が説得して改心させるとし、家族一同を信徒名簿から除外してほしいと申し出た。そうしたところ、母カメほか家族が庄屋宅へやってきて、市三郎が申したことは自分たちは承知しておらず、「正宗」への印形を取り消してほしいと強情に言い張った。こうしたやりとりがしばらく続いた後、市三郎の母と女房は心得違いだったと認め、結局、家族全員が改心することになった。

市三郎の家族のケースは最後は全員同じ対応をとることになったが、その過程では家族のなかで対応が異なり、改心・再改心の間を行き来する場合がある。それが第六のケースである。家族四人暮らしで、農業のほか日雇い稼ぎを生業としていた安太郎は、妻ホメを亡くしたとき、自分で埋葬する旨、村役人に申し出た。しかし、それを聞いた長崎代官高木作右衛門が理解するところでは、安太郎はそれ以前に心得違いであると理解し、改心して「正宗」を守る旨、長崎代官所へ届け出たのであるから、安太郎が右のような自葬をすることはないはずだと思った。そこで、よくよく利害を申し聞かせて檀那寺の引導を受けるように説得したが、郷中一円みな信徒であることに加えて信徒でなければ来世の救いは望めないので、安太郎は再び信徒に立ち帰ることにしたという。

以上、事件発覚後の村民の態度についていくつかのケースを見たが、キリシタンに対する信徒村民の向き合い方は一律ではなかったことがわかる。信徒である旨表明し、それを貫こうとしたケースももちろんあるが、単純に信徒である旨を表明するか表明しないかで割り切れるものではない。信徒であることを認めるか認めないかの間で多様な向き合い方があり、揺れ動く場合もあったことが理解できる。信徒たちは、倒幕後、明治政府のもとで配流の処分となるが、その配流先での対応も一律ではなかった。その様子を次節で検討しよう。

## 二　配流信徒の不改心・改心

### (1) 配流信徒の態度

配流信徒は配流先で諸藩による説諭を受けた。まずその結果について、帰村時の状態をまとめた表から考えてみたい。この表は、浦川和三郎「旅の話」(4) より作成したものである。聞き取りを根拠とすると推測されるから、不改心と改心の判断の基準が不明確だが、おおよその傾向はつかめるであろう。

表　配流信徒の不改心・改心

| | 総人数 | 不改心帰還 | 改心帰還 | 逃亡 | 死亡(内改心) | 残留者・不明者 | 出生 | 備考 |
|---|---|---|---|---|---|---|---|---|
| 鹿児島 | 375 | 284 | 44 | 0 | 53(2) | 7 | 13 | |
| 萩 | 300 | 104 | 162 | 2 | 43(4?) | 0 | 11 | |
| 津和野 | 153 | 68 | 54 | 0 | 41(5) | 0 | 10 | |
| 広島 | 179 | 39 | 105 | 0 | 40(6) | 0 | 5 | |
| 福山 | 96 | 87 | 3 | 1 | 7(2) | 0 | 2 | |
| 岡山 | 117 | 48 | 55 | 0 | 18(5) | 0 | 4 | |
| 姫路 | 45 | 4 | 34 | 0 | 9(0) | 0 | 2 | |
| 松江 | 84 | 0 | 81 | 0 | 10(0) | 0 | 7 | |
| 鳥取 | 163 | 24 | 96 | 0 | 45(?) | 0 | 2 | |
| 徳島 | 116 | 112 | 0 | 0 | 14(0) | 2 | 12 | ただし、配流中多くの者が改心 |
| 高松 | 54 | 47 | 0 | 0 | 14(0) | 0 | 7 | |
| 松山 | 86 | 79 | 0 | 0 | 8(0) | 0 | 1 | |
| 高知 | 126 | 84 | 0 | 1 | 42(0) | 4 | 5 | |
| 和歌山 | 289 | 52 | 152 | 0 | 96(18) | 0 | 11 | |
| 郡山・古市 | 114 | 107 | 2 | 0 | 9(0) | 0 | 4 | |
| 伊賀 | 59 | 49 | 3 | 0 | 11(0) | 0 | 4 | |
| 伊勢 | 75 | 76 | 0 | 0 | 6(0) | 0 | 7 | |
| 名古屋 | 375 | 113 | 195 | 2 | 82(0) | 0 | 17 | |
| 金沢 | 516 | 419 | 36 | 1 | 104(0) | 0 | 44 | |
| 大聖寺 | 50 | 45 | 0 | 0 | 5(0) | 0 | 0 | |
| 富山 | 42 | 42 | 0 | 0 | 7(0) | 0 | 7 | ただし、配流中多くの者が改心 |
| 合計 | 3414 | 1883 | 1022 | 7 | 664(42) | 13 | 175 | |

出典：浦川和三郎「旅の話」(『切支丹の復活 後編』1928年原本、1979年国書刊行会復刊)pp.408-760より作成

この表によると、帰村時の信徒の態度は次のように整理できる。第一がすべて不改心の場合、第二がすべて改心の場合、第三が不改心・改心が混在の場合である。全二一地域のうち、第一の場合が徳島・高松・松山・高知・伊勢・大聖寺・富山の七藩、第二の場合が松江の一藩であるから、第三の場合がもっとも多いことに気づく。

不改心と改心の比率は、津和野や岡山のように拮抗しているところもあれば、鹿児島・福山・金沢のように不改心が多いところがある一方で、萩・広島・姫路・鳥取・和歌山・名古屋のように改心が多いところもある。したがって、一概にその特徴を言い当てることはできない。総計の

数字だけを見れば、不改心が一八八三人、改心が一〇二二人、逃亡が七人、配流先での死亡が六六四人（うち改心が四二人）、残留者・不明者が一三人、配流先での出生が一七五人となる。

この表から読み取ることができるのは、信徒の姿は多様であったということである。すべてが不改心であった場合でも、徳島と富山の場合は、配流中、多くの者が一度は改心したようであるから、不改心と改心の間を揺れ動く信徒も少なくなかったと想像される。とすれば、配流という経験の深刻な点は、信仰をそのままに不改心を貫くか、説得に応じて改心するか、の二者択一を迫られたことにある。これが信徒の分断を促さないはずはなかった。

## (2) 不改心の思想

ここでは、不改心者の論理を検討してみよう。

高松での信徒の主張はこうである。現世で過ごす時間はわずかであり、たとえこの身が滅びようとも魂は死にはしない。キリシタンを信仰する理由は、来世において無限の幸福を受けるため以外にはないという(5)。

福山での役人と信徒との問答では、信徒は以下のように述べている(6)。「我等ノ元祖ハ即天主」であり、「天主ヲ尊敬スレハ、死後ノ冥福ヲ受ケ、永ク嘉楽ヲ得ル」という。現世における身体の一生は短く、その間の艱難辛苦がいくらあってもわずかな期間のことであるが、「死後ノ安楽ヲ得ルハ極リナシ」と主張する。

加えて、役人は『古事記』における天地開闢の神である中主がキリシタンの天主と同じであるから、天皇の先祖である中主を拝み天皇への忠勤を果たすべきだと説諭した。これに対して信徒は、今の檀那寺でなくとも寺院に帰属することになるのであれば改心することはできないとし、その理由はこれまで道理に背く寺院には懲りているからだと答えている。その前提には、「天主ハ一主」であって「万国一統ノ天主」であるとする考えがある。不改心者は日本の枠組みを越えた発想で抵抗していたといえる。

その一方で、「此国ニ生レタルモノ、此国ノ主天子様ヘハイカ様ノ御奉公ニテモ仕候心得、身モ差上、仮令一命ヲ失フトモ不苦」と述べているように、彼らは天皇の治世や現実の神祇信仰を否定していない。ただ、「心魂計ハ天子ノ思召ニモ随ヒカタ」いと譲らなかった。

幕末における信仰表明は、配流前から来世救済願望の突出に特徴があった。(7) 津和野での吟味に対して、不改心者が「故国禁ヲ犯スノ罪科ヲ贖フニ、一身ヲ捧ケテ以テ刑罰ヲ待而已」と述べたように、(8) 彼らには殉教を厭わぬ強い意志があった。

この態度は潜伏状態を貫いた三番崩れ以前とは大きく異なるものであった。四番崩れにおける潜伏から信仰表明への転回の意味については、前に検討したことがある。厳禁されている宗教の信仰を表明したのは既存秩序への不満からであり、だからこそ現世利益の期待を後退させ、殉教を覚悟の上で隠匿しなくなったと見通した。(9)

それは、文政一〇年（一八二七）に起こった京坂「切支丹」一件における豊田みつきらの「切支丹」も同じである。彼女たちは厳禁されている「切支丹」信仰を自覚していた。(10) 既存秩序では自分の幸福を確保できないとすれば、そこから逸脱することによってしか救われない。四番崩れにおける潜伏キリシタンも京坂「切支丹」一件の「切支丹」も、その態度には既存秩序への厳しい批判が内包されていたと考えるべきである。一九世紀は現世への不信感がさまざまなかたちで表出した時期にあたっている。潜伏キリシタンの信仰表明もそうした「世直し」願望の表出の一環とみることができよう。

## 三　改心への再転回

### (1) 説諭の方法

説諭の方法には藩によりさまざまな方法があった。第一は僧侶による場合である。ただし、これは少数であった。第二は神職による場合である。このとき、神典をもとに説諭が行われた。第三は役人による場合である。「皇道ヲ以恩儀ヲ示」す(福山)、「皇学相心得候者ヲ以説諭」する(松江)、「御国律ニ背候廉ヲ誡メ、仁恤ヲ以」って説諭する(岡山)という具合であった。第一の僧侶による説諭が少なく、第二の神職による神典をもとにした説諭や、第三の役人による「皇道」・「皇学」の強調の背景には、神仏分離をともなう政府の神道国教化政策があった。

そして、改心者には起請文が課せられた。次の史料は、萩藩への第一次配流者が明治二年五月付で藩へ提出した起請文の一部である。(11)

神様之御道をねんごろに御説聞被下候故、切支丹宗門之惑しき事も相分り、今生後世身楽しく、御守被下候神様の御恩の程をも相弁へ、誠ニ有難く安心、真之道に基キ改心仕候儀、少シも相違無御座候

これによれば、藩による丁寧な神の道の説諭によって「切支丹」が人びとを惑わすことがわかったので、今後は神の恩をわきまえてまことの道に基づき改心すると誓っている。

注目されるのは、その後に続いて記してある、誓約の神の対象である。天照大神をはじめ梵天帝釈・八幡大菩薩・天満大自在天神や、そのほかその地域を代表する神などが誓約の対象神とされ、約束を破ったらその神々の罰を受けるとするのが通常だが、改心者が書いたこの起請文には次のようにある。

天にまします神様、地にまします神様、別てハ浦上郡の生(産)土神八幡宮の御罰蒙り奉るへし

ここでは、神々を天と地の神というようにまとめて記した上で、特に「浦上郡の生(産)土神八幡宮」の罰を蒙るとある。実は浦上村山里には八幡宮は存在しない。しかし、同神社の祭神とされる応神天皇に関わる伝説がある。それは村内平野宿にあった稚桜《わかざくら》神社の鎮懐石に関係する神功皇后伝説である。神功皇后は朝鮮に出兵するとき懐妊していたため、出産延期を願って石を二つ肌身につけて行ったところ、その願いがかなって帰国後に応神天皇を産んだという。稚桜神社と応神天皇は直接関係はないが、神功皇后が身につけていた石を鎮懐石といい、その石は浦上村山里付近で産出された燧《ひうち》石であったとされる。(12) このような浦上村山里に伝わる伝説により、八幡宮が同村の産土神とされたのではないか。

また、鳥取では改心者に次のような処置がとられた。(13)

改心之もの者起証文為指出、血判見改候上、彼等浦上村山王社之趣ニ而、信仰いたし候ニ付、高草郡布勢村日吉社之社祭ニおゐて、祓除之式執行候事

これによれば、改心者には血判による起請文を提出することが求められた上、鳥取藩領内（実際には廃藩置県後なので鳥取県）布勢村の日吉社の社祭において「祓除之式」が執行されたという。それは浦上村山里に山王社があって、村民が信仰しているからだとされた。日吉社には山王権現が祀られている。つまり、村民の鎮守山王社信仰の代替として、日吉社における祓除の儀式が行われたということである。

このような産土神の神罰や山王社信仰の代替は、信徒の改心には効果的だったのではないか。潜伏状態のとき慣れ親しんでいた超越観念や信仰活動を引き合いに出して、改心を説得するという方法は、信徒たちの改心への抵抗を和らげたのではないかと予想される。(14)

## (2) 改心者の扱いと配流信徒の願望

次に、明治四年四~七月に信徒の配流先に派遣された、外務省の楠本正隆と中野健明による報告書(15)から、改心者がどのような扱いを受けたかを見てみよう。

史料によれば、改心者には外稼ぎを認めることが基本であった。そのとき得られた賃銭は当人のものとされ、さらに巡視後、改心者は市在への仮住居も認められた。在地民衆とも混在し、互いに話を交わすなどの交流もあったと考えられる。

死亡した際、死者の埋葬は、役人巡視前では一律に仮埋(名古屋・姫路など)が多く、仏教式(津・郡山・鳥取・松江・広島など)の場合もあった。役人巡視後、ほとんどの地域で改心者は神葬祭で行われ、不改心者は仮埋が指示された。

広島の場合は巡視後も仏教式で行われることに変更がなかったが、不改心者は墓標に「耶蘇」の文字が入れられた。津和野の場合は巡視前から、改心者は本葬祭、不改心者は仮埋であった。

いずれにしても、総じて改心者は優遇されたといえる。ただし、改心者といっても、死者を神葬祭や仏教式で葬ることが優遇となるかは留保が必要かもしれない。説諭する側としては、改心への心理的誘導を企図したものと思われる。

一方、配流信徒は何をもっとも望んでいたのか。彼らは配流により家族が離散した状態をいち早く解消し、帰村したいという願望を持っていた。次の史料は、第一次配流で萩藩に送られた改心者が明治二年八月付で藩に提出した願書の一部である(16)。

御国江参り而も、最早壱ケ年余ニも相成候へ者、多人数之内ニ者、老人子供等かゝゑ候者多分御座候処、去夏以後ハいかゝ相成候哉、今日までも音つれなく、生死之程も相分り不申、持かゝり田畑家財等もいかゝ相成候哉、うゐかつの事計り心にかゝり、朝夕ともになけきくらし罷在候、此往キ数日滞留ニ相成候得ハ、罷帰り候迄ニ者、持懸り田畠其外も跡かたもなき様ニ立到り候而ハ、改心仕候候而、さき〳〵所たい取つきの事も出来不申、何の所詮も無御座事与奉存候、尚又惣人数之内、病者老人も罷居候事故寒サ江差向、しせん病死之事も難計、改心仕候上ハ、於国元神道之難有道を、親子親類江も申聞せ、其上ニ而御おしゐ之通り、後世を助り度与計り奉存候、罪人之身ニ而度々ケ様之儀御願申上候ハ、誠以恐多奉存候へ共、何とぞ御上様之御しひを以、近々之内帰国被仰付候様、偏ニ御願奉申上候

これによれば、萩に来てすでに一年が過ぎ、多くの者は村に残してきた老人・子どもがどうなっているのか生死もわからないだけでなく、家の田畑や家財もどうなっているのか、今後の飢えを心配し、朝夕嘆き暮らしているという。この先さらに、萩に配流のまま滞在するということになれば、帰国するまでに田畑や家財もあとかたもなく失ってしまうことになるのではないか。せっかく改心しても変わりなく所帯のことに取りかかることもできず、何の意味もない。このまま冬に向かえば死人も出てくる。改心した以上、国元において神道のありがたき道を親子・親類へも申し聞かせた上、教えてもらった通り来世の救いを求めたいと思う。だから、殿様の慈悲をもって近日のうちに帰国を許してほしい、と懇願している。改心は日常生活への回帰のためであったことが示されている。

すべて改心した松江の場合はこうである(17)。

最初皇学相心得候者ヲ以、説諭差加候処、却テ説諭者ヲ詈悔悟ノ色不相見候間、右説諭者ヲ相廃シ、外ニ実直ノモノ相撰ミ、宗徒ノ帰服ヲ第一ニイタシ、恩威ヲ以漸々説諭差加ヘ候処、次第ニ改心ノ者出来

これによれば、藩は当初「皇学」をもとに説諭したところ、信徒たちが説諭者を罵ったが、「宗徒ノ帰服ヲ第一」に説諭方針を転換した結果、徐々に改心者が出て、やがてすべて改心したという。「宗徒ノ帰服」とは、帰国を許すということだろう。改心することを条件に日常生活に戻ることを促し、全員の改心に成功したということである。

このように、改心者は信徒としての属性よりも日常生活を取り戻すことを優先した。(18)改心といってもすべてが完全に棄教したとはいえない。信徒としての属性を保持するかどうかはそれぞれ次第だが、少なくとも改心するとは生活者としての属性を優先する行動だったといえるのではないだろうか。

## 四　村社会の分裂

### (1) 不改心者による改心者への攻撃

明治五年、改心者が帰村を許され、翌年には不改心者も帰村する。すべてを改心させることができなかった政府が根負けしたというのが実態だろう。家近良樹が指摘するように、配流中、信徒に接した諸藩の役人もその領民も、彼らが信仰に関すること以外はごく普通の百姓であったと認識した。彼らに対する警戒感がうすれたことを背景に、政府は財政的に大きな負担になっていた配流を終わらせることにした。(19)

ただし、鈴江英一が指摘するように、禁教高札の撤去は法令伝達方法の改訂によるものであったから、政府がキリスト教解禁を宣言したことを意味するものではなかった。(20)神道の国教化はそこに内在する矛盾とともに、配流処分に対する浦上キリシタンの抵抗や廃仏毀釈に対する浄土真宗門徒の異議などにより、実現しなかったが、神道の優位性までが放棄されたのではない。浦上キリシタンが帰村しても、政府は神道の優位性をどのように保つかを模索することになる。その延長線上に神道非宗教論が登場し、大日本帝国憲法に「信教の自由」が書き込まれる。

この間、浦上キリシタンの帰村後、村にはどのような状況が惹起したか。以下、政府から長崎地方に派遣された密偵の桜井虎太郎が、明治八年一〇月付で記した「耶蘇宗徒群居捜索書」[21]をもとに、村社会の様子を検討しよう。

まず目を引くのは、不改心者が改心者や他宗者を批判している点である。

> 明治五年・同六年ノ両年間ニ苦役ヲ恕セラレ、悉皆帰村セシメラル、然ル処従来建テアリシ切支丹禁制ノ高札ヲ廃サレシユヘ、改心セサル宗徒等耶蘇（ママ）宗官許ニナリシト思ヒ、公然ト読経或ハ説教シ、前年改心セシ者ヲ指テ、天帝ヲ欺キシ徒ト云テ頻リニ圧倒ス、夫レカ為メ改心セシ者モ再ヒ耶蘇宗トナリ、爾来宗徒ノ勢ヒ前年ニ倍シ、其村々助教ノ屋敷内ニ天主堂ヲ設ケ、他宗ノ者ヲ天狗ト唱ヒ、若シ道路等ニテ行逢フ時ハ、耶蘇ノ徒他宗ノ者ヲ指テ、此ノ天狗ト云テ背口ヨリ唾キヲ吐キ掛ケタル由（天狗トハ俗ニ云フ悪魔化道ト云フコトナル由）、元来浦上村ハ耶蘇宗多ク、他宗ノ者ハ少ナキユヘ、其勢ニ抗スル能ハスシテ、漸々其宗旨ニ入リ、一村千四百戸余ノ内、即今十ノ九ハ耶蘇宗ニナリシ由[22]

これによれば、配流者の帰村後、不改心者は禁制高札撤去をキリスト教が解禁されたと考え、公然と読経や説教を始めたという。そして、改心者を「天帝ヲ欺キシ徒」と批判したため、その勢いに圧倒されて再改心する者が現れて信徒は倍増し、指導者の屋敷内に天主堂を設けた。さらに、信徒は他宗者を「天狗」と唱え、道路で行き交うときには背中に唾を吐き捨てているという。もともと浦上村（山里）は信徒が多く他宗者が少ないところなので、このような信徒の態度に抵抗しがたく、他宗者もだんだん信徒になって、今では村内一四〇〇戸の内、九割が信徒であると指摘されている。

家族内に信徒と非信徒が混在しているときも同様であった。

耶蘇ノ徒ハ艱難苦楽ヲ共ニスルト雖モ、一家ノ内若シ此宗旨ニ入ラサル者アル時ハ、仮令ヘ父子兄弟間ナリトモ忽チ不和トナリ、父兄ハ子弟ヲ放逐シ、子弟ハ又其父兄ヲ避テ別居ス、夫婦ノ間モ又然リ(23)

これによれば、信徒は艱難苦楽をともにするというけれども、一家内に非信徒がいる場合は、たとえ親子兄弟であってもたちまち不和となり、親は子どもを放逐し、子どもは親を避けて別居する、夫婦の間でも同じであるという。

## (2) 深刻な村内不和

村内不和の様子はさらに続く。

仮令ハ戸数拾五戸アル一村ノ内、拾戸耶蘇宗ニテ五戸他宗ナル時ハ、五戸ノ中ニテ冠婚葬祭或ハ其他ノ災害ニ逢フコトアルモ、拾戸ノ者傍観シテ顧ルコトナシ、故ニ五戸ノ者堪ユル能ハスシテ遂ニ宗旨ニ入ル、若シ之レニ屈セサル時ハ、父子夫婦兄弟及ヒ親戚モ忽チ絶交スルニ至ル由(24)

これによれば、たとえば一五戸の内、一〇戸が信徒で五戸が非信徒であった場合、非信徒の五戸で冠婚葬祭や災害があっても、信徒の一〇戸の者は傍観して気にかけることはないという。だから、これに耐えきれずついに信徒になる者も少なくない。もしそうしなければ、親子夫婦兄弟および親戚も含めてたちまち絶交することになると指摘される。

こうした状況は、浦上村山里以外の西彼杵半島の村でも同じであった。

長崎県下拾六大区赤首村ハ、戸数三拾一戸ニシテ、其中二拾五戸ハ耶蘇宗、六戸ハ他宗ナリ、其他宗ノ者ハ伍長萩原嘉兵衛・福山六兵衛等ニテ、少シク名義ヲ知リタル者ユへ、他ノ四名ヲ説諭シテ宗旨ニ入ラシメス、此ヲ以テ宗徒等右二名ヲ勧誘シテ、宗旨ニ引入ントスレ共、決シテ肯ンセス故ニ、即今二名ニ迫テ曰、宗旨ニ入ラサルニ於テハ、村中ノ宗徒一統絶交スヘシト云、二名答テ曰、仮令へ絶交セラル、トモ、止ムヲ得スト云テ従ハス、遂ニ絶交セリ、爾来何カナル災害アルモ、宗徒等傍観シテ顧ミサルユへ、右六戸ノ者大ヘニ困迫スル由(25)

これによれば、赤首村では三一戸の内、二五戸が信徒、六戸が非信徒であった。非信徒の内、伍長の二人がよく知る四人の者に説諭して入信させなかった。そこで信徒はこの二人を入信させようと勧誘したが決して同意しなかったので、入信しなければ信徒一同みな絶交すると二人に迫った。二人はそれはやむを得ないと答えたので、以来、非信徒の六戸の家に災害など何か困ったことがあっても、信徒は傍観して気にしなかったので、この六戸はたいへん困惑したという。

出津村・黒崎村でも、信徒の勢いがさかんで、夜中に他宗者と行き交うときは「穢ハシト云テ、背口ヨリ唾キヲ吐キ掛ル」という具合であったので、非信徒はこれを恐れて夜中に出歩くことができなくなったという。加えて、この両村では、信徒が「他宗ノ者ト婚姻セス、且ツ平常沐浴ヲモ同シフセサル」とのことで、信徒と非信徒の間が日常的に断絶状態になったことがわかる(26)。

以上のような分断は、次の三派分裂に帰着した。

浦上村ニハ新旧両派之耶蘇宗アリ、其新派ハ去ル元治元年仏人教師「パテル」、長崎大浦ニ来リシ以来弘マリシ宗旨ナリ、此新派ニ入ル者ハ、大神宮ノ御棚及ヒ祖先ノ位牌ヲ土足ニテ踏ミ、而シテ之ヲ焼捨テ以テ此宗旨ニ入リシ確証トナス、若シ之ヲ所持スル時ハ罪ヲ得ルト云テ、神仏之札ナリトモ家ニ入ル、ヲ大ヘニ忌ム、其旧派ハ昔シ織田信長時代ヨリノ残宗ナリ、此旧派ハ大神宮之御棚及ヒ祖先ノ位牌ヲ飾リ置、之ヲ強問（ママ）除ト唱ヒタリ、然ル所以ハ他日耶蘇ノ徒ナルコト発覚セシトキ、申シ開キニスル為メナル由、此旧派ハ旧幕時代一ト度モ疑ヲ請ケシコトナシ、最モ平常新派ノ如ク飲食安逸ニ恣ニセス、又蔓延モセサル由、然レ共内実ハ読経或ハ説教シ、我国ノ神々ヲ賤シメ天帝ヲ尊信スルコト、毫モ新派ニ違フコトナシ、此宗徒七拾余戸アリ、右新旧両派ノ宗徒ニアラサル者ヲ「ハナレ」ト唱ヒ（「ハナレ」トハ何レヘモ附ヌト云コトニテ、則チ他宗ノ者ヲ云）、一村三宗ニ分派シ、平常穏カナラサリシカ、即今新派ノ為メニ悉ク圧倒セラレシ由(27)

これによれば、浦上村（山里）には「新旧両派之耶蘇宗」がある。「新派」は、元治元年（一八六四）にフランス人宣教師「パテル」（パードレ）が大浦天主堂に着任して以来、広まった宗旨である。この「新派」に入信する者は浦上大神宮の神棚と祖先の位牌を土足で踏んだ上、これを焼き捨てることによってその宗旨の確証とする。もしそれを所持する場合は罪になるとされ、神仏の札を家に持ち込むことを避ける。「旧派」は、織田信長の時代以来の流派で、浦上大神宮の神棚と祖先の位牌を飾ったまま、これを拷問よけと唱える。その理由は信徒であることが発覚したとき申し開きするためである。この「旧派」は旧幕府時代、一度も疑いを受けたことはない。日常生活は新派のように振る舞わず蔓延もしないが、内実では読経や説教をしていることや、日本の神々をいやしめ「天帝」を尊信することはまったく「新派」と異なるところがない。一方、新旧両派の信徒でない者を「ハナレ」という。どちらにもついていないというところから、他宗を意味する。このように、一村の内に三派が分立し、平穏が保たれていない。この内、「新派」が圧倒的に多いという。

潜伏状態のとき、信徒は「新派」も含めて「旧派」の状態であったわけだが、「ハナレ」が軸足を置く神仏信仰にも関わっており、少なくとも表面上、その間の境界線は曖昧であった。大浦天主堂の宣教師の指導下に入った「新派」は確かに新しい信仰態度であるが、もともと「旧派」の状態であったところに宣教師の指導によってそのような振る舞いとなったことに留意したい。

## 五　信徒主張の顕在化

### (1) 国家権力の相対化

次に、村内で多数を占めた「新派」の様子について検討してみよう。桜井の報告書によれば、彼らがもっとも信頼していたのは、「パテル」であった。

宗徒等ハ教師「パテル」ノ命ヲ朝廷ノ命ヨリ重ク思ヒ、其村々ノ助教ノ命ヲ県庁ノ命ヨリ重ク思フト云(28)

これによれば、信徒らは、「パテル」の命令を朝廷のそれよりも、その村の「助教」の命令を県庁のそれよりも、それぞれ重く受け止めていたという。「パテル」とは大浦天主堂の宣教師、「助教」とは信徒の有力者である。彼らは父母に対するように「パテル」に仕え、

仮令ヘ政府ノ命ナリトモ表ハ奉スル体ニテ、内実先ツ「パテル」ニ問ヒ其指揮ニ従ヒ、総テ進退スル由(29)

とあるように、政府の命令には表向きしたがっているように見えても、内実ではまず「パテル」に伺ってその指図にしたがうという。すべての身の処し方を「パテル」の指示にゆだねているとされる。大浦天主堂宣教師と村社会の信徒リーダー、とりわけ前者の影響力は絶大であった。

政府が推進する国家行事に対して、信徒はどのような態度であったのだろうか。

天長節及ヒ其他ノ御祭日ニハ、必ス日旗ヲ掲クヘキ旨、戸長ヨリ申渡シ、而シテ雛形ヲ渡シタリ、宗徒等之ヲ拒テ曰、敢テ掲ケサルニハ非サレ共、凡世界ニテ天地人間万物ヲ造リシハ天帝ニシテ、且ツ人間ノ前世現世後世マテモ一モ天帝ノ恩恵ニ非サルハナシ、此外ニハ仮令ヘ朝廷ナリトモ毫モ恩恵ヲ請シコトナシ、然ルニ何ソ日旗ヲ掲ケ祝サンヤト云テ、宗徒ノ中ニ日旗ヲ掲ル家一戸モナシ、然レ共天帝《デウス》及ヒ耶蘇基徳《ゼジスキリスト》ノ日ニハ、各自休業スルノミナラス、美酒佳肴ヲ求テ一統集会放歌舞踊シテ祝ス由[30]

これによれば、天長節や国家の祭日には必ず日章旗を掲げるべき旨、戸長より雛形を添えて申し渡されたが、信徒はこれを拒んで次のように言ったという。日章旗をあえて掲げないことはないけれども、人間を含めた世界の天地万物を造ったのは天帝であって、人間の前世・現世・来世まで一つとして天帝の恩恵をこうむらないものはないし、朝廷も天帝の恩恵を受けていないということはないのであるから、どうして日章旗を掲げて祝わなければならないのか。こうした理由から、信徒の家で日章旗を掲げるものは一戸もない。その一方で、天帝やキリスト教の祭日にはそれぞれの生業を休業するのみならず、宴会を開いて放歌・舞踊して祝っているという。

天長節や国家の祭日に信徒が日章旗を掲げないことについて、西彼杵郡の黒崎村では、次のような問答があったとされる。

耶蘇ノ宗徒等、天長節及ヒ其他ノ御祭日ニ、日旗ヲ掲ケサルヲ以テ、他宗ノ者其故ヲ問フ、宗徒等答テ曰、掲クルモ掲ケサルモアリテ同一ナラスト雖モ、掲ケサル者ハ多クハ至貧ニシテ、旗章ヲ新調スル能ハサル者ナリト云、他宗ノ者又問テ曰、耶蘇宗ニテモ日旗ヲ貴重スルヤ、宗徒等ノ曰、貴重ノモノト思ハサルニハ非サレ共、我輩ノ宗門ニハ日旗ヨリモ貴重ノ旗アリ、則チ「サンタクルス」ノ旗ナリ、抑此旗ハ守仏耶蘇基徳ノ刑セラレシトキ、身体ヲ打付ケラレシ十字架ノ旗章ナリ、之レヨリモ貴重ノ旗ハアル可ラス、故ニ宗徒中ニテハ後来日旗ヲ掲クヘキ日ニハ、日旗ヲ廃シテ「サンタクルス」ノ旗ヲ掲ルコトニ決シタリト云(31)

これによれば、他宗の者が信徒にその理由を尋ねたところ、信徒は日章旗を掲げる者と掲げない者がいて一律ではないが、掲げない者は極貧で旗を新調することができないと答えた。重ねて他宗の者が信徒も日章旗を大事にするのかと尋ねたところ、信徒は大事なものと思わないわけではないが、自分たちには日章旗より大事な旗があると答えた。それはキリストが磔刑になったとき身体を打ち付けられた十字架の旗である。信徒にとってこれよりも大事な旗はなく、それを掲げるべき日には日章旗を退けて「サンタクルス」の旗を掲げることに決したという。

さらに、配流から解放されて帰村が実現したことの意味についても、次のようにいう。

他宗ノ者耶蘇宗徒ニ問テ曰、明治元年宗徒悉ク捕ヒラレ、既ニ刑セラルヘキ処、其罪ヲ恕セラレシハ朝廷ノ恩恵ニ非スヤ、宗徒答テ曰、何ソ恩恵ナランヤ、朝廷ハ却テ罪ナキ者ヲ殺サントスルユヘ、天帝ノ助ケ給フ所ナリト云、他宗ノ者又問テ曰、然ラハ各自平穏無事ニ父母妻子ヲ養育スルハ誰人ノ恩恵ナルヤ、宗徒ノ曰、天帝ノ恩恵ナリ、他宗ノ者又問テ曰、然ラハ此土地ハ誰人ノ所有ナルヤ、宗徒ノ曰、天帝ノ造リ給ヒシ土地ニシテ、人民等ニ授与シ給フモノナリ、他宗ノ者又問テ曰、朝廷ハ何カナル者ソヤ、宗徒ノ曰、朝廷ハ人民之世話人ニテ尊キ者ニ非ス、我輩モ同一ノ人ナリト云(32)

これによれば、信徒が捕らえられ配流された上、その罪を許されたことは朝廷の恩恵ではないのか、と他宗の者が信徒に尋ねたところ、信徒はなぜそれが恩恵なのかと反論し、朝廷はかえって罪なき者を殺そうとしたから天帝が助けてくれたのだと答えたという。重ねて他宗の者が、それぞれが平穏無事に父母妻子を養えるのは誰の恩恵かと信徒に尋ねたところ、信徒は天帝の恩恵だと答えた。また、他宗の者がこの土地はだれのものかと尋ねたところ、信徒はすべて天帝が造った土地であり、それを人民に与えたものであると答えた。さらに他宗の者が、朝廷はどういう存在かと尋ねたところ、朝廷は人民の世話人であって尊いものではなく、自分同様に人であると信徒は返答した。

このように、信徒はあくまで天帝より尊崇するべき存在はありえないことを強調し、天皇や国家の存在を相対化していることがわかる。

## (2) 宗教的不寛容の進行

こうした信徒の態度は、非信徒には不快なものとして認識された。次の史料は、長崎県の役人と信徒とのやりとりについて、非信徒が不満をもらしていることを示すものである。

守山権中属耶蘇ノ徒ヲ叱咤セシ、其言辞ヲ聞キ他宗ノ者不平ヲ鳴シテ曰、皇国ニ住スル者誰カ皇民ニ非サル者アランヤ、皇民ニシテ皇命ヲ遵守セサルハ則チ賊ナリ、宗徒等説諭ヲ拒ム際ニ乗シ、守山権中属ヨリ天理人道ヲ始メトシテ、人民ヲ愛撫シ給フ朝旨ノ深キコト、及ヒ学校ヲ設立スル所以ヲ、厳密ニ説諭アラハ、何カナル暗愚ノ宗徒ナリトモ、義トシテ屈服セサルヲ得ンヤ、而シテ説諭ニ随ヒ入学スル者アラハ、漸々改心スル徒ノ生スル基本ナラン、然ルニ懇々ノ説諭ナカリシハ、何カナル事歟ト云テ、大ヘニ守山権中属ヲ誹謗ス(33)

これによれば、守山権中属が信徒を叱咤した言葉を聞いていた非信徒がそれでは不十分だと感じて、「皇国に住む者で皇民でない者がいるのか、皇民であって皇命を守らない者は賊ではないのか」と言ったという。重ねて、

「守山権中属から、天理人道をはじめとして人民を慈しむ朝廷の考えが深いことや、学校を設立する理由を厳密に説諭すれば、暗愚な信徒であっても道理をわきまえて屈服しないわけにはいかないはずだが、そのように懇々と説諭しないのはどういうことか」と、非信徒は守山を誹謗したという。この場合の学校とは新政府によって設立された小学校のことで、信徒が自身の子どもの入学を拒否していることを念頭に発せられている。

このような非信徒の不満は、互いの宗教的属性への不寛容が表れたものといえる。信徒の不寛容の様子は次の史料にも表れている。

他宗ノ者右宗徒等ニ問テ曰、抑大神宮ハ我国ノ祖宗ナルユヘ、尊敬セスンハアル可ラス、然ルニ之ヲ土足ニ掛テ焼捨ルハ、何カナルコトナリヤト云、宗徒等ノ曰、大神宮ハ天帝ノ造リシモノニテ神ニ非ス、唯我輩ヨリ以前ニ生レシノミニテ同シク人ナリ、之ヲ信スルトモ何ノ利益アランヤ、宗徒中ニテ之ヲ信スル者ヲ異端ト云、異端トハ信ス可ラサルヲ信シ、敬ス可ラサルヲ敬スルコトニテ、天帝ノ許サヽル所ナリ、故ニ之ヲ尊信スル時ハ、大ヘナル罪科ナリ、此ヲ以テ耶蘇宗ニ入ル者ハ、始メニ大神宮ノ御棚ヲ土足ニカケテ焼捨テ、天帝ニ二心ナキヲ表スト云(34)

この史料の前提には、キリシタンを一掃するため、明治二年に浦上村山里に天照皇大神宮を設立したという事実がある。この神社は、その前年に長崎裁判所総督に就任した沢宣嘉の発議によって据えられたものである。

右の史料によれば、この皇大神宮をめぐって信徒と非信徒の間で以下のような問答があった。非信徒が信徒に対して、そもそも大神宮は我が国のおおもとの神を祀るものであって尊敬の念を向けないわけにはいかないのに、その神棚を土足で踏み焼き捨てるとはいかなる了見なのかと問うた。信徒が答えるには、大神宮は天帝が造ったもので神ではなく、私たちより先に生まれたものにすぎない人であるという。だからこれを信じるのに何の利益があるのか。信徒の間ではこれを信じるものを「異端」といい、「異端」とは信じてはいけないものを信じ、敬意を表すべきでないものに敬意を表することであって、天帝は「異端」を許さない。したがって、これを尊信するのは罪になるから、「耶蘇宗」に入信する者は大神宮の神棚を土足にかけ焼き捨てて、天帝に二心がないことを示すのだと信徒は答えた。

密偵の桜井虎太郎が長崎に入ったときには、浦上皇大神宮は「即今ハ皇大神宮ノ社内寂寥トシテ人跡絶ヘタリ」とあるように、参拝する者も少なくなっていたようである。改心者が明治五年に帰村した当初、多くの者が皇大神宮に説教を聴聞に来たが、不改心者が翌年に帰村して以来、改心した者が再び信徒になり、「遂ニ一村内十ノ九ハ宗徒トナリ」という状況になった。神職の福田利鎌はこれをおおいに憂いたという。(35)『長崎市史地誌編 神社教会部 下』(36)によれば、浦上皇大神宮は創建当初四〇〇戸であった氏子が明治六年当時、四〇戸となったため、「社頭の荘厳も昔日の比にあらず、神職への給与も菲薄で維持上の危機に立つに至った」とされる。同社は明治一七年正月、前近代以来、浦上村山里の鎮守であった日吉神社（近世では山王社、白巌山観音院圓福寺）と合祀されることになり、日吉神社の地に移った。この合祀には、「元来本社（浦上皇大神宮）氏子は元日吉神社氏子であつたので、何等の故障なく衆議一決した」とあるように、先の三派の内の「ハナレ」にとってはもとの鎮守に戻っただけのことである。(37)その後、マルタン・ノゲラ・ラモスが明らかにしたように諸属性混淆の状態が回復するが、(38)本章で見てきたような一時的な宗教的属性の不寛容が深刻な村民確執を生んだことは、その後長い間、しこりを残すことになっただろう。

# おわりに

浦上四番崩れという事件を経て、信徒中で不改心・改心が混在している状態や両者の間を行き来している事例は、一律でない潜伏キリシタンの態度を表している。その上で、諸藩への配流という信徒の経験は、来世救済願望への傾斜（不改心）と、現世での生活の重視（改心）という二極化を信徒の間にもたらした。明治五〜六年の信徒の帰村は、村民にとっては深刻な分裂の契機に、政府にとってはキリスト教放置と神道国教化放棄の契機となった。

村社会分裂の前提には、キリスト教再布教を志向するパリ外国宣教会の活動があり、特に不改心の村民に大きな影響を与えた。不改心を貫く信徒の村民は、潜伏時代においては神仏信仰などキリシタンとは異質なものを寛容に受け入れてその共存を実現する被治者であったが、宣教師の指導のもとではキリスト教以外の宗教活動に不寛容の態度をとり、改心した（あるいは非信徒の）村民との間で厳しい確執を引き起こした。宣教師にしたがう信徒の態度は潜伏時代の寛容性を失って、キリスト教に基づく秩序を構築しようとする、（この地域の）治者へ転換したことになる。

このように、明治維新後、信徒・非信徒混在の村社会ではキリスト教をめぐる確執が惹起した。やがて表面上、諸属性混淆の状態は回復するが、異なる宗教的属性の不寛容のしこりが長い間残存することになったと想像される。治者による分断は被治者の寛容な態度を破壊する。

他方、神道国教化が放棄されても、その後も明治政府がキリスト教解禁を宣言したことはなく、神道の優位性を保つこともあきらめていなかった。その延長線上に神道非宗教論が登場する。政府という国家レベルの治者が国家神道という手段で国民の統合と分断をはかろうとしたことは、信徒・非信徒混在の村社会に新たな問題を引き起こしたに違いない。それは近代史研究において追究されるべき課題である。

注

（1）家近良樹『浦上キリシタン流配事件――キリスト教解禁への道』（吉川弘文館、一九九八年）。
（2）本章で紹介・検討する事例には、歴史学研究会二〇二二年度大会全体会報告の大橋幸泰「近世日本の邪正観」（『歴史学研究』一〇二八、二〇二二年、本書終章）と若干重複する部分があることを付記する。
（3）國學院大學図書館蔵、請求番号／六三六、『國學院大學図書館蔵佐佐木高行家旧蔵書目録』（汲古書院、二〇〇八年）六四頁。
（4）浦川和三郎『切支丹の復活 後編』（一九二八年原本、一九七九年国書刊行会復刊）四〇八～七六〇頁。
（5）純心女子短期大学長崎地方文化史研究所編『耶蘇教ニ関スル書類』（聖母の騎士社、一九九一年）一四三頁。
（6）同注（5）『耶蘇教ニ関スル書類』六五～七〇頁。
（7）大橋幸泰『キリシタン民衆史の研究』（東京堂出版、二〇〇一年）。
（8）同注（5）『耶蘇教ニ関スル書類』一二二頁。
（9）同注（7）、および大橋幸泰『潜伏キリシタン 江戸時代の禁教政策と民衆』講談社、二〇一四年、二〇一九年に講談社学術文庫として再刊）。
（10）大橋幸泰『近世潜伏宗教論――キリシタンと隠し念仏』（校倉書房、二〇一七年）。
（11）山口県文書館蔵、萩藩「異宗徒御預一件」、請求番号／毛利家文庫／九諸省／二六八。
（12）筑前国深江村の鎮懐石八幡宮は、この石を祀る神社として知られている。また、稚桜神社は現在、祠しか存在しないが、明治初年に作成されたと思われる浦上村山里の絵図（「浦上耶蘇宗徒処置顚末提要」國學院大學図書館所蔵、請求番号／一五九、『國學院大學図書館蔵佐佐木高行家旧蔵書目録』二〇頁）には村内の神社として、山王神社・皇大神宮（両者の関係は後述）とともに明示されており、村民には馴染みのある神社であったと思われる。

(13) 鳥取県立博物館蔵、鳥取藩「異宗徒記録」、請求番号／六五四八。
(14) 同注（2）「近世日本の邪正観」（本書終章）。
(15) 同注（5）『耶蘇教ニ関スル書類』。
(16) 同注（11）。
(17) 同注（5）『耶蘇教ニ関スル書類』七七頁。
(18) 同注（2）「近世日本の邪正観」（本書終章）。
(19) 同注（1）家近良樹『浦上キリシタン流配事件』。
(20) 鈴江英一『キリスト教解禁以前』（岩田書院、二〇〇〇年）。
(21) 安高啓明編『西南学院大学博物館資料叢書Ⅰ 耶蘇宗徒群居捜索書』（西南学院大学博物館、二〇一五年）。
(22) 同注（21）『耶蘇宗徒群居捜索書』一六～一七頁。
(23) 同注（21）『耶蘇宗徒群居捜索書』三三頁。
(24) 同注（21）『耶蘇宗徒群居捜索書』四六～四七頁。
(25) 同注（21）『耶蘇宗徒群居捜索書』九一～九二頁。
(26) 同注（21）『耶蘇宗徒群居捜索書』九二～九三頁。
(27) 同注（21）『耶蘇宗徒群居捜索書』四八～四九頁。
(28) 同注（21）『耶蘇宗徒群居捜索書』二四頁。
(29) 同注（21）『耶蘇宗徒群居捜索書』五三頁。
(30) 同注（21）『耶蘇宗徒群居捜索書』二四～二五頁。
(31) 同注（21）『耶蘇宗徒群居捜索書』八二～八三頁。
(32) 同注（21）『耶蘇宗徒群居捜索書』九六～九七頁。
(33) 同注（21）『耶蘇宗徒群居捜索書』二八～二九頁。

(34) 同注(21)『耶蘇宗徒群居捜索書』八六～八七頁。
(35) 同注(21)『耶蘇宗徒群居捜索書』三〇～三一頁。
(36)『長崎市史地誌編 神社教会部 下』(長崎市役所、一九二九年)五三一～五五三頁。
(37) ちなみに『長崎市史地誌編 神社教会部 下』では「浦上皇太神宮」が立項されて、その脇に「附 日吉神社」とあるのは、このときの『長崎市史』編纂の時代状況を反映したものといえるだろう。
(38) マルタン・ノゲラ・ラモス「長崎地方におけるカトリック信徒・非カトリック信徒関係の諸相――『日本習俗に関するロケーニュ師の手記』(一八八〇年頃)を中心に」(大橋幸泰編『近世日本のキリシタンと異文化交流』勉誠出版、二〇二三年)。

# 補論一　近世人の宗教世界

## 一　近世人の多様な宗教活動

近世日本の宗教状況を規定した、もっとも重要な宗教政策がキリシタン禁制であることに異論はなかろう。そのキリシタン禁制を徹底する手段として採用され、近世秩序を維持するために重要な役割を果たしたのが宗門改制度である。キリシタンでない確認をとるため、特定の寺院が毎年個別に檀那であることを請け負う（寺請）ことによって、近世人は特定の寺院と結びつくことが常態化することになる。

しかし、近世人が宗門改に規定された寺檀関係の仏教だけで宗教的な願望を満たしたかというと、必ずしもそうではないところが重要である。「現世安穏」「後生善処」（現世を安穏に暮らし、来世で極楽往生をとげる）を求めて、檀那寺以外の寺社参詣、檀那寺を媒介としない民間信仰や流行神への信仰のほか、既存宗派の「異流」（本山から規制・弾圧の対象とされる異端）など、近世人はさまざまな宗教活動を活発に展開していた。近世期、檀那寺の宗教活動を行うとともに、同じ人物が檀那寺とは無関係な民間信仰や別の宗教活動を行うことは決して奇異なことではなかった。

その一方で、神祇不拝を原則とする浄土真宗の門徒は、そうした呪術的行為を忌避していたことも重要な事実である。民間信仰などの呪術的行為にしても、地域的な特徴や濃淡がある。したがって、ここでは、近世人がすべて一律に複数の宗教活動を並行して行っていたということを言いたいのではない。近世人の宗教活動は地域的個性をともなって多様性を持っており、その特徴を単色に性格規定することはできないということである。

## 二　近世地域社会における寺社

近世人の多様な宗教活動を前提に、近年の地域社会論では、地域秩序における宗教の役割に注目する研究が数多く登場してきている。

かつては地域論といえば、もっぱら豪農などの地域有力者を指導者とした地域自治を論じるものが主であったが、そうした地域有力者が地域寺社と深い関係を持っていることに注目して、政治・経済上の動向ばかりでなく、宗教など文化的な問題を含めて総体として地域秩序をとらえようとするのが、この分野の常識となっている。国家の論理とは別の地域秩序に注目して、国家を相対化する視点を打ち出そうとする地域論は以前から盛んだったが、近年は宗教の問題を含めなければ地域を論じたことにはならないとの観がある。(1)

政治的・経済的ヘゲモニーの主体者である地域有力者は、郡中惣代（惣代庄屋）・村役人などとして地域自治を担う存在であるとともに、地域民衆との間に確執や矛盾も抱えており、近世後期の百姓一揆では打ちこわしの対象になりうる。地域秩序を維持するためには地域民衆を統合する必要があり、地域有力者は地域寺社を核とした宗教的諸関係の構築を企図していた。具体的には、地域有力者が地域寺社へ経済的支援を行ったり、自ら神職として活動する、といったことがあげられる。もちろん、多くの地域有力者が地域寺社の経営に参画していたのは、その地域民衆の地域寺社への信仰が前提となっているからであり、表面上、地域有力者が地域秩序の維持にヘゲモニーを握っていたように見えるとしても、彼らの地域寺社への関わりは地域民衆の信仰に規定されていたからだともいえる。

また、地域の寺院には、さまざまな地域紛争の際に、調停者としての役割が期待されていた。特に、紛争の調停にあたるのが必ずしも関係者の檀那寺とは限らないという事実は、近世人の宗教活動が寺檀関係を結ぶ檀那寺の信仰に限定されたものでなく、重層的であり多様性を持っていたことを如実に示している。キリシタン禁制の徹底化を企図した宗門改の手段である寺請制度を背景に、近世仏教は堕落したという見方はいまだに弱くはないが、地域民衆が地域寺院に対して大きな信頼を寄せていたことも確かである。地域寺院に対する地域民衆の信仰があってこそ、寺院の調停・仲介が可能であって、それが村社会・地域社会の自治に対する権力の介入を防止する機能を果たしていた(2)。

このように、近世の地域秩序における宗教の規定性は決して小さくはなかった。

## 三　近世権力の宗教性

宗教と権力との関係についてはどうか。この点、かつての理解は中世と近世とで大きく異なっていた。すなわち、中世では顕密仏教を基盤とした権門体制であったのが、近世ではそうした宗教勢力を克服した世俗権力による幕藩体制へ転換した、との理解である。しかし、この点についても近年の研究では疑問が投げかけられ、近世権力に内在する宗教性が注目されてきている(3)。

イエズス会宣教師ルイス・フロイスの『日本史』によれば、織田信長は安土城下に摠見寺を建立し、自らその神体として礼拝されることを企図したとされる(4)。続く豊臣秀吉が豊国社における豊国大明神となり、徳川家康が東照宮における東照大権現になったのは、いずれも天下人の権力が武力だけで支えられていたわけではなかったことを示している。

統一権力成立の背景に、自力救済を原則とした戦国期の厳しい状況を克服して、紛争を公平に解決してくれる公儀の樹立を求めるという、民衆の期待感の高揚があった。「惣無事」はそうした経緯で登場した、統一権力の正当性を確保する論理にほかならない。換言すれば、「惣無事」を実現できなければ統一権力としての資格がないということである。それを担保するのは武力では決してなく、「現世安穏」「後生善処」という民衆の宗教的願望を満たしてくれるかどうかであった。信長・秀吉・家康の神格化はいずれも神号であるが、その内容は仏教の論理であり、右のような経緯のなかで打ち出された作為である。家康は「厭離穢土欣求浄土」の軍旗を掲げて戦争を戦ったというから、天下人になる前から民衆の宗教的願望を満たすことが、天下人の条件であることを認識していたものと思われる。

よく知られているように、家康の神号をめぐって、吉田神道による明神号とするか、山王一実神道による権現号とするか、との幕府内部の対立があったが、天台僧天海が主導権を掌握するなかで後者となり、一六一七年に久能山（駿河）から日光（下野）に改葬され、ここに日光東照宮が創建された。家康の神格化は、幕藩体制が固まっていった三代家光期にさらに推進され、一七世紀末期までには揺るぎないものになる。この間、日光東照宮は朝廷から例幣使が一六四六年以降、毎年派遣されることになり、伊勢神宮とともに国家の最高神となった。東照宮は各地に勧請され、神君家康信仰が列島各地に浸透していった。以後近世を通じて、東照大権現となった神君家康の仁徳により世のなかが平穏に治まっていることが強調され、問題が起こったときにはそこに立ち返ることが目指される。

ただし、神格化されたのは家康に限らない。地域には地域の英雄が神として祀られることは珍しくなく、近年の研究で藩祖など地域の安定に重要な役割を果たした武士が神格化された事例が注目されている(5)。これも神君家康信仰の論理と通底しており、領主が領民の安寧を保証する代わりに領民が領主を支えるという、仁政を媒介にした恩頼関係のなかで表れたものといえよう。もちろん、幕藩体制は、大名が幕府に負っていた厳しい軍役負担を領民に転嫁することで成り立っている体制であるから、大名が仁君・明君として振る舞うことは見せかけでしかなく、こうした領主と領民の恩頼関係は仁政イデオロギーというべき欺瞞に満ちたものであった。それはともかく、近世権力の維持には幕府創業者である徳川家康や仁君・明君の神格化が不可欠であった。これらは幕藩権力による宗教的権威の自己調達ということができよう。

にも拘らず、近世期、天皇・朝廷は排除されなかった。ここではこの点についてこれ以上展開できないが、天皇・朝廷の権威の源泉は何か、近世権力が帯びていた宗教性という観点から新たな光が当てられることが期待される。いずれにしても、近世権力の構成員はなにがしかの宗教性を帯びており、支配構造のなかに宗教的要素が多分に含まれていたと見るべきである。

## 四　キリシタン禁制の変質

宗教性を帯びていた近世権力が完全に排除しようとした宗教がキリシタンである。キリシタンといえば、かつては対外関係史研究の問題として議論されることが多かった。つまり、キリシタンは近世権力の政権構想と相容れない外来宗教として位置づけられるのが一般的であった。もちろん、キリシタンはフランシスコ・ザビエルが一五四九年に初めて日本列島にもたらし、それに続く宣教師たちが布教活動を展開した宗教であるから、対外関係史研究の材料の一つとしてキリシタンを位置づけようとするのは当然のことではある。

しかし、日本列島上の少なくない数の人びとがこの宗教に共感して入信したことを考えれば、外来宗教としての視線だけでは不十分である。そもそも仏教も始めから日本列島に存在していた宗教ではないことや、仏教の伝来と展開が日本列島の神観念に変化を与えたり、その逆もあったことなどを念頭におけば、むしろ神仏信仰と同様に、キリシタンも近世人が信仰した宗教の一つと考えるべきである。そのような視線でキリシタンをとらえると、キリシタン禁制の内実の変化と近世宗教をめぐる新たな動向が見えてくる。

厳しい禁教政策にも拘らず、少なくない数の潜伏キリシタンがいた。「崩れ」と呼ばれる潜伏キリシタンの集団露顕事件は、一七世紀中期と一八世紀末期以降の二つの時期に集中しているが、両時期の事件は極めて対照的である。前者を代表して一六五七年に起こった郡崩れ（肥前国大村藩領）、後者を代表して一八〇五年に起こった天草崩れ（肥後国幕府領、当該期島原藩預かり地）を比較してみる。

郡崩れでは長崎奉行（幕府）が吟味の主導権を握り、「切支丹」として処罰した（四〇〇人余を処刑）。一方、天草崩れでは当該期幕府領天草を預かり地としていた島原藩が吟味の主導権を握り、「切支丹」ではなくあくまで

「異宗」として処理した（絵踏の実施により、五〇〇〇人余を「異宗回心者」として放免）。前者の前提には、島原天草一揆を受けて、幕府宗門改役井上政重による綿密な「切支丹」研究と全国摘発があり、長崎奉行（幕府）は潜伏キリシタンの排除を志向した。それに対して、後者の前提には、実際の潜伏キリシタンが世俗秩序に埋没していて、「正路ニ家業相営」むという現実があり、島原藩は潜伏キリシタンの矯正を志向した。

右のような、一七世紀の崩れと一九世紀の崩れの違いは、この間、キリシタンを取り巻く社会状況が大きく変化したことが原因である。すなわち、潜伏キリシタンの世俗秩序への埋没につれて実際のキリシタンの姿が忘れ去られていき、排除されるべき「切支丹」イメージの貧困化が進んだのである。それは同時に、冒頭で指摘したような民間信仰・流行神など檀那寺以外の宗教活動が多様に展開したことと連動して進行した。これらは俗人を導師としたり、檀那寺を介しなかったりする宗教活動であるから、寺請による宗門改制度の形骸化を進める可能性があるという意味で、「切支丹」の徹底排除と表裏の関係で権力から常に警戒される存在であった。これらは必ずしも直ちに近世秩序から逸脱するわけではないが、その可能性があるという意味で異端的宗教活動ともいうべきものである。

こうして一七世紀末期以降一八世紀を通じて、何が「切支丹」であるのかが曖昧な状態になって、完全に排除すべき「切支丹」と異端的宗教活動との判別が困難な状態になっていき、実際、異端的宗教活動が「切支丹」として疑われたり、攻撃されたりする事例が登場する。

その上で、一八二七年には京坂で、民間信仰の系譜を引く呪術的行為を行っていた陰陽師豊田みつきらが、「切支丹」として摘発される事件が起こる。彼女らの活動は稲荷明神信仰・陰陽道・修験道などを混淆したものだったが、既存秩序からの逸脱を象徴する「切支丹」を自覚した上でのものであった。一方、天草崩れに見られるように、宣教師時代の系譜を引く潜伏キリシタンは、世俗秩序に埋没しているが故に、その存在が顕在化しても自ら「切支丹」であると表明しない限り「切支丹」として処理されず、あくまでグレーゾーンとしての異端的宗教活動として処理される(6)。

このように、キリシタン禁制はキリシタンを取り締まる宗教政策というよりも、世俗秩序から逸脱する対象を取り締まる手段へと転換し、かえって潜伏キリシタンの存在を許容する矛盾を引き起こす。やがてキリシタン禁制を基軸とする秩序維持は限界を迎えることになる(7)。したがって、キリシタン禁制の解消は、その内在的な矛盾と人びとの多様な宗教活動の帰結であって、決して欧米キリスト教国の圧力のみによって実現したのではない。

## 五　「日本人は無宗教」か？

かつて近世という時代は、神仏の呪縛を克服した時代であったかのようにイメージされたのと比べると隔世の観がある。近世日本の宗教は現代に生きる私たちが思っている以上に、地域的個性をともなって、多様で重層的で、かつ近世人にとって重要な役割を果たしていた(8)。潜伏キリシタンがキリシタンとしての宗教活動のほかに神仏信仰に関わる活動をやっていたのも、禁教下の制約という条件に規定された行為であったというだけでなく、近世人の宗教活動の多様性・重層性という観点から位置づけてみる必要もあるのではないか。

宗教とは一つの対象を信心することだとする観念は、近代以降に創られたものである。いまだによく聞く「日本人は無宗教」という言説は、近代化が推進される過程で西欧キリスト教をモデルに、「日本人」を一律に塗りつぶそうとしたフィクションである。

注

（1）澤博勝「近世の地域秩序形成と宗教」（『歴史評論』六三五、二〇〇三年）。
（2）齋藤悦正「近世村社会の「公」と寺院」（『歴史評論』五八七、一九九九年）。
（3）大桑斉「徳川将軍権力と宗教」（『岩波講座 天皇と王権を考える4 宗教と権威』岩波書店、二〇〇二年）。
（4）近年の研究では信長の神格化は否定されているが、ここではフロイスがそのように認識していたことに注目して、このように記しておく。
（5）高野信治「武士神格化一覧・稿」（『九州文化史研究所紀要』四七・四八、二〇〇三・二〇〇五年）。
（6）大橋幸泰「正統・異端・切支丹――近世日本の秩序維持とキリシタン禁制（上）・（下）」（『早稲田大学教育学部 学術研究 地理学・歴史学・社会科学編』五四・五五、二〇〇六・〇七年、のち『近世潜伏宗教論――キリシタンと隠し念仏』校倉書房、二〇一七年、に所収）。
（7）大橋幸泰『キリシタン民衆史の研究』（東京堂出版、二〇〇一年）。
（8）奈倉哲三「近世人と宗教」（『岩波講座 日本通史12 近世2』岩波書店、一九九四年）。

# 補論二　潜伏キリシタンに学ぶ

二〇一八年六月三〇日、「長崎・天草地方の潜伏キリシタン関連遺産」がユネスコの世界文化遺産に登録されることになった。よく知られているように、一七世紀初期から一九世紀中期までの間、キリスト教（当該期、キリシタンと呼ばれた）は徳川幕府により禁止されたにも拘らず、密かにその信仰を継承していった人びとがいた。この世界遺産登録は、その潜伏キリシタンの軌跡を顕彰する行為にほかならないが、この文脈では、キリシタンは江戸時代を通じて禁教・弾圧に耐えぬいた結果、幕末に教団に見出され、明治時代、奇跡の復活を遂げたというストーリーで印象づけられる。

もちろん、キリシタンへの激しい迫害や宗門改制度のような禁教を維持するための仕組みや、禁教状況のなかで起こった島原天草一揆というキリシタンの武力蜂起は事実であるから、右の世界遺産登録の前提となったストーリーは誤りとはいえない。しかし、それだけで潜伏キリシタンを説明しようというのでは、彼らの営為をすべて理解したことにはならない。筆者が潜伏キリシタンのことを研究して、もっとも注目するべきことだと思っているのは、彼らの生活には異なるものが共存していたという実態である。それには二つのレベルがある。

一つは、宗教活動の内容が併存状態にあったという点である。これは潜伏キリシタン自身のなかに異なるものが共存していたということである。

潜伏キリシタンといえば、熱心な一神教のキリスト教信者だと思われがちである。しかし、彼らは檀那寺や鎮守の宗教活動にも参加していただけでなく、宗教的な民俗行事にも関わっていた。キリシタンは禁止されていたわけだから、キリシタン信仰を継承していった人びとは地下活動を余儀なくされ、表立った宗教活動は形式だけだったように見えなくもない。もちろん、彼らの心のなかではキリシタンの優先順位は高かったのは間違いないだろう。しかし、だからといって、キリシタン以外の宗教活動が単なるカムフラージュだったと考えるのは早計である。

複数の宗教活動を併存して行っていた人びとはキリシタンに限らない。仏教や神祇信仰のほか、陰陽道・修験道・民俗信仰など、近世人の宗教環境は二一世紀に生きる現代人の想像以上に豊かであった。これらのなかから取捨選択したり、どれかを重視したりするという比重の違いはあったにしても、一つの宗教活動だけを行うというのは、近世人の常識ではない。

加えて、近年の潜伏キリシタン研究では、彼らの宗教活動について、キリスト教・仏教・神祇信仰などの混合ではなく、併存と考えるべきだとする重要な見解がある（中園成生『かくれキリシタンの起源――信仰と信者の実相』弦書房、二〇一八年）。彼らの宗教活動は、宣教師の不在によってキリスト教とは異質なものに変質したのではなく、宣教師時代当初から併存してそれぞれの宗教活動が行われていたということである。

もう一つの共存は、キリシタンと非キリシタンという異なる属性の人びとが併存状態にあったという点である。これは潜伏キリシタンがそうした宗教活動と無縁の人びとと共存していたということである。

潜伏キリシタンの生活環境は、キリシタンのみで共同体を形成していたと考えられがちである。もちろん、潜伏キリシタンが存在した村のなかには村民がすべてキリシタンであったという村もあった。しかし、キリシタンと非キリシタンが混在していた村もあったし、当然のことながらキリシタンすべてが熱心なキリシタン信仰者であったとは限らない。仏教徒であっても信仰心に濃淡があったのと同じように、キリシタンにも信仰心には差異があったと考える方が自然である。そうだとすれば、キリシタンの村では、篤信なキリシタンと形ばかりのキリシタンのほか、非キリシタンも含めて、様々な信仰心の者が共存していたというのが実態であったと考えるべきである。

実際、潜伏キリシタンのなかには明治維新後、禁教政策が解かれたにも拘らず、禁教期に世話になった檀那寺の宗教活動の方に比重を置いて、キリシタンを捨てた人びとがいた。また、再布教を展開したキリスト教会に所属して、宣教師の指導下に入った人びとがいた一方で、その後も教会組織に帰属せずに先祖の信仰形態を維持した人びともいた。潜伏キリシタンにとっての近代とは、異なるものの共存状況が崩壊していく時代であったといえる。

このように、近世日本の潜伏キリシタンを取り巻く社会では、異なるものが共存していたというのが実態である。ただし、この村社会における共存は、あくまで他者と隣り合わせで生活していたという併存状態であって、異質な他者を意識して尊重する共生とはいえない。多様な存在形態を保ちつつ、他者と共に生きていこうとする共生の思想は、残念ながら近世日本の潜伏キリシタンを取り巻く社会にはなかった。実際、明治維新後、異質なものの分裂が進み、互いの確執が生じた。永遠に多様性を保つ共生の思想の実現には、何が足りなかったのだろうか。それを解き明かすにはさらなる検討が必要だが、潜伏キリシタンとそれを取り巻く秩序を研究する意義は、共生社会実現のためのヒントを得ようとするところにある。

# 第三部　民衆史と属性論という方法

# 第一一章　「民衆」を考える

## はじめに

第三部では、筆者のこれまでの研究や本書の方法論である民衆史研究と属性論について考える。

一九六〇年前後から、歴史学において主体者としての民衆像が提示されてきたと指摘したのは鹿野政直である(1)。それに続く一九六〇年代を通じて民衆史研究が前面に登場し、「「民衆」がいわば優位概念となり、他の諸観念はそれをめぐってそれぞれ配置されるという認識が、各時代史研究をつうじて、しだいにあきらかにされていった」という。そうして歴史学は、一九七〇年代には『日本民衆の歴史』全一一巻（三省堂、一九七四〜一九七六年）を世におくる力量を備えるにいたった。

この『日本民衆の歴史』は、「民衆の実態と運動にそくして日本の歴史をえがこうとする通史のこころみ(2)」であるとされ、鹿野によれば、階級闘争史・人民闘争史・民衆思想史の三つの路線の研究者が参加した作品であったという。したがって、全体を通じて運動史に重きを置いている傾向があり、生活史については手薄であったとされる。鹿野は、当時の歴史学界が「民衆」の主体性に力点を置くようになった動向を高く評価しつつも、運動を「人びとが生活のなかで矛盾を感じとるところからおこる」ものとして捉え、生活史を基盤に歴史像を再構成する必要性を指摘した。

とはいえ、人びとの生活について当時の歴史学が無視していたのではない。もとより鹿野自身の思想史研究は、「整序された形態のみを対象とせず、日常的な生活意識の次元から」秩序意識を捉えようとするものであり、人びとの行動からそれをくみ取ろうとした(3)。その行動とは「生活そのもの」であり、その著『資本主義形成期の秩序意識』（筑摩書房、一九六九年）は生活者にとっての視点から近代思想史を描いたものである。また、闘争史としての認識に偏りがちな一九五〇年代前半の「国民的歴史学」についても、阿部恒久によれば「運動の挫折ゆえに、構想の段階にとどまり、実を結ぶに至らなかった」が、「国民的歴史学」は民衆史において、闘争史、生活史を提起し、そこからさらに思想史や女性史も構想し」たものであったという。阿部は「生活史においてはその深化への努力がなされた」と評価する(4)。そして、通俗道徳をキーワードに近世から近代への転換の矛盾を明らかにした安丸良夫は、「民衆」を「生活の専門家」と定義していた(5)。

このような経緯でスタートした民衆史研究が日本の歴史学界で市民権を得てから、半世紀以上が経過した。民衆史研究は現在どのような段階で、今後どのような方向に向かうだろうか。もちろん私にはそのような大それた課題に対して明快な回答を提起できる力量はないが、民衆史研究の一環として位置づけてきた私自身の研究(6)が今後どこへ向かおうとしており、それはどのような意味があるのかを自己分析してみたい、というのがここでの問題関心である。屋上屋を架すようなことになるかもしれないが、史学史における「民衆」理解や「民衆」を対象とした歴史研究の到達点をふまえた上で、私の今後の民衆史研究を模索したい。ただし本章では、私の力量から、自己のアイデンティティーに親近感のある早稲田大学関係者の日本史研究による議論を中心にする（もちろん、すべてではない）ことと、私の専門分野から、近世史研究に主軸を置くことをあらかじめお断りしておきたい。

## 一　「民衆」分析の軌跡

### （1）戦前・戦後期の民衆史研究

右に触れたように、「民衆」を主体者として描こうとする歴史研究は、一九六〇年代に台頭してきた。ただし、それは突然現れたのではない。「民衆」を分析対象とする歴史研究の基盤形成は戦前から存在した。ここでは、戦前・戦後期の早稲田大学の歴史学を担った歴史家として、吉田東伍・津田左右吉・西岡虎之助を取り上げる。

早稲田史学の草創期、久米邦武と並んで日本近代史学史にその名をとどめる一人として、吉田東伍をあげるのに異論はないだろう。『大日本地名辞書』（冨山房、一九〇〇～一九〇七年）の著者として知られている吉田自身は民衆史を標榜していないが、社会経済史を重視した彼の歴史叙述は、早稲田史学の一つの潮流である民衆史研究の黎明にふさわしい。(7)

晩年に刊行した『生活と趣味より観たる日本文明史話』（広文堂書店、一九一五年）の冒頭では、文明史の条件として、経済・法制・学芸をあげ、そのうちの経済がもっとも重要だという。題名にある「生活と趣味」の「趣味」とは「風俗や伝説の事」であって、人びとの生活とおおいに関係があることが示唆される。こうして「国民の歴史も、その生活の状態を知ることが、文明史条件中の第一条件になる」と指摘する。(8)そして、社会経済史を重視した地域史研究に歴史研究の真骨頂を見いだしていた。(9)地名数約四万一〇〇〇項目、総文字数約一二〇〇万字、頁数五〇〇〇頁を超えるという『大日本地名辞書』は、地域史研究の金字塔である。(10)戦後歴史学における民衆史研究の一つの枠組みが地方史研究として推進されていったことを考えれば、吉田の歴史研究はまさにその先駆けであったといえる。

五三歳で早世した吉田の後任の一人として一九一八年、早稲田大学に着任したのが津田左右吉である。津田は後年、筆禍の津田事件の当事者として著名であるが、ここで注目したいのは、『文学に現はれたる我が国民思想の研究』（洛陽堂、一九一六～一九二一年）である。

津田によれば、「戦国の混乱時代に至つて、下層の民が其の実力を発揮するやうになつたと共に、文化もまた平民の手に帰して」いったとし、近世では「政権はなほ武家の手にあり社会もまた武士を中心として組織せられてゐながら、事実上平民が世を支配するやうになった(11)」という。津田は、被治者を「平民」と呼び、近世は「平民文学の時代」だと指摘する。中世から近世への転換に際して、武士に代わって「平民」が文化の担い手となったと論じた。被治者の力量を高く評価した点が重要である。(12)

そうして、「民衆」という語をひっさげて一九五四年、早稲田大学に赴任してきたのが西岡虎之助である。(13)戦前から東京帝国大学史料編纂所に勤務していた西岡は、同大学文学部の教員だった平泉澄の皇国史観に対置する形で民衆史を標榜していた。

本章の冒頭で一九六〇年代に「民衆」を主体とする歴史研究が台頭してきたことを確認したが、西岡はそれより一〇年以上も前に、戦前以来書いてきた論文をまとめた『民衆生活史研究』（福村書店、一九四八年）を上梓した。文学作品を主な史料に前近代における人びとの活動を活写する、文字通り「民衆」の生活に軸足を置く歴史研究であった。第二次大戦後、日本社会において軍国主義から手のひらを返すように民主主義が標榜される遥か以前から、西岡は「経済に焦点をおいた民衆、とくに農民の実際生活の歴史を、できるだけ具体的につかむこと」に心がけていた。「民衆の生活に焦点をおいた歴史がほんとうの歴史である」（同書「はしがき」）との西岡の思いがこの本にはこめられている。(14)

## (2) 民衆史研究会と人民闘争史

その西岡研究室で鹿野政直らが育っていき、一九六〇年、西岡の意志を継承しようとした若手研究者によって、早稲田大学を拠点に設立されたのが民衆史研究会である。その準備過程で「民衆史研究会」という名称について、「一揆的」ではないかとの懸念があったというが、設立一〇周年を記念した座談会の記録(15)を見ると、自らの研究を積極的に発信したいと考えた、当時の早稲田大学における大学院生らのエネルギーを感じる。「既成の学者を集めてきて雑誌を作るのではなくて、まさに創造していくんだという意気込みで「民衆史」という名前をつけた」とは、創立時の中心メンバーであった奥野中彦の発言である。設立から二年後の一九六二年に発刊された機関誌『民衆史研究』は、二〇二一年には一〇〇号を迎えた。

その民衆史研究会の活動が軌道に乗り始めた一九六〇年代半ば以降、歴史学界では人民闘争史を名乗る研究がさかんになっていった。その議論を主導していたのは、歴史学研究会・日本史研究会・歴史科学協議会・東京歴史科学研究会など、在野の研究会である。そのなかで当時、積極的に発言していた一人である深谷克己の回顧(16)によれば、人民闘争史研究を担った人びとは「大学紛争・教科書検定・明治百年祭・建国記念日・沖縄返還・近代化論・農業衰退（過疎）・都市化（過密）・公害などによって揺さぶられる社会状況を、「独占資本主義段階の国家権力」からの攻撃ととらえ、「主体」論に重心を置く歴史認識で対応しようとした」という。歴史の変革主体を

「人民」に見ようとしたということである。その「危機を可能に変える「主体」」は「労働者・農民・市民」の広い「統一戦線」」であり、その総称が「人民」と呼ばれた。当時の学界の主要な問題意識が、戦後社会に残存する封建的要素をいかに克服するかというものであったことが、人民闘争史研究を下支えした。

しかし、高度経済成長が陰りを見せ始めた一九七〇年代半ばころを境に、人びとの課題意識は「反封建」から「反既成」へ移っていったと深谷は指摘する。「反既成」とは、「「反封建」を旨趣とする「戦後的」なものさえも、「権威」化しているとして拒む立場」であるという。こうして、急速に人民闘争史研究は後景に退き、被治者を指す語として、変革主体イメージの強い「人民」[17]に代わり、生活の概念を強く意識する「民衆」が学界全体で使用されるようになっていく[18]。人民闘争史の「人民」と民衆史の「民衆」は同じではない。

## (3) 戦後歴史学における「民衆」と民衆史の射程

さて、戦後歴史学では、「民衆」というカテゴリーについてどのように考えてきただろうか。これを全面的に分析するには、膨大な戦後歴史学の蓄積全体を顧みなければならず、到底私の力量の及ぶところではない。ここでは試みに、民衆史研究の先達が展開した議論のいくつかを取り出してみる。

一九六五年、家永三郎が国・文部省を被告とし、国家主導の歴史教育に対して異議を申し立てた。教科書検定違憲訴訟である。原告は、自身が執筆した三省堂版高校教科書『新日本史』に対する検定が不当である旨訴えた家永個人であったが、歴史学界は総力をあげて家永を支援した[19]。

その教科書の各時代別扉口絵として、「歴史をささえる人々」と題され、古代社会編と封建社会編にはそれぞれの時代の農耕民の姿を描いた絵画が、近代社会編には製鋼業労働者の写真が配置された。これに関わって、深谷克己は一九八一年一一月一六日、第一次訴訟第二審での家永側証人として「民衆関連記述に対する検定について」と題する意見書を提出し、法廷で意見を述べた[20]。この意見書では、戦後歴史学における民衆史研究の蓄積が語られ、家永の『新日本史』における「民衆」関連の記述が学問的根拠をもつものであることが主張されている。以下この意見書を参考に、家永教科書裁判の過程で確認された、戦後歴史学における「民衆」分析の特徴について見てみよう[21]。

深谷は、「民衆的実体はきわめて複雑なものであり」、「民衆という言葉にふさわしい内容規定をおこなうことはかんたんではない」としながらも、「民衆」という概念を四つの枠組みで説明しようとした。

第一は「統治される者」である。「被統治者・被支配者として統治・支配の対象に置かれてきた人々」という意味となる。第二は「地方の民」である。政権所在地以外の広域な地域に生活してきた「民衆」は、本来的に「地方の民として存在」したという。第三は「労働と文化」である。労働を中心に日常生活を営んできた「民衆」の生活はそれ自体が文化であり、「民衆」は「労働の多側面を現実に担ってきた」と指摘する。第四は「批判と抵抗」である。「民衆」は「各時代における統治・支配に対し、その時代の条件によって可能な方法で批判し、抵抗し、闘争してきた」が、そのあらわれ方は複雑なかたちをとったという。すなわち「直接に政治的な行動のかたちで抵抗するものから、宗教運動のかたちをとるもの、文化運動のかたちをとるもの」など様々であった。

そうして深谷は、「方法としての民衆概念」を提起する。歴史学においては「かならずしもある固定した見方でのみ民衆を描こう」としてきたのではなく、視角や方法によって「民衆」を表現する言葉も異なるという。「生活や文化を重視」する「民衆」、「支配・被支配の関係や闘争を重視」する「人民」、「民俗・習俗を重視」する「常民」、などである。それは、「民衆」の「どのような側面の現実、どのような役割に関心を向けるか」による民衆像の違いによって、「民衆」をどのように呼ぶかが異なってくる。民衆像は多様であるということであろう。

そうして、その多様な民衆像を分析するということは、被治者のみで研究が完結するのではなく、「歴史認識において全体を照明する方法的位置を占める」という。「民衆に注目することは、むしろその時代の非民衆的な存在についてもあきらかにすることにつながって」おり、「歴史が全体として、あるいは各分野において展開してゆく原因、経過、結果も、民衆の存在形態や動向を追及してゆくことなしには、深い理解に達することが不可能」であると指摘する。民衆史研究に登場する「英雄・偉人」は、「ある場合には民衆を代表する者として、またある場合には民衆を支配する者として登場」することになるから、「民衆」を分析することは権力や政権の性格をも明らかにしようとする志向性をもつことになる。民衆史の射程は、その対局にあると考えられがちな国家史・政治史にも及んでいるといえる[22]。

さらに、深谷のこの意見書では冒頭部分で、家永が『新日本史』を執筆して以降、（深谷証言書が作成された）一九八〇年前後までの歴史学は民衆史への関心を高め、その後もその趨勢が続いていく見通しが表明されている。その中身としてあげられているのは、「民衆の思想」「民衆の生活・文化」「民衆の運動」「女性史」「地方史・戦争史・国家史」「社会史」である[23]。このうち、中世史分野から網野善彦らが牽引した社会史は、周知のように一九七〇年代以降、戦前以来の実証主義史学やマルクス主義史学に対する批判から登場した研究潮流である。

## （4）民衆史と社会史

ここで考えてみなければならないのは、民衆史と社会史の関係である。この点については、社会史が日本の歴史学界に大きな影響力を持ち始めた一九七〇年代から八〇年代にかけて、幾人かの論者によって議論されている。たとえば佐藤和彦は、当時の社会史興隆の趨勢を「「民衆史から社会史へ」なのか、民衆史の二つの基本範疇である生活史研究と運動史研究のなかの、生活史研究の肥大化が、すなわち、社会史なのか」と問題提起した。そして佐藤は、生活史と事件史（政治史）を対立するものとして捉える傾向のある当時の社会史を批判して、生活史と政治史の統一的把握が重要であると主張した。(24)

そもそも社会史は、マルクス主義による社会構成体史における基本階級からこぼれ落ちるマイノリティーや、些末なものとして捨象されてきた日常的事実に注目する。したがって、短期に変化する政治史・事件史の時間軸とは別の長期持続する生活史の時間軸と、政治史で設定される枠組み（典型的なのが国民国家）を越えた生活の空間が新たに想定される。

鹿野政直は、社会史の登場について、「時間系列の志向を機軸としてきた歴史学に、「空間」の視点をもちこんだ」と指摘した。その上で、社会史は歴史が発展するという感覚そのものに疑義を提起し、それまで規範とされてきた西洋近代を相対化した。社会史が隆盛した意味は、「絶対的なもの普遍的なものはなにもないとの意識」、言い換えれば「ものすべて相対的にすぎないとの意識」が人びとを捉えていることの反映であったという。(25)

こうして社会史は、複数の時間軸が重層的に並存している状態を提起するとともに、国家の枠組みを相対化する。現代の歴史学において、それぞれの時代の間に移行期という特定の〝時代〟を入れることによって時代区分を理解する傾向が強いのは、社会史の影響が大きい。そこには歴史における「発展」や「先進」「後進」の発想はない。単一の時間軸に沿って通史を描こうとしたそれまでの歴史学の弱点をするどくつき、マイノリティーを含めた全体史を標榜するという意味で、社会史の歴史を見る方法にはおおいに学ぶべき点があると認めるべきだろう。

しかし、社会史の登場によって、時系列的に物事を考えるために設定されたカテゴリーがすべて可変的な作業仮説（国家史・分野史を問わずすべて仮に設定したカテゴリー）であったことが暴露されたからこそ、社会史には危うさもあることを認識するべきである。それは次の二点である。

第一は、空間的認識を重視するがゆえに、時系列的認識が希薄化してしまうということである。社会史によって描かれた全体史は、マイノリティーにまで目が行き届いているが、明確な画期を意識しない傾向が強いので、それぞれの時代がどのような時代であったか、前後の時代とどのように違うか、わかりにくいものになってしまう。つまり、社会史は時間軸の意味が曖昧であるがゆえに、時代区分の考え方を消滅させる危うさを持っている。そもそも歴史学の発想は変化を考えるところにある。もし、社会史の影響で物事は究極的に変化しないという認識に到達するとすれば、歴史学という学問は不要となりかねない。時系列的認識を消滅させてしまうことは歴史学の存立に関わることになる。

第二は、ものごとをすべて相対化してしまうがゆえに、軸足を喪失してしまうことである。世のなか、絶対的なものはあり得ないという考え方には魅力を感じるが、だからといってすべてを相対化して見るというのでは、はじめから客観性を放棄することになるのではないか。ものごとを考える際に、よって立つ軸足がふらついていては、学問としての信用性も揺らいでしまう。

総じて、社会史は国民国家を代表とするあらゆるカテゴリーの虚構性を自覚するのには有効であるが、社会構成体史だけで全体を描けないのと同様に、社会史だけでは通史を描けないという弱点がある。

もともと社会史は、国家や政治を相対化しようというわけだから、国家史・政治史を分析するには弱いのは当然である。その点、同じ被治者をおもな研究対象としながらも、治者の性格や時代の画期性を意識する民衆史には、国家史や政治史も視野に入っている。鹿野は先の論文のなかで、一九八二年の民衆史研究会の講演会に、当時、日本の西洋史研究における社会史を牽引していた阿部謹也を招いたとき、民衆史研究会が「民衆史から社会史へ」と論題をつけたことを、「せめて「民衆史と社会史」ないし「社会史と民衆史」くらいにはできぬものかと思った」と述懐している(26)。社会史が、民衆史研究会を当時運営していた若手研究者にも大きな影響を与えていたことがよくわかるが、歴史学界が社会史の波にすべて呑み込まれていくことに、鹿野が警鐘を鳴らしていたこともわかる。

## (5) 先達の議論に見る総合史としての民衆史

ここで、民衆史研究が国家史や政治史をも視野に入れている具体的事例を、近世史における民衆史研究の先達の議論から確認してみたい。ここでは、その代表として安丸良夫の通俗道徳論(27)と深谷克己の百姓成立《なりたち》論(28)を取り上げる。

安丸によれば、近世から近代への転換について、「民衆」の膨大な自己抑制こそがその原動力になったという。儒教理念を淵源とする勤勉・孝行・分相応などの通俗道徳は、それ自体は治者のイデオロギーであったが、支配秩序による抑圧から自己を解放することを模索する「民衆」によって内面化されていき、その蓄積は既存秩序への批判精神を醸成した。どんなに真面目に通俗道徳を実践しても、既存秩序のもとでは幸せが確保できないことが「民衆」によって確信されたとき、ラディカルな運動や思想となって既存秩序への批判が表れた。世直し一揆の指導者や民衆宗教の教祖が通俗道徳の真摯な実践者であったことは、そのことを示すものである。

安丸の議論は、「民衆」の日常生活に関わる規範意識としての通俗道徳に注目することから出発し、それまで封建遺制の一つと見なされてきた通俗道徳を、「民衆」が自らを解放する跳躍板として捉え返したことを見いだしたところに画期性があった。その通俗道徳には、自己規制を促して人びとを抑圧する側面と、既存秩序から人びとを解放する側面の両面がある。安丸は、日本の近代化がこうした被治者「民衆」の規範意識によって支えられており、その上に治者が存立していたことを明らかにした。

もう一人の近世民衆史研究の先達、深谷の場合は、百姓一揆がどのような思想によって支えられていたかを解明した。それは、治者の支配を正当なものとする御百姓意識であったとされる。百姓は自らを幕藩体制の構成員としての御百姓と位置づけ、領主にはその公的な御百姓の経営を成り立たせる義務があると考えた。その義務を領主が怠ったと百姓らにより見なされたときに、百姓一揆が起こったと深谷は主張する。したがって、治者の側も自らの支配の正当性を主張するため、表向き仁政を施す仁君・明君であろうとした。このような治者と被治者の間に存在した百姓成立《なりたち》を目標とする合意が幕藩体制を支えていたという。

深谷の議論は、人民闘争史研究では変革の運動として理解されてきた百姓一揆を、むしろ幕藩体制を支える「民衆」意識の表出として捉えたところに画期性があった。したがって、深谷の一揆研究は運動としての一揆にとどまらない射程をもっていた。被治者の秩序意識のみならず、治者のそれをも同時に照らし出した。

このように、近世民衆史研究の先達は、「民衆」を主体に歴史を描こうとしつつも、そのことによって近世の国家や政治の性格についても議論を深めていた。民衆史とは個別の分野史ではなく、総合史を志向するものとして展開してきたといえよう。

## 二　「民衆」分析の展望

### (1)民衆運動史研究と身分論

民衆史研究の現在と未来を議論するにあたって、ここでは近世の運動史と身分論を取り上げることにする。一九九〇年代以降、私が関わった二つの企画出版を材料としたい。一つは『民衆運動史――近世から近代へ』全五巻（青木書店、一九九九～二〇〇〇年）、もう一つは『〈江戸〉の人と身分』全六巻（吉川弘文館、二〇一〇～二〇一一年）である。

『民衆運動史』のシリーズは、第一巻『一揆と周縁』、第二巻『社会意識と世界像』、第三巻『社会と秩序』、第四巻『近代移行期の民衆像』、第五巻『世界史のなかの民衆運動』で構成される。各巻共通の「刊行にあたって」によれば、民衆運動史は「諸研究領域を総合化する方法的な可能性」を本来有している分野」であるという。その上で、本シリーズを貫くねらいとして次の四点をあげる。第一は、日本近世・近代移行期の民衆運動の実態について、正当性意識や世界観などに即して内在的に分析し、その意義について問い直すことである。第二は、同時期の社会・国家が抱えていた諸問題や可能性について考えることである。第三は、近代化の意味について民衆運動の変質や人びとの秩序観の変容に注目しながら考察することである。第四は、諸外国における民衆運動史研究との比較を通じて、国際的な議論を喚起することである。これらは、一九八〇年代以降の社会史的観点の導入によって個別に取り組まれてきたが、それらを体系的に問い直そうという意図があった。

私が参加したのは第一巻『一揆と周縁』で、幕末の浦上四番崩れを扱った「キリシタン民衆の転回と禁教高札撤去」という論考を寄稿した。民衆運動といえば、百姓一揆のような治者に直接訴えかける運動を想起しがちである。しかし、このシリーズは、私が手がけていた禁制宗教の実践者の潜伏活動や信仰表明をも民衆運動の範疇に含めるものであった。その他にも運動そのものではなく、そこに内在する秩序意識や世界観を意識した論考が多数掲載されている。その根底には、「民衆」の生活意識と広い意味の民衆運動との関係性を問おうとする志向がある。その点、このシリーズの編集姿勢は、鹿野政直が先の論文の注記で、「一件の一揆は、無数の未発の一揆の延長線上にある一つの波頭としての性格をもつ」と指摘していたことと共鳴する。鹿野はいう。「一揆のときだけが異常事態で、その他のときはすべて静謐さで覆われていたかのような歴史を描くのは、当をえていない。……もろもろのかたちをとる秩序への違和感は、人びとのうちに不断に醸しだされてきているのが、むしろ常態」であると。(29) 思想を頂点的知識人の独占物とするのではなく、体系化されていない不満や不平を含めたものと考える民衆思想史研究者こその指摘である。

『〈江戸〉の人と身分』のシリーズには、私も編者の一人として参加した。構成は、第一巻『都市の身分願望』、第二巻『村の身分と由緒』、第三巻『権威と上昇願望』、第四巻『身分のなかの女性』、第五巻『覚醒する地域意識』、第六巻『身分論をひろげる』である。「刊行にあたって」では、次のように企画の趣旨を述べる。第一に、近年「身分には「封建的」と定義される以上に、〈人〉という存在に附属する個人的な意味合いが強いことを感じるようになった」とし、人と身分の関係に焦点をあてて身分の多様性を考えることである。第二に、「ライフコースにおける身分変更や身分意識という課題を提起する」ことである。第三に、「近世の身分制を、東アジアの身分制的展開を踏まえて捉え直す」ことである。私が担当したのは、全巻の議論を総括するシンポジウムの記録を含む第六巻で、その記録(30)をまとめたのも私であった。この記録のなかで私は、「個としての身分」、「社会・国家と身分」、「属性と身分」の三つの柱に沿って本シリーズの議論をまとめた。そして、この企画の根底には、それまで集団論として議論されてきた身分論に個の視点を導入しようという発想があったと指摘した。それには次のような経緯がある。

一九七〇年代まで、近世身分は身分・職業・居住地の一体性が近世の特徴であるとする三位一体論として理解されてきた。戦後歴史学における近世身分論は被差別部落史からスタートしたが、身分（えた）・職業（皮革産業）・居住地（被差別部落）が一致しているという三位一体的存在形態は被差別民に限らず、百姓や武士にも当てはまるとされたのである。そして、その契機は豊臣政権にあるとされたことから、近世身分は上から創出されたという政治起源説によって説明された。これに対して、中世と近世の連続性が指摘されるにともない、身分論も新たな議論へ転回した。身分を、社会的分業の形態として捉え返した高木昭作の国役論(31)と、帰属する共同体によって決定されるとした朝尾直弘の地縁的・職業的身分共同体論(32)の登場である。一九九〇年代以降、それを継承する形で、身分を社会集団とそれが担う役の編成として捉えた吉田伸之・塚田孝らによる身分的周縁論(33)が続いた。そうして、集団論を尊重しつつも、そうした集団論では見えにくくなっている個の視点を導入し、権力との関係も視野にいれた身分論として登場したのが、私も参加した『〈江戸〉の人と身分』のシリーズであった。二一世紀に入り、身分論は個のレベルにまで降りてきたといえる。

総じて、運動史や身分論に代表される民衆史研究は、人びとの秩序意識・世界観を視野に入れつつ、個を意識した研究に深化してきている。私はといえば、これらの研究潮流と自己の研究テーマとの交錯のなかで、民衆史研究の方法として、属性というカテゴリーに大きな可能性を感じている。

## （2）属性論提起の経緯

近年、私が積極的に提案し、本書の方法論のキーワードになっている属性論とは、一個の集団も一人の個人も、単一の属性では成り立たないことを意識して歴史を見ようとする方法である。身分は尊卑上下の観念が伴うが、属性は単純に帰属先を意味する。こうした概念を導入しようと思い立ったのは二つの契機があった。一つは『〈江戸〉の人と身分』シリーズの編者として全巻をまとめる立場に立たされたという外在的な契機、もう一つは私のキリシタン史研究から醸成された内在的な契機である。

前者の外在的契機については、次のような経緯による。私自身はこの企画に参加するまで、身分論に積極的に発言するようなことはなかった。私の研究は、民衆史研究であるとの自負を持ちつつも、キリシタンを材料に人びとの秩序意識の一端を描こうとするものにすぎなかった。

そうしたところ、あらゆる事象に尊卑上下の観念を伴う身分というコードをつけて考えてみよう、というこの企画に参加して、キリシタンのような異端的宗教活動もそれに当てはまることを自覚させられた。その議論のなかで、先にも述べたように、長い間、身分的周縁論を含めて近世身分論は集団論として議論されてきたことに気づいた。集団論では、治者に公認されることが身分として存立することの条件とされた。しかし、非公認の存在形態や集団で存在しない形態の身分もありうるのではないか。女性や家長を除く家族や社会的逸脱層とともに、私が研究対象とする異端的宗教活動もそれに該当する。

そこで、異端的宗教活動を身分論の枠組みで議論するためには、集団論とは異なる分析視角も必要であるとの自覚が芽生えた。もちろん、近世社会は身分別支配が特徴である。多様な身分集団が存在したことは確かだし、それを権力がどのように編成したのかというのは重要な論点なので、集団論としての身分論が不要だというのではない。集団論を前提としながらも、それでは捉えきれない尊卑上下を伴う秩序意識を解明するには、個としての身分という捉え方が必要である。それをこの企画から学んだ。

後者の内在的契機については、次のような経緯による。二〇〇一年に最初の論文集『キリシタン民衆史の研究』を上梓した後、潜伏キリシタンが幕末まで存続した理由について、もっと内在的に考えなければならないのではないかと考え始めた。それまでの私の研究は、近世後期の露顕事件の際、キリシタンが「異宗」「異法」という呼称で呼ばれていたことに注目するものであったが、結局それは、潜伏キリシタン存続の外在的条件を探るものだったからである。こうして、彼らを取り巻く外側の条件だけで潜伏が可能だったと考えるのは、あまりにも単純な理解ではないかとの思いに達した。彼らの内面の問題を考える必要がある。

そこで、彼らの表向きの〝顔〟の意味について考察を進めることにした。こうして、彼らにはキリシタンとしての〝顔〟のほかに、百姓としての〝顔〟があることを明確に意識し始めた。と同時に、潜伏キリシタンが多数存在した村も近世に存在する村である以上、村請制という仕組みで運営される近世村落の一つであることにも思いが及んだ。潜伏キリシタンはキリシタンという属性だけで生きていたのではない。日々の生活を送る、ごく普通の百姓でもあった。生業も持たなければ生きていけない。農民・漁民・商人・職人などでもあり、村に帰属する村民でもある。一人の人物がこれらの諸属性を複数保持している。宗教的属性についても、キリシタン・非キリシタンというカテゴリーにとどまらない。同時に彼らは檀那寺を持ち、鎮守の行事にも参加するというように、宗教的属性も複数保持していた。村民としてのキリシタンは、村請制の近世村落に寄りかかって家の経営を維持していたし、村にとっても「切支丹」が露顕することは村請制の崩壊につながる。村民はキリシタン・非キリシタンを問わず、日常生活としては村民としての属性を優先させた。このような複数の諸属性を意識してこそはじめて、潜伏キリシタンの営為の意味を理解できる。

試みに、潜伏キリシタンが多数存在した浦上村山里の庄屋・散使・乙名惣代・百姓惣代連名による、長崎代官高木作右衛門宛の慶応元年（一八六五）閏五月二九日付の村方請状(34)を検討してみよう。

この請状は村内に、豚や野羊・鶏などを飼育し、それを屠畜して唐人屋敷の中国人と出島のオランダ人に販売する業者が多数存在することに対して、長崎代官から屠畜場所を一つに限定することを命じられ、それを受け入れると表明したものである。屠畜場所を限定する理由は、次のようにある。

> 生類之命を断候儀は、可忌憚人情之処、子弟幼少之子共も漸々悪習ニ馴、聊可憚様子も無御座様ニ成行、取締不仕候ては、往々不仁之風俗盛ニ可相成

これによれば、生類の命を絶つことは忌み憚ることであるが、この商売を放っておくと子どもたちもそうした悪習になれて忌避する様子もなくなり、「不仁之風俗」が隆盛してしまうという。これは長崎代官からの命令の請状という形をとった文書であるが、村内で屠畜する商売を限定しようというのはそもそも村方一統の意志であった。それが長い間の村の懸案事項であったことは、天保七年（一八三六）・同一四年に村方から規制要求があったことから確認できる。天保期のときと異なるのは、慶応期、西欧諸国とのつきあいが始まったことである。

> 未年（安政六年）御開港以来ハ、諸蛮多人数ニ相成、右品々入用多銘々我勝ニ飼立打方仕候もの多人数ニおよひ

これによれば、安政六年（一八五九）の長崎開港以来、同地には多数の外国人がやってきたため、食用肉の需要が多くなり、我がちに畜類を飼育し屠畜する者が増えたという。それは隣村の長崎村までも広がっていた(35)。天保期の規制は効果がなかったばかりか、開港によってかえってこの商売が広がっていたことがわかる。

浦上村山里は潜伏キリシタンが多数存在した村である。長崎の居留外国人のために大浦天主堂ができ、キリス

ト教の姿が見え隠れする状況が生じているなかで、一番崩れの際にキリシタンを摘発しようとした庄屋高谷氏は、そのキリシタンたちとともに村内風俗の取り締まりのため、村内の屠畜制限を治者に求めていた。この商売に関わらない多くのキリシタンの村民も非キリシタンの庄屋に協力した。宗教的属性より村民という属性を優先した結果である。四番崩れが起こるのは目前のことであった。

## （3）属性論の立場

ところで、若尾政希は最近、「なぜ民衆はみえなくなったのか」と問う論考を発表している。[36] 本章の最後に、若尾の問いかけに対して属性論から応答してみたい。

先にも触れたように、人民闘争史研究は一九七〇年代半ば以降尻すぼみになっていった。それは、幻想にすぎない変革主体を追い求めた結果であった、と若尾は深谷の回顧[37]も援用しながら指摘する。そうして、変革主体を見いだせない運動史研究は人びとの関心を失い、やがて「民衆はみえなくなった」とされる。そこで、主体概念を変革主体のみに限定して使うことをやめ、歴史的に形成された通念や常識にいかに拘束されていたかを意識しつつ、そのなかで人びとがどのような主体を形成してきたかを問うべきだと若尾は提起している。その上で、治者から被治者までそれぞれの立場で行われた主体形成の「相互の関係性、葛藤と協調の諸相を描いていきたい」とこの先の自己の研究について抱負を述べる。

私も、現代の「問題感覚」を起点にして、さまざまな立場の主体形成に目を向けようとする若尾の姿勢に共感する。そのさまざまな立場とは、私が提起する属性論に通底するものではないか。その際、重要だと思うのは、さまざまな立場は一人の人間に一つしかないのではない、ということである。同じ人間のなかに、多くの属性が重層的に重なり合っており、どの立場に立って主体的に物事を考えたり行動したりするかは可変的である。

それでは、社会史が陥りがちな、あらゆる物事を相対化して見るという陥穽に嵌まる危険性があるが、ここで想起するべきは、生活感覚を起点に国家や政治をも視野に入れて歴史を見ようとする民衆史研究の方法である。安丸良夫が定義した「生活の専門家」という民衆像を属性論に絡めて議論すれば、生活者という立場も重層的に重なり合っている諸属性の一つであり、その属性で見ることこそ、もっとも客観的に歴史を見る方法となるのではないだろうか。どんな権力者でも生活しない者はいない。生活者という属性はあらゆる立場の人びとを横断したものとなる。しかし、権限を多く持つ者の方がその権限の立場に寄りかかって対処するから、領主より百姓の方が、治者より被治者の方が、中央より周縁の方が、マジョリティーよりマイノリティーの方が、生活者の属性で物事を考えたり行動したりする傾向がある。「生活の専門家」としての「民衆」の立場で物事を考えたり行動したりするというのは、すべての人間に共通に存在する生活者という属性で考えるということであり、それこそが学問としての歴史学の客観性を担保することになる、と私は考える。[38] 客観性とは、さまざまな立場を均等にバランスよく並べようとすることではない。

## おわりに

史学史上、民衆史研究を自認する者が「民衆」を一枚岩で捉えたことはない。治者・被治者双方に目配りしつつ豊かな民衆像を追究してきたのが民衆史研究であり、[39] 私の属性論もその延長線上に位置づく。

闘う民衆像を描いた階級闘争史や人民闘争史の時代にあっても、生活を意識した民衆像を念頭に歴史を描こうとする議論が存在した。その場合の運動は階級闘争・人民闘争という名称で議論していたのであって、そもそも「民衆」というカテゴリーで議論していない。もしも、「民衆」という概念に対して、いかがわしいイメージを持つ者がいるとすれば、そのイメージはありもしない単色の民衆像を民衆史研究が描いてきたと決めつける、史学史を知らない者による偏見である。[40]

注

（1）鹿野政直「国民の歴史意識・歴史像と歴史学」（『岩波講座 日本歴史24 別巻1』岩波書店、一九七七年）。
（2）「『日本民衆の歴史』編集にあたって」（『日本民衆の歴史』三省堂、一九七四〜一九七六年、各巻冒頭頁）。『日本民衆の歴史』に参加した青木美智男は後年、このシリーズをそれまでの一揆史研究の集大成と位置づけながらも、「民衆」を支配層とは異なる独自の経済・文化活動の担い手としても描こうとした企画だったと指摘した（『百姓一揆の時代』校倉書房、一九九九年、八〇頁）。
（3）鹿野政直『資本主義形成期の秩序意識』（筑摩書房、一九六九年）一三頁。
（4）阿部恒久「『国民的歴史学』における民衆史の構想」（民衆史研究会編『民衆史の課題と方向』三一書房、一九七八年）。
（5）安丸良夫『出口なお』（朝日新聞社、一九七七年）五頁。
（6）大橋幸泰『キリシタン民衆史の研究』（東京堂出版、二〇〇一年）、同『近世潜伏宗教論――キリシタンと隠し念仏』（校倉書房、二〇一七年、および本書所収の諸論文）。
（7）佐藤能丸『異彩の学者山脈――大学文化史学試論』（芙蓉書房出版、一九九七年）、同『志立の明治人（下）』芙蓉書房出版、二〇〇五年）。
（8）吉田東伍「日本文明史話の首に」（『生活と趣味より観たる日本文明史話』広文堂書店、一九一五年）四頁。

（9）たとえば、右同書所収の「郷土の研究」など。

（10）千田稔『地名の巨人 吉田東伍――大日本地名辞書の誕生』（角川書店、二〇〇三年）。吉田の学問は歴史学と地理学の両方にまたがっていたといえる。地理学上の吉田の位置について私が論じる資格はないが、吉田の学問は、早稲田大学教育学部地理歴史専修の源流の一つをなしている。今井修は、吉田の『大日本地名辞書』について、「「地名辞書」と銘打つも各項目が出典を明記しての詳細な独立論文」であり、「前後に比類なき統一的地誌研究書」であると評価している（『早稲田大学学術研究史』早稲田大学大学史資料センター、二〇〇四年、一九五頁）。吉田の歴史地理学における位置については、川合一郎「吉田東伍の歴史地理学とその後継者」（『歴史地理学』二二三、二〇〇五年）も参照。

（11）津田左右吉『文学に現はれたる我が国民思想の研究』五（岩波書店［岩波文庫版］、一九七八年、一七～一八頁）。

（12）松島栄一は、民衆史研究の起点として津田左右吉と西岡虎之助の研究をあげている（「民衆史研究の出発点――近代史学史の一齣」『民衆史研究』二一、一九八一年、のち民衆史研究会編『民衆史を考える』校倉書房、一九八八年、所収）。

（13）のちに中近世の農村史を牽引する中村吉治が、一九二〇年代、東京帝国大学文学部の学生だったとき、卒業論文のテーマに農民史をやると言ったら、平泉に「百姓に歴史があると思うのは、豚に歴史があると思うのと同じだ」と言われた（「私の歴史研究 中村吉治――農民史探求と社会史」『歴史評論』四一〇、一九八四年）とのエピソードは有名である。

（14）西岡の研究の意義については、鹿野政直「西岡虎之助先生と民衆史研究」（『民衆史研究』八、一九七〇年、のち注（12）前掲書『民衆史を考える』所収）が的確に論じている。

（15）「座談会 民衆史研究会一〇年の歩み」（『民衆史研究』八、一九七〇年）。

（16）深谷克己「「人民闘争史研究」という歴史学運動――一九七〇年前後の危機意識と可能意識のもとで」（『歴史学研究』九二一、二〇一四年）。

（17）ただし、「人民」の語の使用例は古く、その語のなかに本質的に変革の意が含まれているのではない。たとえば、『日本国語大辞典』（小学館、一九七二～一九七六年）の「人民」の項目には『続日本紀』慶雲元年（七〇四）の用例が記載されている。

（18）戦後歴史学における運動史研究の軌跡を追究した須田努『イコンの崩壊まで』（青木書店、二〇〇八年）によれば、一九五〇年代、マルクス主義歴史学に基づく歴史理論を提供した石母田正・藤間生大らの論文では、「民衆」の語は使用されず、「民族」「人民」「大衆」などという語が多用されたという（四〇～四三頁）。「国民的歴史学」運動が推進されたのはこの時期である。もちろん、一九六〇年代まで歴史研究者が「民衆」の語をまったく使用していなかったのではない。たとえば、歴史学研究会は一九五五年に「歴史と民衆」というテーマで大会を開催していた（歴史学研究会編『歴史と民衆――歴史学研究会一九五五年度大会報告』岩波書店、一九五五年）。しかし、歴史学界の研究潮流として「民衆」の語が前面に出てくるのは、一九六〇年代以降としてよいようである。それはマルクス主義による社会構成体史に基づく発展段階論に違和感を提起する形で登場した、色川大吉・安丸良夫・鹿野政直らの民衆思想史研究が注目されてくることを直接のきっかけとするが、民衆史研究会の発足もそれを後押しする役割を果たしたものと思う。そうして、「国家に対置されるすぐれて政治的な概念である「人民」より、きわめて一般的な被支配層全体を統括しうる概念としての「民衆」」というタームを以後、多くの研究者が使用するようになったとされる（青木美智男（注2）前掲書『百姓一揆の時代』八〇頁）。岩波書店から一九七〇年に刊行された『日本思想大系57　民衆運動の思想』を契機に、民衆思想研究会が発足したのもこの頃である。年二回ずつ開催し、二〇二五年には一〇〇回を迎えるこの研究会は、会員組織も代表者もいない、まさしく在野の研究会として民衆史研究を支えている。

なお、一般語としての「民衆」が登場するのは、大正デモクラシーの理論的支柱となった吉野作造の民本主義が提唱されたころ、つまり二〇世紀初めである。鹿野政直によれば、吉野が「特権階級」と対比して「一般民衆」と用いたことに表れているように、「この言葉（民衆―大橋引用）の浮上は、認識の次元での「民衆」の独立化と価値化を示して」おり、「既成の支配層を、一にぎりに過ぎない存在として浮かび上がらせる役割を果たした」という（鹿野政直『近代日本思想案内』岩波書店［岩波文庫別冊14］、一九九九年、一六八～一六九頁）。

（19）教科書検定訴訟を支援する歴史学関係者の会編『歴史の法廷――家永教科書裁判と歴史学』（大月書店、一九九八年)。
(20)「深谷克己意見書」(教科書検定訴訟を支援する全国連絡会編『家永・教科書裁判 高裁篇 第9巻 意見書』文一総合出版、一九八五年)、「深谷克己証言」(同編『家永・教科書裁判 高裁篇 第8巻 立証篇4』文一総合出版、一九八五年)。
(21)同右「深谷克己意見書」一一三～一一六頁。
(22)その点、鹿野政直も(注1)前掲論文「国民の歴史意識・歴史像と歴史学」で同じことを指摘している。
(23)同注(20)「深谷克己意見書」一〇九～一一二頁。
(24)佐藤和彦「歴史認識における民衆的視点――民衆史と社会史」(『民衆史研究』二九、一九八五年、のち注(12)前掲書『民衆史を考える』所収)。
(25)鹿野政直「歴史意識の現在――社会史をめぐって」(『歴史学研究』五三二、一九八四年)。
(26)同右。
(27)安丸良夫『日本の近代化と民衆思想』(青木書店、一九七四年)。
(28)深谷克己『百姓一揆の歴史的構造』(校倉書房、一九七九年)、同『百姓成立』(塙書房、一九九三年)。
(29)同注(25)。
(30)大橋幸泰「シンポジウム「身分論をひろげる」の記録」(『〈江戸〉の人と身分6 身分論をひろげる』吉川弘文館、二〇一一年)。
(31)高木昭作『日本近世国家史の研究』(岩波書店、一九九〇年)。高木の研究史上の位置づけについては、塚田孝『近世身分社会の捉え方――山川出版社高校日本史教科書を通して』(部落問題研究所、二〇一〇年)を参照。
(32)朝尾直弘『都市と近世社会を考える』(朝日新聞社、一九九五年)。
(33)『シリーズ近世の身分的周縁』全六巻(吉川弘文館、二〇〇〇年)、『身分的周縁と近世社会』全九巻(吉川弘文館、二〇〇七～二〇〇八年)。
(34)『長崎代官記録集』下(犯科帳刊行会、一九六八年、二六〇～二六一頁)。
(35)慶応元年一一月八日付、長崎代官高木作右衛門宛、長崎村佐十郎・庄屋見習森田大三郎「差上申一札之事」

（『長崎代官記録集』下、二六一～二六二頁）。

(36) 若尾政希「「民衆」の問い方を問い直すII 日本近世史研究から」（歴史学研究会編『第4次現代歴史学の成果と課題 第1巻 新自由主義時代の歴史学』績文堂出版、二〇一七年）。

(37) 同注(16)。

(38) その点、自己の生活の安全・安心のために、たとえば軍事基地が必要であるとか、原子力発電所が必要であるとか、といった議論は、すべての地域にまんべんなく必要だというなら普遍的な生活者の論理になるかもしれないが、特定の場所の人びとにその危険性を押しつけて自分たちの生活を確保しようというなら、それは私がいう「生活の専門家」としての「民衆」の論理ではない。別の属性（たとえば本土とか、都市とか、など）の立場による論理といわなければならない。

(39) 民衆史研究はもちろん早稲田大学の独占物ではないし、早稲田史学には別の潮流もある。今井修は（注10）前掲共著『早稲田大学学術研究史』のなかで、「「早稲田史学の先達」たちを、あまり「早稲田」の枠組に閉じこめて評価することは、悪くすると矮小化した見方ともなりかね」ないと戒めている（一八二頁）。確かに、本章で登場した早稲田大学関係の日本史研究者すべてが、相互に師弟関係を有していたわけではない。しかし、本章で振り返ってみたように、民衆史研究は間違いなく早稲田史学の一つの潮流として存在した。日本の歴史学界に対し一定の影響力を持った学統として、これからも大事にしていきたいものである。

(40) 階級闘争史や人民闘争史にしても、その当時の課題意識に真摯に対応しようとした研究潮流として見るべきである。

なお、本章全体を通して、永原慶二『20世紀日本の歴史学』（吉川弘文館、二〇〇三年）も参照したことを付記する。

# 第一二章　近世日本の民衆史研究

## はじめに

歴史学は過去の人びとの営みを復元するとともに、現代の諸問題を考えるにあたって、その過去の事実から、今後、私たちが取るべき方向性の示唆を得ようとする学問である。ただし、その過去は、そこから何かを学ぼうとする人の問題意識に規定された過去であり、無数にある過去の事実からすればほんのわずかなそれでしかない。したがって、これまで歴史学で扱われた過去はその総体では決してなく、限定された過去という制約があることに注意が必要である。無数にある過去の事実から何に注目するかは、そのときの問題意識に規定されるから、研究史上の論点はその研究が行われたときの社会情勢と無縁ではない。研究史を振り返るということは、現代史を跡づけることと同義である。(1) 民衆史研究という方法が登場したのも、民衆史研究会が発足したのも、そうした文脈で捉えることができる。

史学史をそのようなものと理解した上で、近世民衆史研究の軌跡と展望について、私は前稿(2)において早稲田大学関係者の日本史研究を中心に大筋をたどり、若干の考察を加えた。その上で、私の属性論がどのような文脈の上に導き出されたものかを検討した。ただし、前稿では近世民衆史研究の個々の内容については展開できなかった。本章ではそれらを検証し、前稿の議論を補いたい。

だからといって、近世民衆史研究のすべてを扱うことは紙幅の点でも私の能力の点でも手に余る。本章は、私がこれまでどのように民衆史研究を学び、今後どのような視座で民衆史研究を進めていくべきかを考えるために、近世の民衆運動・政治思想・身分認識をめぐる議論の軌跡を綴った私の読書ノートにすぎない。民衆史研究の射程は、本章で扱っている範囲よりはるかに広く深い。しかし、一部しか扱えないとはいえ、その驥尾に付すことを自認する立場から、近世民衆史研究の過去を跡づけ未来を考えようとすることは、この研究の今後の方向性を展望する上で無駄ではないだろう。近年、必ずしも活発とはいえない近世民衆史研究を活性化させるためにも、こうした作業は意味があると考える。

## 一　近世民衆史研究の起点

民衆史研究の起点は周知のように、近世後期から近代を対象とした、一九六〇年代の民衆思想史研究である。(3)その嚆矢が安丸良夫「日本の近代化と民衆思想」(4)であった。安丸は日本の近代化が被治者民衆の膨大な自己抑制によって達成されたと指摘した。通俗道徳論と名付けられた安丸の議論はその後、マルクス主義による発展段階論を基軸とした戦後歴史学を揺さぶり、それへの懐疑とともに多くの人に支持され、民衆史研究の規範としての地位を不動のものにしていく。

一方、安丸の右の論文が発表された時期とほぼ同じころ、マルクス主義に影響を受けた人民闘争史の研究潮流がおおいにわきあがった。しばらくは、民衆思想史と人民闘争史が並行しながら被治者を主体者とする歴史研究を推し進めていく。このとき、「民衆」と「人民」の語は、必ずしも明快に使い分けられていたのではないが、民衆思想史と人民闘争史では、被治者をどのように見るかという点で差異があった。安丸が「生活の専門家」と定義[5]したように、「民衆」は生活する被治者という点に力点が置かれて使用された一方で、「人民」は治者による理不尽な圧力に対して異議を申し立てる被治者というニュアンスで使用された。当時、その潮流のなかで研究活動を展開していた研究者の論文の論調がそれをよく示している[6]。人民闘争史研究を含めたマルクス主義歴史学では、被治者を「人民」の他、「民族」や「大衆」の語で表現することも多く、「民衆」はあまり使用されなかった[7]。民衆思想史の「民衆」と人民闘争史の「人民」は同じ文脈で捉えられる語ではない。

人民闘争史の潮流は日本社会に根強く残る封建遺制を克服し、日本を民主国家にしなければならないという当時の課題意識に真摯に応えようとしたものだった。しかし、人びとの課題意識が反封建から反既成へと移ったことによる意識基盤の揺らぎが起こり[8]、人民闘争史の潮流は一九七〇年代半ばを境に消滅していった。以後「人民」の語は使用されなくなり、被治者一般を統括する語として「民衆」の語が多くの歴史研究者に使われるようになったという[9]。そうして、人民闘争史と併走していた民衆思想史が、さまざまな民衆世界の解明に向けて民衆史研究にバージョンアップしていったと理解される。

その契機となったのが、深谷克己「百姓一揆の思想[10]」である。人民闘争史研究を積極的に押し出していた一人であった深谷はこの論文で、百姓一揆を支える民衆意識が幕藩体制を否定するものではなく、むしろそれを支える御百姓意識であったと指摘した。「公儀御百姓」の経営を維持するための「百姓成立《なりたち》」こそ百姓一揆の要求であったと主張する深谷自身には、当時の研究潮流に逆らったという意識はなかったようである。(11)一九七〇年代の深谷はむしろ「「民衆」や「民衆運動」という文言を拒む」立場にいて、治者に対する非和解的被治者像に重きを置く若手研究者であったことを告白している。(12)このころの深谷は、まだ「左右不一致の二刀使い」であったが、(13)変革の運動とは異なる百姓一揆像を提示したことは、結果として人民闘争史研究からの離脱を意味した。それは徐々に深谷自身においても自覚化され、治者と被治者の合意による自己規制・自己意識が秩序を維持するという理解に到達した。(14)こうして、近世の治者と被治者の間の双務関係が見いだされた結果、それ以後、治者・被治者をつなぐ仁政イデオロギーを無視して近世史研究を進めることは許されなくなった。

安丸と深谷の研究は、両者とも民衆が歴史を支える主体者であったことを示すものである。「通俗道徳は、民俗的習慣を変革させて広汎な民衆をあらたな生活規律―自己鍛錬へとかりたて」たと指摘した安丸の通俗道徳論も、(15)「百姓一揆は、日常性からの断絶ではなく、むしろ生産と生活をつらぬく日常意識の中核である「御百姓」意識を土台において遂行され」たと指摘する深谷の百姓成立論も、(16)ともに変革主体とは異なる主体者として民衆を捉えるものだった。これらにより、民衆の生活に根ざした民衆的正当性こそが近世秩序とその変容を支える基盤であることが提示された。

以上のことを確認した上で、次節では、その後の近世民衆史研究の基軸であった百姓一揆研究について検討したい。

## 二　百姓一揆の研究

### （１）一揆認識の転換

一九六〇年代から七〇年代にかけて、林基「宝暦―天明期の社会情勢」(17)の革命情勢論に影響を受けた佐々木潤之介・青木美智男らを中心に世直し状況論が提起されていた(18)。しかし、人民闘争史研究の後退とともに、安丸や深谷の研究に後押しされて、一九八〇年代以降、百姓一揆研究は大きく転回した。ここではその代表として、藪田貫・保坂智・須田努の研究に注目しよう。

藪田貫「得物・鳴物・打物」(19)は百姓一揆の行動様式に注目した。一揆の際に参加者は日常的に使い慣れている「得物」と呼ばれる農具を持ち出し、規律性のある行動をとるための鳴り物や旗を利用したと指摘する。このような百姓一揆の作法を見いだすことにより、一揆参加者を暴徒と見る見方を否定した。

保坂智「百姓一揆――その虚像と実像」(20)は、百姓一揆の典型例としてイメージされてきた、越訴・義民物語タイプと竹槍蓆旗・武力蜂起タイプの両者を誤りだと指摘した。それらは、前代の幕府政治を強権的なものとして否定した、自由民権運動期に確立したイメージである。政府やその支持者ばかりでなく、自由民権運動を担った民権家にも共有された認識のもとにつくられていったものであった。これに対して、現実の百姓一揆とは「「百姓成立」・「百姓相続」を、幕藩領主に百姓として要求する行為」であるという。それは、領主との武力闘争を想定しない非暴力運動としての百姓一揆像である。「マルクス主義歴史学は、革命運動の最高段階としての人民蜂起とかかわって理解したから、竹槍蓆旗＝武装蜂起論を否定することはできなかった」と指摘する。したがって、百姓一揆を正確に理解するためには、右のイメージから解放されるべきだと説く。

百姓一揆は武力闘争を想定しない訴願運動である、と主張する保坂に対して、須田努「天保の「悪党」――百姓一揆の変質と近代」[21]は一八三〇年代の百姓一揆の変質に注目し、一揆における暴力行為を論じた。天保期の一揆において、幕藩領主への訴願を行わず、盗みを行い、異形の姿で豪農宅を激しく打ちこわす「悪党」に注目した須田は、治者と被治者の双務関係が崩壊する契機をそこに見た。幕藩領主の社会的責務である、凶作時の御救の放棄を起点に、御百姓意識から離脱する「悪党」が登場したという。もちろん「悪党」とは彼らの自己認識ではなく、治者の側による呼称であるが、彼ら自身、「自らの意志で視覚的に百姓世界から離脱し」、「自ら公法性・体制的保障を捨て」去ったと指摘する。治者の側からも彼らは百姓とは異質な存在として見なされたことから、治者による暴力の発動が開始された。

藪田の作法論、保坂の非暴力論、須田の変質論、いずれも近世民衆の生活次元から百姓一揆を論じたものだと評価できる。百姓一揆は確かに非日常的な運動であるが、それは民衆の日常生活とまったく切り離されて表れるものではない。彼らは、鎌・鍬のような日常的に使用する得物を持ち、簑笠という日常的な姿で、非暴力的に百姓の経営維持を求めて百姓一揆に参加する。そして、近世秩序を維持する領主の御救と共同体の相互扶助という日常的救済が崩れたときに、御百姓意識を捨て去る暴力運動が表れた。

### (2) 史学史のなかの百姓一揆

右にたどった一九八〇年代から二〇世紀末までの間、百姓一揆に関する二つの企画出版が刊行された。『一揆』全五巻[22]と『民衆運動史』全五巻[23]である。両者とも近世の百姓一揆を扱っている点で共通しているが、史学史の上にこれらの企画を置いてみると、対照的なシリーズであったことがわかる。

一九七〇年代の一揆史研究の集大成として企画された『一揆』は、中世と近世を対象とし、「一揆」というものを、「前近代日本の固有の階級闘争」と理解する立場」から編まれた。[24]もちろん中世と近世とでは、被治者の身分や負担のあり方といった点でその差異は小さくない。しかし、本シリーズは、両時代に「一揆」という共通の結集様式が存在したことに注目する。それを「階級闘争」と見る視座で通貫し、被治者が「一揆」という闘争様式を「伝統」化」したと見ている。[25]一揆を材料に、中世と近世の連続性を見ようとしたといえる。

一方、一九八〇年代から九〇年代の運動史研究の延長線上に登場した『民衆運動史』は、近世から近代移行期を対象とし、「諸研究領域を総合化する方法的な可能性」を本来有している分野」として「民衆運動史」を捉えている。そして、「国家論・民族論・フォークロア・個人史・思想宗教史・文化史・女性史・被差別部落史など」を視野に入れた総合史を構築しようとした。[26]「闘争」ではなく「運動」としたのは、このシリーズの企画者の一人、深谷克己によれば「違法性を帯びた行動や、種々の訴訟行動、宗教性を帯びた民衆行動などを過不足なく全体として認識するところから、より深い歴史のメッセージを受けと」ろうとする姿勢によるものである。その際、念頭に置かれているのは、「管理している立場の者が別の世界では管理されている立場の者として抗議し交渉し訴訟する主体であり、非和解ではなく合意点を見いだし妥協・和解し共生する」ことを目指す世界である。[27]百姓一揆のような非合法訴願ばかりでなく、合法訴願や宗教運動とともに、それらの運動を支える民衆の世界観・正当性観念などもふまえて民衆世界を描くことを企図し、近世から近代移行期を連続する時代と捉えた企画であったといえる。

『一揆』と『民衆運動史』の企画姿勢の違いは、単に中世・近世と近世・近代という、対象の時代の差異というにとどまらない。前者が一揆を「前近代日本の固有の階級闘争」と捉えて近世が中世に近いと見ているのに対して、後者は百姓一揆を含めた多様な運動形態を視野に入れて近世が近代に近いと見ている。これは、この間の歴史学界の歴史の見方に関するパラダイムチェンジに対応したものである。すなわち、近世という時代を、中世に続く封建制の最後の時代（later medieval）と見る視座から、近代の最初の時代（early modern）と見る視座への転換である。

一九八〇年代から九〇年代の日本近世史研究は、多くの分野史で近世に生まれた近代の芽を見いだしてきた。その結果、近世から近代への時代推移を、近代との連続性で理解することに傾いてきたといえる。豪農論、代議制論、経済史、流通史、教育史など、近代へ連続する側面はさまざまな分野で指摘されてきた。『民衆運動史』の企画も、そうした研究動向と連動するものであったということだろう。

近世を近代との連続という観点から位置づけるのは、近代の諸問題の淵源を近世に見いだすという意味では重要な視座である。しかし、過度に連続性ばかりを強調すると、近代化論に親和的になる危険性があることも留意するべきだろう。特に二一世紀に入って、新自由主義がはびこる現代、日本近世史研究の新自由主義化は現代の諸問題への批判精神を削いでしまう危険性を持っている(28)。その点、近代との差異を注意深く意識するべきである。そうすることによって近代批判の視座を確保できる。

そうした視角から、次節では、一九八〇年代以降の近世民衆史研究において見いだされてきた、政治思想と身分認識の民衆世界について考えてみる。

## 三　近世の民衆世界

### (1)政治思想

民衆史研究における近世民衆世界の探究は様々な方法で実践されてきた。その第一の論点として、民衆の政治思想を取り上げたい。

この議論の契機となったのが、宮沢誠一「幕藩制イデオロギーの成立と構造」(29)である。支配・被支配の両者を規定する支配イデオロギーを追究しようとした宮沢の研究は、幕藩制的委任論と御救論を基軸として初期藩政改革を分析するものであった。宮沢によれば、近世前期、地方知行制の否定による藩財政の確立のうえに、無利子あるいは低利の融資を中心とする御救を媒介に、支配と被支配の間には、慈悲深い公儀を体現する仁君と、その命令に服従する律儀な御百姓という意識が成立したという。

その双務関係の形成過程を太平記読みによって論証したのが若尾政希である。若尾は、「「太平記読み」の歴史的位置──近世政治思想史の構想」(30)により権力の側の論理を、「幕藩制の成立と民衆の政治意識」(31)により社会の側の論理を検討した。

前者は、幕藩領主の公的性格を指摘する朝尾直弘「「公儀」と幕藩領主制」(32)に刺激を受けつつ、宮沢の幕藩制的仁政イデオロギー論と儒者などの思想家の思想分析とをつなぐ議論を展開したものである。一七世紀前期、治者の間で流行した太平記読みという芸能に見る政治論は、治者の責務として撫民を実現する楠木正成像を理想的な指導者として描く。それは政治のあり方について、当該期における治者の共通認識の形成に大きな影響を与えたという。

後者は、太平記読みを通じて広がった仁政論の民衆世界への影響を検討したものである。儒者の政治論や農書などにも見える「民は国之本」という文言に注目した本論文によれば、その思想が太平記読みの政治論と共鳴するものであり、村役人を務める上層百姓にも影響を与えたという。太平記読みの「「明君」像が、領主レベルから代官へ、そして村役人レベルへと、いわば下降化して」おり、「領主層から民衆の上層までに、共通の指導者像が形成・定着している可能性」を指摘する。そして、それは同時に現実の治者像とは乖離があり、それに気づいた者による現実の治者批判が表出されていく。

こうした議論をうけて、民衆の世界像を検討したのが、岩田浩太郎「正統性と世界像」[33]である。この論考自体は一九九〇年代までの民衆史研究を整理したもので、抽出された論点も多岐にわたっているが、このなかで特に注目されるのは「天下の民」意識である。岩田は、「士農工商はそれぞれの職分を果たすことで天の意志である天下万民の安穏（＝天下泰平）に役割を果たす」という、天職観が百姓の「天下の民」（天下の百姓）意識を下支えしていたと指摘する。治者にとって被治者は天からの預かり者であるとともに、被治者自身も自らを公的な存在であると自覚していた。そこには、それぞれの「職分を果たさない自・他の身分に対する批判意識（→政治意識）」が内包されており、それだけに、飢饉や打ちこわしは仁政を行わない治者に対する天からの制裁（天譴）である、との認識が広く見られたという[34]。こうして、幕末に向かって天下と公儀が乖離するなかで起こる民衆運動において、「天下万民之為」といったスローガンが押し出されていく。

このように、治者のイデオロギーを念頭に置きつつ、被治者の政治意識を抽出してきたのが民衆史研究における思想史の特徴である。そのことを確認したうえで、留意すべき点を二つあげたい。

一つは被治者内部の矛盾にも目を向けることである。治者と被治者の非和解的関係が強調されがちであった、一九七〇年代までの階級闘争史・人民闘争史研究とは対照的に、それ以降の民衆史研究では、両者の双務関係に光が当てられていった。それは、治者・被治者のリアルな関係を表現していることは間違いない。しかし、両者の合意形成の実態を掌握する利点を認めつつも、被治者内部に孕む矛盾や確執にも目を配ることを怠らないようにしたい。非和解的であろうと和解的であろうと、治者と被治者の二分法的発想では、民衆世界の多様性をかえって覆い隠してしまう危険性がある。人びとの異議申し立てを階級闘争・人民闘争ではなく、民衆運動と呼ぶのも被治者内部の矛盾を意識する発想からである。

もう一つは近現代との比較である。仁政イデオロギーは近代移行期には消滅し、治者と被治者の間の双務関係は解体することが指摘されている。しかし、明治国家における治者と被治者の関係はどのように規定されるのか、仁政イデオロギー論に代わる明快な議論は深まっていないように思う。

その一方で、大正デモクラシーを象徴する政治理論であった民本主義は、国家主義者が先行して使い始めたとされ、「天皇による「仁政」という意味」が込められていたとされる。そして、「民本」の語を吉野作造があえて使用したのは、「危険思想としての追及処分を回避する」ことが意図されていたという(35)。いずれにしても、主権者を問わず、国民のための政治を強調する民本主義は、民本徳治の理念を基盤とする仁政イデオロギーの近代版ということになる。

ところで、私たち現代人は、国民を主権者とする民主主義を理想の政治形態と考えがちである。もちろん、天皇主権国家から国民主権国家への転換は民主主義の達成を示しているようだが、果たして、現在の政治は民のための政治になっているだろうか。国民主権だから民のための政治が実現している、とは必ずしもいえないのではないか。近世の身分制を前提とする仁政論が、現代の政治にそのまま適応できないことは当然のことだが、血の通っていない現代の民主主義の問題点を念頭に置いて、近世と現代とを比較してみるとき、現代の政治に必要なのはまさに仁政的理念なのではないかという思いがよぎる。近世における仁政の主体者が将軍・大名・領主であり、近代における民本主義の主体者が天皇であることに注意が必要であるが、現代の政治のあり方を相対化し、それに欠けているものを見いだす手段として、近世の治者・被治者が共有していた政治思想を考えたらどうだろうか。

## （2）身分認識

「天下の民」意識と表裏の関係にある天職観・職分論・家業論から派生する身分認識が、近世民衆世界の第二の論点である。

この議論の契機は深谷克己「近世的百姓人格──『百姓伝記』に現われた」[36]である。深谷は、歴史的人格論の一環として近世の人格的範疇を抽出しようとした。具体的には、一七世紀後期に成立した農書『百姓伝記』を材料に、近世的百姓人格の特徴を検討している。深谷によれば、近世百姓は、畜類とは異なる人であることの矜持を持っていたことを前提に、耕作労働を家職として主体的に受け入れていたという。治者の公儀性（公的性格）に基づき、治者への「近世的な服従人格」が形成されたと指摘する。しかし、それは根底において分裂的契機をともなっており、近世百姓は自身の公民性の拡充を進めようとする一方で、富貴を望む私人の立場も大事にしようとする。これは、後に深谷が「上下なし」と「身上がり」の願望として押し出した論点である[37]。この議論はさらに士農工商の横並び意識の身分論に展開していく。

一方、近世身分制研究は、一九九〇年代以降、士農工商に収まりきらない多様な身分に注目する研究が主軸となっていった。塚田孝・吉田伸之らによる身分的周縁論である。(38)そこでは、同業者の特権確保とそれからこぼれた者の排除をともなう諸身分の形成が指摘され、近世社会には実に多様な人びとが存在していたことが示された。ただし、人びとの存在形態が多様であること自体は近世に限られるものではなく、前近代一般の特徴であろう。近世では幕府による統治が進んだことが中世以前とは異なることから、身分的周縁論では、治者や共同体によって認められた者が身分集団を形成するという、集団論として議論された。そこには身分別支配である近世の特徴がよく表れている。

これに対して、先に見た深谷の議論は、そうした集団論とは異なる身分論として押し出された。深谷は士農工商の語をめぐる近世人の身分認識に注目する。(39)そもそも士農工商は東アジア儒教文明圏社会における人民のことを指す。そうした語義のうえに、「近世史の特徴は、もろもろの生業を職分として区分けし、さらに尊卑観のともなう身分の織物のように編み上げたところにある」という。そして、家業を継承していく小家族という単位がどの身分にも存在することが、士農工商の横並び意識の醸成を下支えしたと指摘する。とりわけ、農工商身分の者が士農工商を口にするときは、非武士身分から武士身分への対抗意識の気分が含まれており、そうした横並び意識が現実の尊卑上下関係にある治者・被治者の秩序を揺さぶった。深谷はこのような近世百姓の歴史的人格をめぐる議論を、主体的被治者論という語でまとめた。被治者は自らの職分・家業を忠実に果たすことによって、治者の支配を主体的に受け入れたというわけである。横並び意識の表出である「上下なし」の要望も、そこから一格上がろうとする「身上がり」願望も、個人が主体となる観念である。豪農が士分格を獲得して百姓から武士になるような、実際の身分移動もやはり個人レベルの出来事である。深谷の身分論は、長い間、集団論として議論されてきた身分論に個の視点を持ち込んだものとして評価される。その方針で編纂されたのが、私も編者の一人として参加した『〈江戸〉の人と身分』全六巻(40)であった。

加えて、深谷は「農耕と稼ぎ仕事――江戸時代の諸稼ぎ農家像から現代の兼業を考える(41)」において、一人の人間のなかに多様な身分的側面が含まれていることも同時に指摘している。この論文は、高度経済成長が終焉を迎えた一九七〇年代末、農政から重荷と見なされつつあった兼業農家をめぐる議論に、歴史学の立場から発言しようと執筆されたものである。

深谷は、小農自立が達成された一七世紀、農家には耕作労働のほか、それを維持するための諸稼ぎが欠かせなかったと指摘する。年貢完済のためには治者にとっても相応の稼ぎが期待された。その諸稼ぎにはいくつもの種類があり、商業・工業のほか、日雇い・賃銭取りの稼ぎなどがあった。その延長線上に近世の小商品生産が実現する。ただし、それは余業・余作などと表現されたように、あくまで農間の稼ぎであって、「百姓の年貢米生産という「耕作専一」の本業・家業からはずれているという価値観をふくむもの」であったという。百姓たちが相応の範囲をこえて諸稼ぎを行うようになると治者は厳しい制限を加える一方で、一八世紀後半以降、自ら特産物生産を統制しながら奨励して専売制をしくこともあった。ここに、諸稼ぎを行う主体である被治者とそれを統制・利用しようとする治者の間で利害の対立が起こり、場合によっては百姓一揆に進展することもあった。

このように、近世の百姓には農耕の「専一」が目指されたが、「専作」で完結していたのではなく、百姓たちの生活維持には商工業の諸稼ぎが不可欠であったと深谷は指摘する。そして、時代が下るにしたがい、その諸稼ぎが百姓の生活にとってますます重要な位置を占めていくようになっていったという。農民であると同時に、商人でもあり職人でもあることは珍しいことではなかった。この議論は、近世身分制についての次の指摘につながっていく。「一人の人間は一〇〇パーセントある身分に属して、同時に他の身分ではないという認識は、それ自体思いこみである」[42]。

士農工商とは主な生業による役割分担を示す言説であって、身分の実態とは乖離している。士農工商の語で近世身分の全体を語ることができないのはいうまでもない。そうした曖昧性を残す身分形態が近世的な存在形態であったと考えるべきである。その曖昧性を諸属性の重層構造として捉え返したのが、一人の人物・一つの集団のなかに複数の属性が同時に重なり合っている状態を意識する、属性論である。次節では、その属性論の射程について考えてみる。

## 四　属性論の射程

### (1) 近世社会の「相剋と重層」

前稿[43]では属性論への到達過程について、どのような研究史の文脈のなかに位置づくかを確認した。ここでは、前節までの議論を前提に、属性論が押し出されてきた意味を民衆史研究の方法にそくしてもう少し深めてみたい。

属性論は確かに、これまでの私の主要な研究対象であったキリシタン史を追究するなかで、たどり着いた議論であった。しかし、民衆史研究の文脈では、民衆の「天下の民」意識と表裏の関係にある天職観、およびそこから派生する職分論・家業論の議論の延長線上に表れた、個の視点の導入による近世身分論と共鳴して押し出されてきたものと見ることができる。特に、百姓は農民であることと同時に商工業などに従事する諸稼ぎの民であることを指摘する深谷の諸稼ぎ論が、私の属性論に大きな影響を与えていると気づかされる。

他方、治者と被治者を非和解的関係として理解する傾向の強かった戦後歴史学からの転回を象徴する論文である、深谷克己「日本近世の相剋と重層」(44)から示唆を受けたことも多い。この論文では、「個別的なものと共同的なもの」、「法度の力と神威の力」、「全国的な性格と地域的な性格」、「日常生活と闘争状況」の四つの側面から、戦後歴史学が追究してきた封建遺制の克服というのではない問題の立て方が示された。

まず、近世を鍬の時代と見る深谷は、人びとの体力に応じて個別に製作される鍬に象徴されるように、近世は個別性が高まった時代だとした。しかし、その個人を支える家とさらにそれを取り巻く村という共同体の存在を無視して個人は成り立たない。土地所持についても個別的な所持の観念を強めていくが、村請制という仕組みのなかでは分担して請け持つという性格を失なうことはなく、過重な負担のもととなると考えられた豪農の横暴な所有に抵抗したという。したがって、「個別的なものの実現と共同的なものの実現という両方向への願望が同時になりたっていた」のが近世という時代であったとされる。

また、近世は法の支配が進む時代であったが、近世人は決して神威への恐れを無視していないことを深谷は指摘している。法と神威が補強し合って秩序が維持されていたことは、個別性と共同性の相互関係によく似ている。全国を意識することと地域を意識することが同時に進んだことも同じ関係にある。ヨーロッパのキリシタン国に対抗する神国・仏国という対比で日本を捉える一方で、全国的な認識や流通網の拡充のなかでかえって地方が自覚されていくという。

そして、百姓一揆という非日常的な運動についても、深谷は日常の生活との関わりのなかで理解しようとする。生活者の難儀な状況の打開方法としては、「除災招福の御利益祈禱」、「反則者に対する共同体規制の発動としての制裁」、「領主権力による解決を求める訴」という方法があり、その延長線上に非合法運動としての百姓一揆が起こる。日常と非日常は別個に存在しているのではない。

結論として、一九八〇年代までの戦後歴史学は、「古いもの新しいものの関係に分けて説明するか、それとも、基本的にはとか本質的にはという言葉を用いて一元化してみる」という傾向にあったが、高度経済成長を過ぎた後の歴史学では、「二分法的な割り切りでない歴史把握」が求められるという。そのことによって、「常住のなかの抑圧（管理）と自由（脱管理）の組み合わさり方、その表裏の間隙から自由の拡大へ進む回路を発見する」ことになるというのが、深谷の問題意識であった。この先どのように人びとの安寧を確保していくかという問に対して、ドラスティックな革命ではなく、さまざまな人たちの合意を形成する努力をおしまない市民社会の成熟を目指すべきであると応答する、ということである。(45)

## (2) 属性論から共生社会論へ

私たちが日頃感じているように、一見、矛盾している両者の立場が、一人の人物、一つの集団のなかに同居している状態は、決して特殊な状態ではない。これを意識する視座は右に見てきたように、深谷の諸稼ぎ論や「相剋と重層」論によって、私が属性論を押し出すはるか以前から提供されていた。私の議論は自身の研究対象をもとに、深谷の視座をなぞっているにすぎない。ただし、私はこの先それを一歩進めて、歴史学の立場から、異なる属性が共存する条件を見きわめたうえで、共生社会を実現するための議論を深めてみたいと考える。(46)

異なる諸属性が重層的に折り重なっている状態は近世日本に限らない。諸属性が共存しているのは、どの時代、どの地域の人びとや集団にもいえることである。ただし、これまで諸属性を併せ持つ人びとが諸属性の共生を意識してその条件を維持していたかといえば、それは怪しい。加えて、諸属性の共存状態を保持するための条件は完全無欠ではなく、そのなかには必ず矛盾が内包されている。だからこそ、秩序は変化する。また、それを維持するための条件は、それぞれの時代や地域によって固有のものである。

たとえば、キリシタン禁制を基軸とした近世日本の邪正観から構築された秩序維持の条件は、次の三つであったと想定される。第一は外在的属性の重視、第二は排除対象の共有、第三は「正」の曖昧性、である。

外在的属性の重視とは、内面で何を信仰していようと外在的属性が「切支丹」でなければ、その内在的属性は放置されたということである。近世人が共有していた排除対象は明快な「邪」である「切支丹」(47)であった。その対極にあると考えられる「正」は曖昧であったからこそ多様な宗教活動が存在し、世俗秩序に従順な潜伏キリシタンも幕末まで存続することができた。近世日本の「無事」の状態とは、こうした条件のもとに維持されていた。しかし、排除するべき「邪」の「切支丹」は、実際のキリシタンとは乖離しているという矛盾が内包されていた。そのため、近世後期には、キリシタンとは異質の異端的宗教活動がキリシタン禁制の弾圧の対象となっていき、「無事」の状態は徐々に崩れていく。

近世日本に限らずほかの時代・地域においても、その時代・地域固有の諸属性共存の条件が保たれている限り平穏は維持される。しかし、諸属性共存の条件に内包されている矛盾が大きくなってくれば、自ずとその諸属性の共存状態は保持できなくなり、異なる属性間の確執が表面化する。それが激しくなれば、その時代の秩序自体が揺さぶられ、新しい秩序を構築する動向が胎動する。時代の変化とは、おおよそこのような経緯で説明できるものと私は考える。そこには秩序の発展という発想はない。その根底にあるのは、異なる諸属性の共存状態が保持される条件には、どのような矛盾が内包されているのか、という発想である。その矛盾が限りなく小さくなったとき、人びとの共生社会が実現すると展望したい。

# おわりに

最後に、あるべき未来像に関わって、本書の各章との重複を厭わず、私が考えている属性論の有効性に触れて本章を閉じる。

いうまでもなく、どのような枠組みを設定したとしても人びとを単純に一括りにすることはできない。その多様性を表現する手段として、属性論という視座が必要であるというのが私の主張である。諸属性を重層的に保持している人びとの最大公約数的属性が生活者である。生業が何であろうと、どのような地位についていようと、民族・性別に拘らず、生活しない人間はいない。日々生活をする人という意味の生活者という属性は、あらゆる人間が共通に保持しているものである。安丸良夫は「生活の専門家」を民衆と呼んだ。その定義からすれば、民衆とは生活者という属性に高い比重を置いて物事を考えたり行動したりする人びとのことである。その立場の思想や行動が民衆的なそれであるとすれば、だれもがそうした立場に立つことができる一方で、そうでない立場にも立つ可能性がある。言い換えれば、多くの者が治者・被治者、両者の属性を併せ持っているということである。その意味で、歴史研究者は民衆ではないとの言説には違和感を持つ。

そのことを確認した上で、人びとを区分するカテゴリーとしての身分と属性の差異についていえば、身分には尊卑上下の観念がつきまとうが、属性は単なる所属や状態のことを指すという違いがある。二一世紀においても尊卑上下の関係で人との距離を測ろうとする感覚があるという点で、現代にも身分は存在する。では、その感覚を解消するためには、どうすればよいか。

治者という立場では、諸属性を分断するだけでなく、少しでも他者より上位に立って人びとを統治したがることから、尊卑上下の観念をともなう身分を容認するが、被治者である生活者という立場では、異なる属性の共存を志向する。異なる諸属性の共生世界を実現するためには、いま現実に存在する身分をフラットな属性へ転換させればよい。そのための知恵をしぼることが求められる。そうしたあるべき未来像を構築するスタート地点に人びとを誘うという点でも、属性論は有効であると考える。

注

（1）戸邉秀明「社会運動史としての戦後歴史学研究のために――史学史の再検討にむけたいくつかの提言」（『日本史研究』六〇〇、二〇一二年）。「戦後歴史学をひとつの社会運動として捉えよう」とする戸邉は、「戦後歴史学の軌跡は、「私たちの歴史＝自画像」であることを止めて、戦後運動史・思想史のなかで相対化されなければならない」と主張する。

（2）大橋幸泰「「民衆」を考える――早稲田大学関係者による日本史研究を中心に考える民衆史研究の軌跡と展望」『早稲田大学教育・総合科学学術院 学術研究（人文科学・社会科学編）』六八、二〇二〇年、本書第一一章）。

（3）早稲田大学では、それに先行して西岡虎之助の研究があり、その影響を受けた鹿野政直や民衆史研究会の活動が続いたことも付記する。

（4）安丸良夫「日本の近代化と民衆思想（上）（下）」（『日本史研究』七八・七九、一九六五年）。

（5）安丸良夫『出口なお』（朝日新聞社、一九七七年）五頁。

（6）深谷克己「七〇年代闘争とわれわれの歴史学」（『歴史評論』二三一、一九六九年）など。

（7）須田努『イコンの崩壊まで――「戦後歴史学」と運動史研究』（青木書店、二〇〇八年）四〇～四三頁。

（8）深谷克己「「人民闘争史」という歴史学運動――一九七〇年前後の危機意識と可能意識のもとで」（『歴史学研究』九二一、二〇一四年）。

（9）青木美智男『百姓一揆の時代』（校倉書房、一九九九年）八〇頁。
（10）深谷克己「百姓一揆の思想」（『思想』五八四、一九七三年）。
（11）『深谷克己近世史論集』全六巻（校倉書房、二〇〇九年）の各巻「序」。
（12）『深谷克己近世史論集 第四巻 民衆運動と為政』「序」一一頁。
（13）『深谷克己近世史論集 第一巻 民間社会と百姓成立』「序」一二頁。
（14）同右一三～一四頁。
（15）同注（4）。
（16）同注（10）。
（17）林基「宝暦―天明期の社会情勢」（『岩波講座 日本歴史近世4』岩波書店、一九六三年）。
（18）佐々木潤之介「維新変革の現代的視点」（『歴史学研究』三二二、一九六七年）、同編『村方騒動と世直し』上・下（青木書店、一九七二・一九七三年）など。
（19）藪田貫「得物・鳴物・打物」（『橘女子大学研究紀要』一〇、一九八三年）。
（20）保坂智「百姓一揆――その虚像と実像」（辻達也編『日本の近世10 近代への胎動』中央公論社、一九九三年）。
（21）須田努「天保の「悪党」――百姓一揆の変質と近代」（『日本史研究』四〇八、一九九六年）。
（22）『一揆』全五巻（東京大学出版会、一九八一年）。
（23）『民衆運動史』全五巻（青木書店、一九九九～二〇〇〇年）。
（24）『一揆1 一揆史入門』「序論」一九頁。
（25）同右二三頁。
（26）『民衆運動史』各巻冒頭の「刊行にあたって」。
（27）深谷克己「民衆運動史研究の今後」（『民衆運動史5 世界史のなかの民衆運動』）一四・三二頁。
（28）小野将「「新自由主義時代」の近世史研究」（『歴史科学』二〇〇、二〇一〇年）、同「新自由主義の時代と歴史学の課題2」（歴史学研究会編『第4次現代歴史学の成果と課題1 新自由主義時代の歴史学』績文堂出版、二〇一七年）。

(29)　宮沢誠一「幕藩制イデオロギーの成立と構造」（『歴史学研究別冊 歴史における民族と民主主義』青木書店、一九七三年）。
(30)　若尾政希「「太平記読み」の歴史的位置――近世政治思想史の構想」（『日本史研究』三八〇、一九九四年）。
(31)　若尾政希「幕藩制の成立と民衆の政治意識」（岩田浩太郎編『新しい近世史5 民衆世界と正統』新人物往来社、一九九六年）。
(32)　朝尾直弘「「公儀」と幕藩領主制」（『講座 日本歴史5近世1』東京大学出版会、一九八五年）。
(33)　岩田浩太郎「総論 正統性と世界像」（注（31）前掲書『新しい近世史5 民衆世界と正統』）。
(34)　岩田浩太郎「天明期江戸の政治意識」（『歴史評論』五三六、一九九四年）。
(35)　田澤晴子『吉野作造――人世に逆境はない』（ミネルヴァ書房、二〇〇六年）一一三頁。
(36)　深谷克己「近世的百姓人格――『百姓伝記』に現われた」（『早稲田大学大学院文学研究科紀要』二六、一九八〇年）。
(37)　深谷克己『江戸時代の身分願望――身上がりと上下無し』（吉川弘文館、二〇〇六年）。
(38)　『シリーズ近世の身分的周縁』全六巻（吉川弘文館、二〇〇〇年）、『身分的周縁と近世社会』全九巻（吉川弘文館、二〇〇七年）。
(39)　深谷克己「幕藩制国家と社会をとらえる新たな視点とは」（青木美智男・保坂智編『新視点 日本の歴史5（近世編）』新人物往来社、一九九三年）。
(40)　『〈江戸〉の人と身分』全六巻（吉川弘文館、二〇一〇～二〇一一年）。もちろん、社会の全体構造を捉えようとする集団論と、主体意識を重視しようという個の論理を、二者択一で論じることはできない。
(41)　深谷克己「農耕と稼ぎ仕事――江戸時代の諸稼ぎ農家像から現代の兼業を考える」（『農村文化運動』七六、一九七九年）。
(42)　同注（37）一四頁。
(43)　同注（2）。
(44)　深谷克己「日本近世の相剋と重層」（『思想』七二六、一九八四年）。

（45）「「革命ではなく、無限軌道のような歩みで市民社会を成熟させる」（『深谷克己近世史論集 第一巻 民間社会と百姓成立』一九頁。

（46）東京歴史科学研究会二〇一七年度大会の報告を私が引き受けたとき、準備の過程で当時の運営委員とともに、「共存」と「共生」の語の差異について議論したことがある。その際、「共存」とは異なる諸属性が特別に意識することなく、ともに存在している状態を指すのに対して、「共生」とは異なる諸属性が意識して、ともに生きていこうとする意志を含意するのではないか、という意見があった。私が「共生社会」という語を使う場合、そのときの議論を念頭に置いている。そうした議論を経て報告した内容が、大橋幸泰「近世日本の異端的宗教活動と秩序意識」（『人民の歴史学』二一三、二〇一七年、本書序章）である。

（47）大橋幸泰『潜伏キリシタン 江戸時代の禁教政策と民衆』（講談社、二〇一四年、二〇一九年に講談社学術文庫として再刊）。「切支丹」という共通の排除対象が決定的になった事件が島原天草一揆である。なお、拙著『検証島原天草一揆』（吉川弘文館、二〇〇八年）を上梓したとき、私のなかで属性論という方法は未成熟であったが、この書において、島原天草一揆は経済問題と宗教問題を両輪として引き起こされたと結論づけたのも、矛盾が同居する状態を総体として受け止めようとする属性論の発想と共通の問題意識によるものであった。

# 補論三　深谷克己著『百姓成立』に学ぶ

## 一　私にとっての『百姓成立』

本のタイトルを見るだけでは、深谷克己の代表的著作『百姓成立』（塙書房、一九九三年）と拙著『キリシタン民衆史の研究』（東京堂出版、二〇〇一年）や『潜伏キリシタン』（講談社、二〇一四年、二〇一九年に講談社学術文庫として再刊）とが深い関わりをもっている、とは考えてもらえないかもしれない。しかし、私の研究は深谷の議論、とりわけ『百姓成立』で展開されている論点にきわめて大きな影響を受けている。

たとえば、私が右の『潜伏キリシタン』のなかで採用したキリシタンを分析する独自な方法の一つに、属性論という認識方法というのがある。キリシタンの信仰者という立場をその信徒が保持していた属性の一つととらえ、それだけに押し込めてキリシタン信徒を理解するのではなく、彼らが同時に保持していた別の属性を意識して彼らの行動や彼らをめぐって起こった事件を理解しようとする、というのがそれである。キリシタンは村請制の仕組みのもとで運営される村社会の一員でもあったことから、キリシタン禁制という厳しい宗教政策のもとでキリシタンが存在した村社会が秩序を保つことができたのは、彼らがその村社会の一員としての属性を優先させたからではないか、と論じた。これはキリシタンという単一な属性だけで考えるのでは、彼らの営みを総体として理解したことにはならないという考えにもとづくものであるが、一人の人間や一つの事柄について単一の内容で塗りつぶして議論するのではなく、複数の、ときには矛盾する内容をそこから同時に抽出して理解しようとする、深谷の「百姓成立」をめぐる議論に学んで提起したものである。とりわけ『百姓成立』所収の「日本近世の相剋と重層」（初出『思想』七二六、一九八四年）は、そうした方法論を全面展開した重要な論文である。このなかで、「二分法的な割りきりでない歴史把握」として押し出されているのは、たとえば抑圧と自由の対置ではなく、両者がいかにして組み合わさっているかを見極めることによって、どうしたら抑圧を小さくして自由を拡大できるかを発見しようとの提言である。

一九九三年に刊行されたこの本は、一九七九年から一九八七年に発表された諸論文を下敷きとした作品で、ほぼ一九八〇年代の深谷の議論を集成したものである。私はまさに、深谷がこの本のような問題提起を展開していた一九八〇・九〇年代に学生・大学院生として直接教えを受け、研究活動を開始した世代である。先にみたような私の議論のベースにはこのような深谷の研究があったことは間違いなく、同じテーマであったとしてももし深谷の議論の方法を学んでいなかったなら、まったく違う議論をしていた可能性が高い。二者択一的な考察方法を排除し、矛盾している状態をできるだけ総体として受け止めて考えようとする姿勢は、私に限らず現在の歴史学では当然のこととなっている。その意味でこの本は、二一世紀の歴史学の先導者であったといえる。

## 二　「幕藩体制認識のエキス」としての「百姓成立」

「百姓成立」とは直接的には百姓の家の経営を維持することを意味し、近世期の百姓と領主の両方が望む秩序維持の条件である。深谷が「幕藩体制認識のエキス」と表現した、このキーワードを基軸に展開するこの本の論点は多岐にわたっているが、ここでは二点に絞って整理しよう。

第一は、個別化の進展と共同体との関係についてである。一七世紀は経営規模の小さな百姓の家が多数成立する、小農自立と呼ばれる状況が広範に進展した時期とされるが、そうした百姓の家と家族、および村との関係を深谷は次のように展開する。

検地により百姓は彼ら自身が耕作する土地に登録されるようになったから、その土地を個別に所持する観念を持つようになったようにみえる。ただし、それは決して近代の私的所有のそれと同じではなく、分担して請け負う「共同的所持」というべきものであったとされる。近世の百姓は個別性を高めたとしても、一人あるいは一家だけでは生きていけなかった。彼らは村請制という仕組みのもとで連帯責任を取らされたが、同時にその仕組みのもとにあるからこそ再生産が可能であった。

そして、個別の家を構成する家族もそれぞれが個別性を高めていくとされる。それを象徴するのが、近世を「鍬の時代」であるとする指摘である。筋肉の延長としての鍬は、個別の筋力に応じて製作されるものであるからである。百姓の家の経営を支えていたのは男性の筋肉労働ばかりではない。老若男女を問わず、それぞれの力量に応じた労働が家の経営を支えていたという指摘は重要である。農間余業としての諸稼ぎを含めて百姓経営は成り立つものであり、その意味で家の構成員すべてが何らかのかたちで家の経営を支えていた。百姓経営は農業と、そのための道具を整えたり生産物を加工したりする工業と、それを捌いていく商業とが一体となっていた諸稼ぎを不可欠のものとしており、その諸稼ぎはやがて商業的農業という性格を強めて、近世後期の商品経済の展開を支えていった。ただし、家や家族それぞれの個別性が高まったことは、決して個人として尊重されるようになったということと同じではない。百姓の家の自立によって、家の経営維持のためには、家族それぞれの個別の労働力が不可欠であるとの認識が深まっていくことになるとともに、家は家族を拘束する枠組みにもなった。百姓の家は村請制の村という組織を支える不可欠の単位であるとともに、その村も村請制のもとに運営される組織であるがゆえに家や個人を縛る共同体であった。

この本の論点として第二にあげたいのは、百姓の主体性をめぐる議論である。百姓は被治者側の存在であるが、だからといって治者により暴力的に支配されていたのではない。小農自立の進行は、百姓の個別性が進行していくことであるとともに、百姓自身が近世的な主体性を獲得していくことでもあった、というのが深谷の主張である。

それは近世に成立した農書を分析することによって示されている。農業技術を解説するという内容を持つ農書は、自立した百姓の家に中世以来の農業技術を伝えることを目的に成立したとされる。つまり、農書は小農自立が進まなかったならば成立しないものであった。農書の成立は近世という時代固有の現象であり、その意味で農書の内容は近世百姓の固有の位置を理解するうえで恰好の史料といえる。深谷によれば、農書は小農経営のための技術書であるとともに、百姓身分としての心構えも説くものであったという。

たとえば、一六八〇年代の前半に成立した『百姓伝記』では、百姓は畜類とは異なる人であることが強調されると同時に、農業耕作こそが人である百姓の家職であることが説かれている。近世の百姓は人としての主体性をもつゆえに、農業耕作を百姓の家職として積極的に意味づけつつ結果として幕藩権力への服従をも受け入れた、と指摘される。

そして、このような「近世的な服従的人格」の形成は、近世の百姓が公法性を高めたとの理解を基盤に展開される。もともと「百姓」の呼称は公的な性格を帯びていたから、中世においても百姓は公法的存在なのであるが、自力救済の原則のもとで、荘園公領制が崩れていくとともに、百姓自ら公法性を意識する志向が高まるのは中世後期である。戦国社会から統一権力の形成の過程を経て、兵農分離を伴いつつ小農自立が進行していくなかで、百姓が個別領主に私的に支配されるという状態に対して反発力を高めていった結果、近世の民衆運動は「公法的支配の力を引き出して課題を解決すること」が基本の方向となった、と深谷は指摘する。こうして、幕藩体制の公的な存在である「御百姓」の経営維持を実現する「仁政」が領主の責務であるとする観念が、百姓と領主の双方に普遍的に定着することになった。近世の百姓身分は、支配される側に押し込められたという点でそれ自体下降であったが、同時に公法的な支配の対象であることを誰も否定できなくなった。岡山藩主池田光政が「上様ハ日本国中の人民を天より預り被成候」と家臣に説いて、百姓を将軍でさえ私物化できない「公儀百姓」「天下の民」と位置づけたのは、それを象徴している。

農業耕作こそ百姓の家職であるとの認識が醸成され、百姓の公法性が上昇したことは、治者としての武士に対する百姓の目が厳しくなるという結果をもたらした。すなわち、百姓は百姓の役割を担うことによって、百姓の立場で近世の秩序を支えているという矜持により、武士との横並び意識が芽生えることになる。それは、治者として「百姓成立」あるいは「安民」を保証する役割を担う武士がその責務を怠ったとみなされたとき、治者批判が展開されるということである。近世百姓の主体性の成長は、この時代の身分制を根底から揺さぶる可能性を内包していたといえる。

その一方で、百姓が自身の公法性を自覚するということは、被差別民との差異を強調することでもあることを深谷は見逃さない。百姓の日常は「非人」に落ちぶれる可能性と隣り合わせであったからこそ、奴隷や賤民などとは違う公的存在である「御百姓」でありたいと願った。そして、それとは逆に家の富貴の実現やほかよりも抜け出る「身上がり」も同時に憧れた。つまり、近世百姓は平準化を望む公人としての方向とともに、下降化を嫌悪し上昇化を望む私人としての方向も同時に持ち合わせていた。百姓の平等願望と上昇願望は、近世身分制の枠組みのなかでそれを揺さぶりながらその変質を促していった、ということであろう。

## 三　市民社会の成熟を目指して

深谷はこの本によって、近世の人びとが解放された側面と束縛された側面の両方を見据えて、近代がどのように準備されたのかを鮮やかに提示してみせた。そして、こうした議論を基盤としつつ、この本の刊行前後のころから深谷が積極的に主張していった議論が民間社会論である。その詳細については、この本所収の諸論文とその関連論文を再編集した『深谷克己近世史論集 第一巻 民間社会と百姓成立』（校倉書房、二〇〇九年、大橋が「解説」を担当）をあわせて参照していただきたいが、その「序」のなかで深谷は自己の研究足跡を振り返って、次のように述べている。すなわち、百姓一揆の分析から研究活動を始めたころ、治者と被治者の関係を非和解的なものとみる傾向が強かったけれども、「百姓成立」の理解を深めていくなかで、むしろ両者の合意のうえの自己規制・自己意識を生み出す関係としてみる見方に転換したという。「百姓成立」の理念は、百姓の家やその構成員の個別性を高めるとともに百姓の主体性を導き出したが、その一方で幕藩体制という支配秩序の延命を促す下支えにもなった、と深谷は考える。そうした議論に加えて、深谷は士農工商も賤民もみな小家族を基盤とした身分別家職の持続を志向していたという点で近似の土台のうえにあったと指摘し、そのような特徴をもつ近世という時代を民間社会という段階ととらえた。

以上のような深谷の思索の根底には、戦後歴史学を規定していた明治維新の革命不達成観を克服するべきだという問題意識があり、そこから脱却してこそ未来への希望が開けるとの確信がある。ドラスティックな変化をともなう革命は多くの犠牲者を出す。だからといってこのままでいいとは思われない。ではどうすればよいか。深谷はいう。「革命ではなく、無限軌道のような歩みで市民社会を成熟させる」ことが、私たちの目指すべき方向である（深谷『民間社会と百姓成立』「序」）、と。

こうした深谷の問題提起を受けて、あとに続く私たちはどのような歴史学を構築するべきか。もちろんそれぞれのテーマや持ち場で考えていくことではあるが、私はといえば当面、属性論を深化させたいと考える。人は決して一つの属性だけで完結していない。同じ瞬間に複数の属性を保持しているとともに、一生の間に複数の属性を経験する。単色に塗りつぶされた世界がどんな悲惨な状況を創り出すのか、さんざん経験してきた人類は二一世紀のいま、右のような多様な属性を意識して歴史を評価するという経験を積み重ねていくことが求められているのではないか。ただし、多様性を強調するだけでは何も解決しない。多様な属性を意識しつつも、あらゆる人びとが共通に保持する生活者という属性を大事にする視点で人びとの営みを見つめたい。そこに未来への希望の芽を見つけたいと思う。

# 結　近世的邪正の行方

# 終章　近世日本の邪正観

## はじめに

終章として位置づける本章は、歴史学研究会二〇二二年度大会全体会での報告（『歴史学研究』一〇二八、二〇二二年）を基に本書の内容をまとめたものである。素材という点で、筆者のこれまでの研究や本書各章で扱った内容と若干の重複があるが、だからこそ、本書全体をまとめる内容としては、終章としてふさわしいと考え、ここに本章を置く。

現代に限らず、人びとのまわりにはさまざまな情報があふれている。何が正確で何が不正確なのかを選り分けることは容易なことではないが、虚実入り交じっている情報をめぐる問題の考察について、歴史学ではすでに実績がある。山本英二らの一連の由緒論（『由緒の比較史』青木書店、二〇一〇年）や朴澤直秀の近世仏教をめぐる通念の研究（『近世仏教の制度と情報』吉川弘文館、二〇一五年）などがそれである。筆者はこれらの研究に学びながら、現実の潜伏キリシタンの生活と、近世日本のキリシタン禁制という宗教政策のもとに流布した、（「切支丹」イメージの貧困化、と筆者が呼ぶ）不正確な情報の内容とのギャップに注目し、近世人の秩序意識を検証してきた。その結果、両者の格差から新たな問題が浮上し、近世秩序が動揺する様子を確認することができた。そうした矛盾が積み重なって、次の秩序形成へと進むというのが筆者の見立てである（『近世潜伏宗教論』校倉書房、二〇一七年）。

以上のような筆者のこれまでの研究と本書各章をふまえて、終章では、江戸幕府のキリシタン禁制をめぐる動向を事例に近世日本の邪正観とそれをめぐる問題についてまとめてみたい。筆者の研究には、すでに引野亨輔（「書評 大橋幸泰著『近世潜伏宗教論』」『史学雑誌』一二六―一二、二〇一七年）や小林准士（『日本近世の宗教秩序』塙書房、二〇二二年）による批判がある。一つの基準では邪正をはかれないというのがその主旨である。確かに、「邪正」の内容は「邪」と「正」それぞれを何に設定するかによって異なるので、仏教諸宗派の教学研究のなかで措定される「邪正」は一律ではないだろう。附記参照 たとえば、浄土真宗では極楽往生のための自力行為は「邪」であるが、他宗では必ずしもそうではない。この終章では、近世仏教諸宗派などの邪正観念と近世秩序を維持するそれとは同じではないということを念頭に置きつつ、後者を検討することにする。それにより、実態とイメージの乖離という矛盾が人びとの秩序意識にどのような影響をおよぼしたのかを追究したいと考える。その際、さまざまな情報に対する人びとの受け止め方は一律ではなかったことに注意を払う。

議論を進める上で留意するべき点は、以下の三つである。第一は実態と観念を区別するということである。現実の信徒の姿をカタカナのキリシタン、想像上の観念を「　」付漢字の「切支丹」と表記して、区別する。両者の差異を意識することによって、虚実入り交じったさまざまな情報に向き合う人びとの秩序意識が浮かび上がってくることを期待する。第二は治者と被治者の志向性の差異である。それを意識することによって、実態と観念の矛盾の意味を見きわめたいと思う。第三は属性論という方法を意識することである。属性論とは、一人の人物、一つの集団が単一の属性で成り立っているのではなく、そのなかで複数の属性が重層的に折り重なっていることを意識して歴史を見ようという方法である。とりわけ、治者と被治者を固定したものと見るのではなく、可変性のある属性として見ることによって秩序の変容過程を読み取りたいと考える。そもそもすべての人びとが、虚実入り交じった情報に対して一律的な態度をとったのではないことは、潜伏キリシタンが存在したこと自体が証明している。

近世日本で絶対的な「邪」とされた「切支丹」という言葉とそこから派生したイメージは、近世人の秩序意識をいかに支え、当該期の国家や社会にどのような矛盾をもたらしたのか。秩序に対する言葉の威力を考える素材を提供したいと思う。

## 一　「切支丹」邪法観の論理とその形成

### (1)「宗門檀那請合之掟」に見る邪法論

近世期の日本では、「切支丹」が邪法とされた。その観念について、ここでは、一八世紀中期の偽法令「宗門檀那請合之掟」を材料に検討する。この法令は慶長一八年（一六一三）五月付で徳川家康が発した掟書とされているものである。この第七条の条文では、「切支丹」のほか、日蓮宗から派生した不受不施派と悲田宗は三宗ともに一派であるとし、これらをまとめて「邪法」と規定している。しかし、悲田宗が幕府から禁止されたのは元禄四年（一六九一）のことであったから、家康がこの掟を発布したというのは明らかに誤りである。全国に散在する九〇点以上の写本を集め、詳細なテキスト分析を行った朴澤直秀によると、遅くとも明和期（一八世紀中期）

には成立しており、寛政期（一八世紀末期）以降、多くの写本が作成され広く流布したとされる（朴澤前掲書）。そして、排仏論への反論を企図して仏教関係者が創作した偽法令ではないか、というのがこれまでの研究におけるこの史料のおおかたの見方である。

内容の点では、つとに安丸良夫がこの史料を「切支丹」邪法観の表象であるとしている見解が注目される（『文明化の経験』岩波書店、二〇〇七年）。まず、第一条に見るように、死を顧みない「切支丹」は理解不能なものとして認識されている。そして、第二条にあるように、異国から金品を与えられてその数を増やし、全土を「切支丹」に変えて国を奪うから、「切支丹」は「邪法」であるとされる。

それに加えて重要なのは、「正」への誘導が企図されていることである。この偽法令では、「切支丹」などの「邪宗」を信仰する者は、第二条で「檀那寺の役を妨げ仏閣の建立を嫌う」、第四条で「先祖の年忌に僧の弔を受けず、当日だけ檀那寺へ一通りの志を述べ、内証に俗人のみ打ち寄って、弔ひ僧が来たとしても冷淡にする」、第八条で「檀那寺のことは世間一通りのことで済ませて、内心では仏法を破り、僧侶の教えを用いない」などとしていることから、総じて「邪」であることの条件として、檀那寺の住持を軽視する、檀那寺へ檀那としての役割を果たさない、ということがあげられている。すなわち、「邪」でないためには、檀那寺との関係を適切に保持することが求められるというわけである。逆にいえば、宗判寺檀関係の寺院・僧侶の指導を受けない宗教活動が、「正」でないと判定されるということになる。そのことは、第一〇条で「檀那寺を差し置いて、外の寺の僧侶を頼み弔いをしてもらうなど、その住持を退けることがあれば調べるべきである」とか、第一一条で「先祖の仏事を外の寺でやってもらうことは禁止する」と述べるとか、第一四条で「家族が亡くなったときは一切の弔いを檀那寺の差図によって行うべきである」といっていることからも窺える。そして、「正」について、第六条では「人間は天の恩を受けて大地に施し、親の恩を受けて子どもに施し、仏の恩を受けて僧侶に施す、これが正法である」といい、第一五条では「信心をもって仏法を尊び、王法を敬う者が正法の者である」と指摘し、聖俗（仏法・王法）両方の治者に従う態度が「正」であるとされる。

ただし、その「正」の中身は、これ以上具体的には示されていない。こうした「正」の曖昧性は、治者の態度や認識を二つの方向に向かわせた。

一つは、「切支丹」でなければよしとする態度である。たとえば、浄土真宗の異端とされる隠し念仏が盛んだった対馬藩田代領では、宝暦期（一八世紀中期）に藩によって広く「異宗」の捜査が進められ、怪しげな信仰を実践する者の存在が多数明らかになった。この状況に対して、藩は踏絵を実施することを模索した。踏絵により、この「異宗」が「邪」であるかどうかを確認しようとしたのである。いうまでもなく、踏絵はキリシタンを検索する手段であるが、踏絵によって「切支丹」でないことが判明すれば「邪」でないことが証明でき、藩としての面目が立つというのである。

また、天保九年（一八三八）八月一日付で水戸藩主徳川斉昭が幕府に提出した「戊戌封事」では、斉昭は寛永期（一七世紀前期）以来、「何宗旨」であっても「切支丹にさへ無之」ばよしとする風潮であったことを嘆いている。斉昭の主張は仏教や蘭学など異国由来のものを排除し、神道こそ神国の中心に据えるべきだとするものであった。神道が衰えれば神儒仏が混淆し、民の目当てがなくなってしまうので、人びとが「邪教」にだまされやすくなるという。そこで、仏教をもとに行われている宗門改を中止し、代わりに神職によって氏子改を実施すれば、異国の本尊を信仰することも止めさせることができると主張した。斉昭の認識では、一八三〇年代に惹起している内憂は、それまで「切支丹」でなければよしとしてきた、これまでの治者の態度が異国由来の宗教活動をはびこらせた結果生じたものであるという。

治者の認識のもう一つの方向は、「切支丹」と異端的宗教活動の接近である。一九世紀前期に成立したと思われる通俗的排耶書「蛮宗制禁録」では、「兎角隠し秘する物何事ニ寄らす能事はなきものなり」とし、そうした類いの宗教活動はみな「切支丹の余類」とみなされている。こうした認識は、数種の排耶書や島原天草一揆実録の流布、第二章で確認したような諸藩によるこの一揆の記憶の継承とともに、近世中後期では広く一般化していたと思われる。

加えて、一八世紀中期以降、上演された歌舞伎の演目に「切支丹」を思わせるキャラクターが登場したことは注目される。七草四郎と天竺徳兵衛である。これらが登場する演目は数種のバリエーションがあり、少しずつ設定や時代状況が異なっているところがあるが、「切支丹」を思わせる掛け声・妖術を使うことや謀叛人劇として展開している点で同じである。「でいでい、はらいそはらいそ」とか「南無サツタルマグンダイリヤ、しゆごせうでん、はらいそはらいそ」の呪文はまさに「切支丹」を彷彿とさせる。演目によって、海外勢力と結びつくか、先祖の恨みを晴らすかで設定が異なるものの、この呪文と妖術を使って謀叛を起こすストーリーは既存秩序の破壊者という点で共通している。ここには、島原天草一揆の強烈な印象から、既存秩序に反するイメージがふくれあがった「切支丹」の姿がある。

このように、「邪」の象徴として「切支丹」が、近世人共通の排斥対象となっていたことを確認できる。秩序を保とうとするという意味で、これは治者の発想といえるだろう。経済的には被治者の立場であったとしても、「切支丹」という「邪」をこの社会から徹底的に排除することによって既存秩序を保とうとするという点で、民衆にも治者の属性が備わっていたといえる。

## （2）「切支丹」観貧困化の分岐点

一方、「邪」の対極にある近世日本の曖昧な「正」とは、どのような条件のもとに成立したものだったのだろうか。それには本所を通じた宗教者統制の確立が背景にあったように思われる。高埜利彦が指摘したように、一七世紀、本末関係を通じて体系的な宗教者の管理が進んでいった（『近世日本の国家権力と宗教』東京大学出版会、一九八九年）。寺院では寛文五年（一六六五）の「諸宗寺院法度」により本山―触頭・地域本寺―末寺の制度が、神職では同年の「諸社禰宜神主法度」により吉田家―地域神職のつながりがそれぞれ整えられた。また、陰陽道では天和三年（一六八三）に土御門家が諸国陰陽師免許権を授与されたことにより土御門家―陰陽師の関係が、修験道では慶長一八年（一六一三）の「修験道法度」により聖護院門跡・三宝院門跡―山伏の関係がそれぞれ幕府から公認された。こうして多くの宗教者が幕府という権威のもとにその身分を確立することになる。この組織から外れた宗教者とその活動が、「正」とはみなされなくなっていったと想定される。

それに加えて、一八世紀初期、「切支丹」邪法観を相対化する可能性が消滅する事件が起こった。第五章で検討した、ローマ教皇庁宣教師ジョバンニ・バッテスタ・シドッチの潜入事件である。

宝永五年（一七〇八）、シドッチは屋久島に単身で潜入し、翌年に江戸で、当時の幕府要人であった新井白石による尋問を受けた。その際の白石の経験と見識が注目される。それはシドッチへの敬意を表すとともに、「切支丹」奪国論を否定するものだったからである。白石は、キリシタン禁制下の日本へ布教を志して、遙か西方のヨーロッパから単身でやってきた勇気をたたえただけでなく、地理学・天文学など多くの知識を持つ博識なシドッチに敬意を払った。もちろん、シドッチが説くキリシタン教義については儒者の立場から白石が否定したため、両者の議論はかみ合わなかったが、白石はシドッチの尋問を通してキリシタンに奪国の意図はないと明言する。白石はこの尋問に先だって、一七世紀中期に日本に潜入してきた宣教師の一人ジョセフ・キアラ（日本名、岡本三右衛門）が棄教後に書いた「三巻の書」を読んでいた。この書により白石は、キアラがキリシタンには「反逆の謀」はないと弁明していたことを見いだし、シドッチの尋問によってそれを確認したということになる。

しかし、この白石の経験と見識は公表されなかった。享保九年（一七二四）に成立したシドッチ尋問の記録である『西洋紀聞』は当時、秘書とされた。その理由は、この書がキリシタンの教義に触れていたことに加えて、社会に流布していた「切支丹」イメージに反することを、幕府要人の見解として発表することがためらわれたからではないだろうか。もし、一八世紀前期の段階で白石や幕府がこの見解を公表していたら、「切支丹」観の貧困化はもう少し違ったものになっていたように想像される。シドッチ事件は「切支丹」イメージがさらに貧困化するのか、その歯止めがかかるかの分岐点であった。

## 二　村社会のなかのキリシタン類族と潜伏キリシタン

ここでは、治者による分断統治の一方で、現実の被治者社会では、諸属性は共存していた事実を確認する。

### (1) 類族が共存する村社会

第四章で検討したように、類族が多数存在する臼杵藩領の村社会では、類族と非類族は混在状況にあった。類族と非類族の縁組はそれぞれで完結していなかった。家族毎に、檀那寺と類族・非類族、村名、続柄、名前、年齢が列挙されている踏絵改の帳面では、同一家族のなかに類族と非類族が同居していることを見てとれる。

いま一つ類族に関して注目したいのは、「奇特者」の褒賞から類族が排除されていないという事実である。「農業出精」などにより褒賞されている者を示した名簿のなかに、類族であった者が散見される。

類族が関係する縁組や「奇特者」の褒賞の事例から、村社会において類族は非類族に受け入れられていたといえるだろう。実際、三野行徳の研究によると、臼杵藩領民の類族の比率は一八世紀前期の段階で一三・三％で、武家の類族の比率も一〇・八％であった（「臼杵藩宗門方役所とキリシタン統制」『バチカン図書館所蔵マリオ・マレガ資料の総合的研究』国文学研究資料館、二〇二二年）。これだけの類族が臼杵藩内に存在したわけだから、類族のみを特別扱いしたのでは、かえって様々な場面で混乱が生じた可能性があるのではないだろうか。確かに出生や縁組、死亡などの類族管理は厳格に行われていたが、それを除けば特別に類族が差別的に扱われていたとはいえないと結論づけられる。日常生活上、類族・非類族の混在状態に支障はなかったと考えられる。

## （2）キリシタンが共存する村社会

第九章で検討したように、潜伏キリシタンが存在する村社会においてもキリシタンと非キリシタンの共存が確認できる。天草崩れの対象村である今富村・崎津村の両村の間で文化七年から翌年にかけて起きた断交事件がその典型例である。崎津村民は今富村民の浜稼ぎを妨害しただけでなく、今富村民が自村で栽培した作物や薪などを崎津村で売買することを拒み、村をあげての大騒動に発展した。結局のところこの揉めごとは内済で決着したのであるが、これですべてが落着するところとはならなかった。今富村では本件の責任を庄屋に問う村方騒動に移っていくことになる。

最終的には庄屋には非はないとのことで決着したが、ここで注目したいのは、両村ともキリシタン・非キリシタン混在の村だったということである。この断交事件と村方騒動に関わった人びとは、それぞれの村民としての属性にしたがって行動した。キリシタンという宗教的属性ではなく、村民という世俗的属性を優先して村の秩序の維持を企図した結果である。ここにキリシタンと非キリシタンが共存している実態を見ることができる。

## (3) 潜伏キリシタンにおける諸宗教活動の共存

ここまで、村社会が類族と非類族、キリシタンと非キリシタンの混在によって構成されていることを確認した。次に、キリシタン自身にも複数の宗教的属性が共存していることを見たい。同じく第九章で見たように、彼らの日常の宗教活動として、キリシタンの潜伏活動のほか、檀那寺・鎮守・民間信仰の活動があった。

たとえば、一八世紀末から一九世紀中期にかけて断続的に起こる浦上崩れの舞台となった浦上村山里には、宗教施設として、村民の檀那寺である聖徳寺（浄土宗）、鎮守の山王社（圓福寺）、江戸時代に勧請された稚桜神社・金毘羅三所権現があった。庄屋高谷氏の由緒書には、これらの寺社の普請や行事の人足・費用負担に、キリシタンである村民が関わっている様子を窺うことができる。

天草崩れの舞台の一つであった今富村では、村民の檀那寺である村外の江月院（曹洞宗）のほか、その末寺の普済庵や鎮守の十五社宮が日常的な宗教行事の施設として存在した。このうち、十五社宮の行事に関して、文化九年九月に行われた十五社宮での奉納角力の際、それまでに行った数え参りや日籠もりによって氏神にお願いしていた願が、角力の奉納を通じて成就することになっているところへ、庄屋の番頭などが土俵内へ馬で乗り入れ回るという事件が起こった。畜類が入った土俵では村民の願の成就はどうなるのかと村民が庄屋へ訴えたところ、庄屋はそれは百姓の心次第だと答えたので、村民は不信感をもったという。この祭礼は村の行事であったので、多くのキリシタンがこれに参加していたことが当然想定される。

これらの事例から、キリシタンであった村民は、キリシタン以外の宗教活動にも関わっていたことがわかる。村民という個人としても、村という組織としても、キリシタンを含めた複数の諸宗教活動が共存していた事実を読み取りたい。

一方、一八六〇年代に起こった浦上四番崩れにおいて、配流先の藩の説得に応じて改心した者が少なくなかったのは、彼らがキリシタン以外の属性を有していたからである。第一〇章で検討したように、改心者が改心に背いた場合に蒙る産土神の罰と、改心の証拠としてのお祓いの代替は、彼らの日常生活で接していた神に深く関わりのある文言であり行為であった。彼らがそれらに応じたのは、配流前の生活への復帰を望んでいたことに連動するものと思われる。その点で、改心の動機が、一刻も早く離散した家族に合流し帰村を果たすことだったと考えるのは間違っていないだろう。

萩藩で改心した者たちが藩に対して帰村を懇願している文書から、信徒にとっては日常生活に関わることが気がかりであった様子が窺える。配流者がすべて改心した松江藩の場合は、藩が「宗徒ノ帰服ヲ第一」に説諭方針を転換した結果、徐々に改心者が出て、やがてすべてが改心したという。この場合も、信徒としての属性よりも、日常生活を取り戻すことを優先したということであろう。

総じて、被治者の社会では異なるものを受け入れるというのが基本であった。諸属性は共存しているのが実態である。生活が通常通り維持されれば基本的には受け入れるというのが被治者の姿勢だったと評価できる。

## 三　「切支丹」観貧困化の行方

「切支丹」イメージの貧困化が進行していた一方で、現実のキリシタン類族や潜伏キリシタンが存在した村社会では彼らを含めた諸属性が共存していた実態を見てきた。一九世紀に入るとそのギャップはさらに広がり、次の問題を引き起こしていくことになる。キリシタン禁制という分断統治の矛盾が、近世末期から近代移行期にかけてどのような結末を迎えるかを以下にまとめてみたい。

### （1）「切支丹」として処罰された異端的宗教活動

文政一〇年（一八二七）、京・大坂で「切支丹」が検挙されるという事件が起きた。この宗教活動の内容は、呪術による病気直しをはじめとした現世利益を追求するものであった。さのの証言に「この法は天下御厳禁の宗門切支丹天帝如来を念じるもの」とある一方で、来世救済を説く実際のキリシタンとは大きな差異がある。摘発された宗教活動の実態が民間信仰などの混淆宗教であったとすれば、これは貧困化した「切支丹」観の犠牲になった異端的宗教活動だったということになる。

ここで注目したいのは、この事件の後、先に検討した「宗門檀那請合之掟」を利用して、末寺の引き締めを図っている本山の例があったことである。松金直美が紹介した史料には、浄土真宗大谷派の東本願寺学僧が宗門改の担い手としての心得を末寺に説いている様子が窺える（「[史料紹介]宗門掟（従公儀邪宗門御触示）」『同朋大学仏教文化研究所紀要』三二、二〇一三年）。ここには次のようにある。「末寺の面々が宗門請合の一札を差し出すことは、住職の立場にあっては寺役で第一に大切なことであるので、慶長以来追々仰せ出されている公儀の御条の趣旨を確実に心得て、よく吟味し調印するべきである」と東本願寺の学僧が末寺に対して説諭している。続けて「切支丹邪宗門は神国の敵であり仏法の敵であるので、公儀において厳しく禁止されている。そこで、慶長一八年五月付で宗門檀那請合の掟と標題をつけて一五か条の条目を立て、日本の諸寺院へ触れられた。……また、同じく幕府から示されたのは、公儀御厳禁の邪宗門ではないけれども、愚昧な者が法義の解釈を誤り密かに異法に執心して人に隠してお堂などで談合する者もあるということである」という。そして、「邪」としての「切支丹」と同時に「都ヘテカクシテヒソカニ伝ウル法義ハ秘事法門」であるとして、本末体制から外れる宗教活動の隠し念仏も取り締まりの対象であることを強調している。

このように、ここでは、既存の世俗権力と宗教権力のもとに秩序を維持することが「正」であると考えられている。これは先に見たような「宗門檀那請合之掟」の「正」意識に対応する関係になっている。逆に、これは既存秩序の動揺を表しているともいえるのではないだろうか。

## (2) 新政反対一揆における「切支丹」排斥運動

次に、江戸幕府崩壊後、新政府のもとに推進された改革に対して各地で起きた新政反対一揆で、幕末維新期の「切支丹」イメージと関わる動向があるので、それを検討したい。

第一に取り上げるのは明治四年（一八七一）、菊間藩三河領（大浜村ほか）で起こった大浜騒動である。この一揆は、新政府の神仏分離政策のもと、菊間藩から寺院合併の推進について領内寺院に下問したことが契機となって起こった。藩からの下問に対して、領内寺院の西方寺・光輪寺などが藩の意向に沿って、檀家のない無檀寺院ばかりでなく有檀寺院の合併も可とする旨、応答した。加えて、僧侶による神前祝詞の推奨や天拝日拝の教諭が領民に対して行われた。この動きを目にした三河護法会の西尾藩領蓮泉寺石川台嶺らは直ちに反対運動を起こした。この三河護法会は、当該期の宗教情勢のなかでキリスト教の流入に警戒しながら、浄土真宗の勢力を保つことを企図した若い僧侶の結社であった。危機感を共有した多数の周辺百姓が加勢し、菊間藩やそれにしたがおうとする寺院の一連の施策を「耶蘇」の行為として抗議するに至る。この騒動を見聞した人の証言には、一揆参加者は神前祝詞・天拝日拝を「耶蘇宗の教へ」といい、騒動の最中、殺害された藩役人を「耶蘇の生首」と呼んだとある。

第二に紹介するのは、明治六年（一八七三）に起こった越前護法一揆である。この事件の発端は、同地域の浄土真宗寺院唯宝寺出身の元僧侶であった教部省の石丸八郎が、領内寺院の統廃合と「三条の教則」遵守を発言したことであった。多数の真宗寺院の僧侶や百姓が加わり、反対運動を展開した。そのなかで、戸長宅・教導職寺院などが攻撃されるとともに、石丸発言が「耶蘇」の教法と喧伝されたのが注目される。一揆勢は「耶蘇宗拒絶」を掲げ、「耶蘇」に基づくとみなした一連の新政府の姿勢に抗議した。一揆勢は西洋由来のものをすべて「耶蘇」であると認識していた。「みな耶蘇の名を恐れて、鬼がやってくるように思った」というのがこのときの領民の状況であったという。

大浜騒動・越前護法一揆はどちらも真宗門徒を中心に新政府の宗教政策に絡んで起こったものであったが、第三に紹介するのは、宗教問題とは直接関わらない新政反対一揆である。明治四年（一八七一）に安芸・備後で起きた武一騒動・福山騒動は廃藩置県にともない、旧広島藩主で広島県知藩事の浅野長勲の東京移住が契機となって起こった。領内の百姓が多数参加し、旧藩主の引き留め歎願書が提出された。有田村武一が起草したものという。そして、それは旧福山藩領へも飛び火した。地域の秩序が大きく変化することへの恐れを多くの領民が感じたことが、その背景にあったものと思われる。この一揆はこれまで藩から特権を付与されていた割庄屋・村役人・豪農らに対する激しい打ちこわしに発展した。そのなかで、新政府は「異人」・「耶蘇」であるとの浮説流言が流れた。領民に対する役人による説諭書には、領民の誤解を解こうとしている様子が窺えるが、逆にこのときの一揆勢の認識がわかって興味深い。すなわち、割庄屋は「上」から渡された「耶蘇宗の秘仏」を所持する太政官の手先であるとか、伝信機は「切支丹ノ術」であるなどの流言があったことが確認できる。

これらの新政反対一揆で登場する「耶蘇」や「切支丹」の語は、つとに深谷克己が指摘したように、近世以来の慣行や生活を乱す象徴であったといえる（「世直し一揆と新政反対一揆」『日本近代思想大系21 民衆運動』岩波書店、一九八九年）。その一例として、陸奥国信達地方の知識人で、慶応二年（一八六六）に同地方で起こった世直し一揆の理論的指導者とみなされた菅野八郎の認識を紹介する。八郎が子孫への戒めを語る文書には、次のようにある。すなわち、「切支丹宗門には魔法もふしぎもない。南蛮王がこの宗門をもって苦労もせず人の国を奪い取ろうと企てた、その気持ち自体が魔法である。したがって、怠ける心にわずらい、朝寝をやらかし、甘いものを食べ、美麗を好み、いっしょうけんめい働かないのに、むしょうに金をほしがるようなことが魔法であり切支丹の類いである」と八郎はいう。「耶蘇」や「切支丹」は民衆生活にとって理解不能なものの象徴であり、通俗道徳を怠ると生活を脅かすことになることを「切支丹」の「魔法」に仮託して表している。幕末維新期、「切支丹」とは民衆の生活を脅かす象徴であった。このような観念の登場は、一七世紀以来のキリシタン禁制という分断統治の究極の結果であるといえる。

### （3）キリシタンの救済願望

最後に幕末維新期の現実の潜伏キリシタンについてまとめる。拙著『キリシタン民衆史の研究』（東京堂出版、二〇〇一年）で指摘したように、潜伏時代の信徒のキリシタン信仰への期待は現世利益願望と来世救済願望が共存していた。これに対して、浦上四番崩れの信仰公表の際の信徒のキリシタン信仰への期待は、来世救済願望が突出する。来世救済のみを強く求めるというのは、近世以来の既存の世俗秩序では現世利益は望めないとする観念から生じたものではないだろうか。結果、殉教も厭わないというのが彼らの姿勢であった。

しかし、その一方で、配流先の説諭により改心した者が多数いたことも事実である。改心は、信徒としての属性よりも生活者としての属性を優先した結果だったと考えられる。改心しないにせよ、改心するにせよ、浦上四番崩れは生身のキリシタンを顕在化させた。そして、第一〇章で指摘したように、このような生身のキリシタンの登場は、村社会に分断をもたらした。非改心者は帰村後、改心者や非信徒へ攻撃を始めた。さらにこれが三派の分裂に進む。大浦天主堂の宣教師の指導を仰ぐ新「耶蘇宗」、近世以来の先祖伝来のキリシタン信仰を継承する旧「耶蘇宗」、神仏信仰に軸足を置く「ハナレ」の三派に分裂した結果、村内は平穏が保たれなくなるとともに、このなかで新「耶蘇宗」が圧倒していたというから、近世期では治者の側だった神仏信仰の属性と、被治者の側だったキリシタンの属性の優位性が反対になったということを意味する。一時的にであれ、地域における治者・被治者の逆転が起こったことになる。

# おわりに

終章の最後に、「切支丹」という言葉の力が近世秩序にどのような影響を与えたのか総括すれば、一八世紀以降、貧困化した「切支丹」観は、徹底的に排除する対象を明快にしたという意味で、近世人にとって既存秩序維持の要だったといえる。

第一章で指摘したように、一七世紀初期から断行されたキリシタン禁制は、第三章に象徴されるような、治者による近世的分断統治の手段であった。それがやがて生身のキリシタンを潜伏状態へ追いやり、表面上、彼らが姿を消した一七世紀中後期（特に一八世紀）以降、「切支丹」観の貧困化が促進された。これと同時並行して、幕府による宗教者の組織化が進み、本末体制が構築された。この組織からはみ出さない宗教活動が「正」とされ、その曖昧性が保たれるとともに、一八世紀前期のシドッチの事件が「切支丹」邪教観を相対化する機会を奪う決定的契機となった。

こうした状況のなかで、第六章で検討したように治者の態度は外在的属性を重視し、「邪」＝「切支丹」でなければ放置するというものになる。しかし、「切支丹」の存在を厳しく許さないからこそ、第七章で指摘したように、「切支丹」と異端的宗教活動が接近することになった。結果、近世後期、キリシタン禁制政策は異端的宗教活動全般を取り締まる方向へ傾斜していくとともに、「正」の明確化が求められていき、それ以降、別基準の分断統治が模索されていくことになる。

一方、被治者の態度は多様な内在的属性のもと、その共存を志向した。生活が脅かされなければ、多様なものを寛容に受け入れるというのが被治者の基本的態度であった。「切支丹」と証明されなければ放置されるという実態のなかで、実際、近世社会では現実のキリシタンや類族は受け入れられていた。隠し念仏・隠れ念仏も同様である。しかし、第七・八章で検討したように、治者・被治者双方をとりまく状況の変化により、近世後期にはその共存状態に揺らぎが起こり、やがて分裂状況に進んでいった。

とりわけ、生活を脅かす存在に対しては強い拒否の態度をとるというのが被治者の姿勢である。それが明快に表れたのが、幕府が倒れた後、新政府のもとに急激な改革政治が推進されたときであった。新政反対一揆で、新政府を近世的「邪」の象徴としての「切支丹」になぞらえたのはそのことをよく示している。

総じて序章で提起したように、治者は秩序維持のため分断を志向するのに対して、被治者は生活に支障がなければ、多様なものの共存に寛容であったといえる。その治者による分断統治の矛盾は、やがて被治者の寛容さを破壊し、場合によっては分断を志向した治者をも批判の対象とした。

ただし、この治者・被治者はだれもが保持する可能性のある人びとの属性の一つであり、条件によっては治者と被治者の立場が逆転する場合があった。明治初年に諸藩に配流された非改心のキリシタンが帰村後の村内で優位に立ったのは、その例である。もちろん、その状態は国家というもっと大きな治者によって放置されたのではなかった。新たな分断の可能性が模索され、国家権力を担う治者は、国家の論理による別の分断統治を推進した。その先に国家神道のもと、日本型国民国家の成立があるというのが筆者の見通しである。

附記　小林准士の著書に対する筆者の見解は、『歴史評論』八八四号（二〇二三年一二月号）に書評を掲載した。併せて参照していただければ幸いである。なお、序章をはじめ、本書の各章初出時、澤博勝「日本における宗教的対立と共存――近世を中心に」（『歴史学研究』八〇八、二〇〇五年）について言及しなかったが、改めて一書にまとめる作業をするなかで、この論考が日本の中世から近世への諸宗教の展開について、対立の時代から共存の時代への転換と評価していることは、本書の内容に深く関わることに気づいた。ただし澤は、近世が宗教的共存の時代であるとのみ強調しているのではなく、地域社会レベルでは宗教間・宗派間対立が起きていることも指摘しており、小林の議論に接続する。澤は、一向一揆・法華一揆・キリシタンとの抗争の末に成立した近世国家が、支配に従う宗教・宗派の教団内部には介入せず、神儒仏三教一致思想を前提とした神国意識を支配の基調としたことが、近世期に宗教的共存状態が保たれた要因であると指摘したが、小林は澤の研究が思想内容にまで踏み込んでいないと批判し、宗教思想の多様な邪正を検討している。その点で、本書の邪正論は近世日本の宗教間・宗派間対立まで視野に入っていないのが最大の弱点であることを自覚している。一方で、本書は「切支丹」という近世日本の絶対的邪教に焦点を当てた研究であり、日本の近世から近代への秩序意識の転換を考える際、この検討こそが基軸となるのではないかというのが筆者の考えであることも付記しておきたい。

# あとがき

つらい五〇代だった。心療内科に六年通った。適応障害だと診断された。原因は複数の問題が同時に押し寄せたからである。その内の一つが、「民衆なんて胡散臭い」と言われたことだ。だれに、どのような状況で言われたのかは、差し障りがあるので詳しくは述べない。しかし、勤務先の早稲田大学のキャンパス内でそのようなフレーズを聴くとは夢にも思わなかった。民衆史研究の驥尾に付すことを自認している私には、「おまえの研究は胡散臭い」と言われているのと同じだと感じた。悔しかった。民衆史研究という学統を持つ早稲田で、そのようなことを放言するのはあまりにも無知ではないかとも思った。「民衆」概念について議論するべきだという主張ならわかる。しかし、「胡散臭い」とは、それ以上、そのことについて思考を停止するという宣言である。とても生産的な議論をしようとする態度ではない。本書の第一一章は、その放言に全力で反論しようと執筆したものである。先のフレーズは、その注(13)で言及した「百姓に歴史があると思うのは、豚に歴史があると思うのと同じだ」との史学史上著名な言葉に匹敵する妄言だ。

この論文を発表した後、民衆史研究会から機関誌『民衆史研究』が近々一〇〇号を迎える記念に「民衆史研究の今までとこれから」という特集を組むことを計画しているので、寄稿してほしいと要請された。反響があったのはうれしかった。そこで執筆したのが第一二章である。結果、史学史に関する論文を二本も書いたことになる。したがって、この二本の論文は私が主体的に書こうと思って書いた論文というよりも、偶然の産物であったといっていいものだが、改めて民衆史研究の史学史的意義や私の研究の足跡を振り返る機会となったことは、私にとってせめてもの救いとなった。

とはいえ、これとは別の問題も抱えて、つらい日々が続いた。一つではなく、性質の異なる複数の問題が同時に私を苦しめることになったのは、私の方にこそ何か問題があるのではないかとも思って悩んだ。心療内科の先生は、いくつもの責任を請け負うということは、それだけストレスを抱える機会も増えるということだと応じてくれた。ありがたかった。いずれの問題も私には瑕疵はなかったと信じる。

近年、さまざまな場面で個性が失われていると感じることが多くなっている。大学はどうか。昔は大学に個性があった。歴史学にも、学統とも呼ぶべき個性があった。いまの大学は良くも悪しくも平準化してきている、というのが私の実感である。現在、研究者に求められているのは、学位や査読付論文や外部資金の獲得である。研究内容や問題意識はどれほど重視されているだろうか。

学統は学閥とは異なる。学閥が学問の内容とは無関係に同じ学校の出身というだけで派閥を形成するのに対して、学統は学問の内容や方法を共感をもって継承している学問上の系統をいうから、出自は無関係である。いま大学は学統を失いつつある。確かに、学統は同じ大学とは限らないから、大学には個性はいらないという考え方もあるかもしれない。しかし、個性を失った大学は、学生の入学試験の難易度のような妙な上下意識でいっそう序列化されてしまう。もちろん、昔にもそうした序列意識がなかったとはいえないが、少なくともいまよりもっと明らかだった学統が大学の個性を支えていたと私は思う。

　個性を主張しようというのは、ほかとは異なる点を強調しようということだから、そこには尊卑上下の意識が入り込みやすい。差別や不平等の契機がそこにあるとすれば、アイデンティティなどない方がよい、と考えていた時期が過去の私にはあった。しかし、しばらくして、それではすべてがのっぺらぼうのような没個性の人だらけになるわけだから、それで本当によいのかと自問した。個性があること自体は悪いことどころか、多様性を保つためには必須なことである。そこで、個性を保ちつつそこに尊卑上下の意識を持ち込まないようにするにはどうすればよいのか、ということを考え始めた。人と人とを分かつ認識手段として、尊卑上下ではない、フラットな関係を表す属性という語を多用し始めたのは、こうした意識が私の念頭にあったからでもある。

　さまざまなストレスを抱えながら、ここ一〇年の間、私は何と闘っているのだろうと思うときがあった。こうして改めて考えてみると結局は、尊卑上下の序列を支える人びとの権威意識と闘っていたということに尽きると感じる。しかし、大学自体がそうした権威の構造のなかに組み込まれており、加えて、早稲田大学という、よく知られている大学の一員である私がこのようなことを言うのはあまりにも不遜なことかもしれないとも思う。私にも、江戸時代でいう「身上がり」願望がこれまでなかったとはいえないし、いまも確かにある。それでも、同じ一人の私のなかにそうした矛盾を抱えていることを自覚して、権威意識をいかに克服するかを問い続けることは、私が歴史学の研究と教育に今後も取り組んでいくために必要なことだと自分を鼓舞したいと思う。

　権威意識を相対化するため、学問に向き合う姿勢という点で、私が手本とするのは早稲田大学黎明期の歴史学担当教員だった吉田東伍である。私とちょうど一〇〇歳違う吉田は、私にとって同郷の早稲田関係者というだけで親近感もある。『大日本地名辞書』の著者として知られている吉田は、新潟学校中等部を中退した後、「学校はわかりきったことしか教えてくれないので行く気がしなかった」と語ったように、正式な学校教育を受けずに独学で歴史研究に励んだ大先達である。そして、出身については「越後の百姓」との自意識を持ち、学歴については「図書館卒業」だと公言していた。したがって、吉田は徹頭徹尾、国家や官学という権威から距離を置いて歴史を探究した在野の研究者だったといってよい。明治三四年（一九〇一）、まだ東京専門学校を名乗っていた早稲田大学に迎えられ、同四二年（一九〇九）には博士の学位を授けられたが、独力で学問の研鑽を積んだ経歴を考えると、当初からそうした肩書きを得るために学問を志したとは思えない。空前絶後の大部な『大日本地名辞書』は、それぞれ代替不可能な固有の地域史を描く作品である。国民国家の形成途上で貶められていく、地域文化の多様性を大事にするべきだとする強烈な主張を、そこに感じる。吉田に「身上がり」願望がまったくなかったとはいえないが、権威を求めようとする志向性を相対化する吉田の姿勢は、学問を志すすべての人びとが手本とするべき態度ではないか。とても吉田のようにはなれないが、そこに少しでも近づきたいというのが私の願いである。

　史学史のみならず学問の歴史を振り返ることは、現代のアカデミアを絶対視しないためにも必要な作業である。確かに、過去の歴史学には、現代から見て批判される内容や方法も当然ある。しかし、歴史学を取り巻くそのときの国家・社会の状況がどのような課題を抱えていて、その際に研究者がどのようにそれらに応えようとしていたのか、という煩悶を無視して先行研究を批判するのは傲慢である。そうした批判は誹謗中傷というべきだろう。先行研究にしても、同時代の研究にしても、有意義な議論をするためには他者に対するリスペクトが必要だ。独自の見解を求められる研究者には協調性は必要ないなどという見解をしばしば聞くが、私たちが調査をする際に利用する史料群はだれかが整理したものであり、そうした先人の恩恵を受けない者はいない。自ら史料の蔵出しから目録作成まで一人でやり、それのみで論文を書くことができる人は皆無だろう。たとえ批判対象であったとしても、先行研究は導きの糸になっているはずである。一人では決して研究活動はできないことを忘れてはいけないと思う。

私は今年八月、還暦を迎えた。本書はその記念に編んだものである。ただし、人生を振り返るにはまだ早い。本書をまとめることにより、次のステージへ展開していく契機にしたいと考えた。九月には、新潟県三条市の私の檀那寺に寄託されている村方文書の調査の際、その夜の居酒屋で、調査に同行してくれた大学院生たちが還暦を祝ってくれた。等身大の赤いちゃんちゃんこを着せられるのかと内心怖れていたが、幸いなことに小さな赤い羽織付の日本酒と酒器を贈ってくれたにとどまった。経済的に余裕のない院生たちには申し訳ないという気持ちでいっぱいだったが、ありがたくいただいた。これまで、高校教員時代を含め、私の研究・教育活動に接した生徒・学生のなかから、歴史学を一生の仕事にしたいと考える諸君が何人も現れてくれた。私は幸せである。私の講義を受けたり、私の著書を読んでくれたりした諸君が、私といっしょに歴史を勉強したいと思ってくれたことに感謝する。

あとがきの最後に、小さな（実際は大事業だが）夢を記す。島原天草一揆の映画を見たい。この事件について、史実に忠実に描いた映画はこれまでにない。江戸時代の宗教と政治・経済の矛盾を描くのに、これほどよい題材はないのではなかろうか。現代の諸課題を考えるためにも、島原天草一揆は参照されるべき大事件である。パブリックヒストリーの一つの可能性として、どなたか実現してくれる監督さんはいないだろうか。自分で脚本を書いたらどうかとアドバイスしてくれる人もいるが、私にはそのような才能はない。映画関係者の方がこれを目にして、実際に製作に動き出してくれるようなことがあるとすれば、これ以上の喜びはない。

本書の出版にあたって、勉誠社の黒古麻己さんにはたいへんお世話になった。当初、論文の寄せ集めにしか見えなかったものを、一書の体裁にまとめ上げることができたのは黒古さんのおかげである。昨年七月に刊行していただいた共同研究の成果『近世日本のキリシタンと異文化交流』とも併せて、感謝の意を表したいと思う。

なお、本書はこれまで助成を受けてきた科研費、「近世日本におけるキリシタン禁制政策と異端的宗教活動の横断的研究」（基盤研究（C）25370800）、「近世日本のキリシタンと異文化交流」（基盤研究（B）17H02392）、「キリシタンを通じて考える近世日本・東アジアの文化・思想・諸宗教」（基盤研究（B）22H00698）の成果の一部であることを付記する。


二〇二四年一〇月一日（学問の独立を脅かす出来事から四年の日に）

大橋幸泰

著者略歴

**大橋幸泰**（おおはし・ゆきひろ）

早稲田大学教育・総合科学学術院教授。専門は日本近世史。
主な著書に『検証 島原天草一揆』（吉川弘文館、2008年）、『近世潜伏宗教論―キリシタンと隠し念仏』（校倉書房、2017年）、共編著に『〈江戸〉の人と身分6 身分論をひろげる』（吉川弘文館、2011年）、編著に『近世日本のキリシタンと異文化交流』（勉誠社、2023年）、論文に「近世日本の政治文化とキリシタン禁制」（『歴史評論』894、2024年）などがある。

近《きん》世《せい》日《に》本《ほん》邪《じゃ》正《せい》論《ろん》
——江戸時代の秩序維持とキリシタン・隠れ／隠し念仏

著者　大橋幸泰
発行者　吉田祐輔
発行所　㈱勉誠社
〒101-0061 東京都千代田区神田三崎町二-一八-四
電話　〇三-五二一五-九〇二一㈹

二〇二四年十一月十五日　初版発行

印刷製本　中央精版印刷

ISBN978-4-585-32058-6　C3021

# 索　引

## 事　項

さ

## た

## な

## ま



## や

## ら



## わ



## A～Z



# 研究者名

## あ



## か

ら



わ



## 歴史人名

あ



か

## な



## は